中華文化促進會主持編纂

國家“十一五”重點圖書出版規劃項目

中國社會科學院哲學社會科學創新工程學術出版資助項目

出品人 王石 段先念

今注本二十四史

金史

一一

傳〔二〕

元 脱脱等 撰

張博泉 程妮娜 主持校注

中国社会科学出版社

金史　卷七二

列傳第十

婁室　活女　謀衍　仲 本名石古迺　海里　銀术可　轂英 本名撻懶　麻吉　子沃側　拔离速[1]　習古迺

婁室，[2]字斡里衍，完顔部人。年二十一，代父白荅爲七水諸部長。[3]太祖克寧江州，[4]使婁室招諭係遼籍女直。[5]遂降移燉、益海路太彎照撒等。[6]敗遼兵于婆剌赶山。[7]復敗遼兵，擒兩將軍。既而益改、捺末懶兩路皆降。[8]進兵咸州，[9]克之。諸部相繼來降，獲遼北女直係籍之户。[10]遼都統耶律訛里朵以二十餘萬衆來戍邊。[11]太祖趨達魯古城，[12]次寧江州西，召婁室。婁室見上于軍中。上見婁室馬多疲乏，以三百給之，使隸左翼宗翰軍，[13]與銀术可縱兵衝其中堅，[14]凡九陷陣，皆力戰而出。復與銀术可戍邊。

[1]拔离速："离"，原作"里"，中華點校本與下文傳文統一，改爲"离"，今從。

[2]婁室：今吉林省長春市石碑嶺完顔婁室墓地有碑，碑名

《大金開府儀同三司金源郡壯義王完顔公神道碑》，《金碑匯釋》（吉林文史出版社 1989 年版）有校注。碑文云，“蓋其先曰合篤者，居阿注滸水之源，爲完顔部人”。《大金國志》卷二七亦有傳。《宋史》，婁室多作婁宿。

［3］白荅：本書卷六五《謝庫德傳》作白達。　七水：本書《謝庫德傳》僅載雅達瀾水，當是其本部所在地。《完顔婁室碑》則稱雅撻瀨、拿鄰、麻吉等七水。拿鄰，即今黑龍江省與吉林省之間的拉林河。七水，當是指今拉林河的支流諸水。　諸部長：統數部的部長，又稱都勃堇。

［4］太祖：廟號。名阿骨打，漢名旻。1115 年至 1123 年在位。本書卷一有紀。　寧江州：治所在今何地説法甚多，主要有：大烏拉，即今吉林省永吉縣烏拉街（高士奇《扈從東巡日録》）；厄黑木站，即今吉林省蛟河市天崗（楊賓《柳邊紀略》）；石頭城子，即今吉林省松原市三岔河鄉石頭城子（《吉林通志》卷一一）；吉林省松原市榆樹溝（日本學者池内宏《遼代混同江考》，載《滿鮮史研究》中世第一册）；吉林省松原市小城子或五家站（日本學者三上次男《金史研究》第一册《金代女真社會的研究》）；吉林省松原市伯都訥古城（李健才《東北史地考略》）；吉林省榆樹市大坡古城（紹維、志國《榆樹大坡古城調查——兼論遼寧江州治地望》，《博物館研究》1982 年創刊號；張英《遼代寧江州治地望新證》，《長春文物》1982 年第 2 期）。

［5］係遼籍女直：指加入遼籍的女真人，又稱係籍女真或係案女真。

［6］移嬾路：地區名。以水名地，亦作益褪水，今吉林省輝南縣一統河。　益海路：地區名。以益海河名地，益海亦作益改、伊改，即今之葉赫河。　太彎：即遼部族官大王。本名夷離堇。　照撒：人名。也作照三。其城，《〈中國歷史地圖集〉釋文匯編・東北卷》謂，在今遼寧省清原滿族自治縣南山城。按照散部在益褪水，城當在今吉林省輝南縣南一統河西畔。

［7］婆剌赶山：日本學者三上次男謂，即吉林省長春市南的大黑山。此當指大黑山的南麓，與益海河近。

［8］捺末懶路：地區名。以山嶺名地，《遼東行部志》作南謀懶，漢語爲嶺，即今輝發河與東遼河上源諸水的分水嶺。其路地在此。

［9］咸州：治所在今遼寧省開原市老城鎮。

［10］遼北女直係籍之户：指北女真兵馬司轄區的係籍女真人户。遼北女真兵馬司，兵事所屬有遼、韓、雙、銀、同、咸、郢、肅、安及龍化等州。

［11］遼都統耶律訛里朵：契丹人。《遼史》卷二七《天祚紀》謂，其以西北路招討使爲行軍都統。《契丹國志》卷一〇謂，北樞密副使、涞流河路都統。

［12］達魯古城：曹廷傑《東三省輿地圖説》謂，今他虎城；《〈中國歷史地圖集〉釋文匯編·東北卷》謂，在今吉林省拉林河以西地區；李健才《東北史地考略》則推定，在今吉林省松原市城北十里的土城子。

［13］左翼：施國祁《金史詳校》卷七謂，“左”當作“右”。中華點校本據本書卷七四《宗翰傳》與《柳邊紀略》卷四《完顔婁室碑》，改“左”爲“右”。按，本書有多處記載此次戰役，以卷二《太祖紀》記載最爲完備，宗雄爲右翼，宗翰、婁室、銀术可爲左翼，宗幹爲中軍。這與本書卷七三《宗雄傳》、卷七六《宗幹傳》以及本卷《婁室傳》《銀术可傳》皆符，唯有《宗翰傳》謂“宗翰爲右軍”。而《完顔婁室碑》著録時碑上文字已漫漶不清，且“右”與“左”二字筆劃差别又不甚明顯。本傳仍以原文“左翼”爲是。　宗翰：國相撒改長子。本書卷七四有傳。

［14］銀术可：宗室子。本卷有傳。

及九百奚營等部來降，[1]則與銀术可攻黄龍府。[2]上使完顔渾黜、婆盧火、石古迺以兵四千助之，[3]敗遼兵萬餘于白馬濼。[4]宗雄等下金山縣，[5]使婁室分兵二千，招沿山逃散之人。耶律捏里軍蒺藜山，[6]斡魯古、婁室等破之，[7]遂取顯州。[8]太祖取黄龍府，婁室請曰："黄龍一都會，且僻遠，苟有變，則鄰郡相扇而起。請以所部屯守。"太祖然之，仍合諸路謀克，命婁室爲萬户，守黄龍府。[9]進都統，[10]從杲取中京。[11]與希尹等襲走迪六、和尚、雅里斯等，[12]敗奚王霞末，[13]降奚部西節度訛里剌。[14]遼主自鴛鴦濼西走，[15]婁室等追至白水濼，[16]獲其内庫寶物。婁室遂與闍母攻破西京。[17]復與闍母至天德、雲内、寧邊、東勝，[18]其官吏皆降，獲阿踈。[19]

[1]九百奚營：奚營帳名。又稱九百奚部，其故址在今吉林省梨樹縣城北偏東八里許，招蘇太河右岸的偏臉城。

[2]黄龍府：治所在今吉林省農安縣城。按此下《完顔婁室碑》謂，"太祖嘉其功，賞御馬一，奴婢三百，仍賜以誓券，恕死罪"。施國祁《金史詳校》卷七謂，誓券殆非鑄鐵者，與後賜不同，故傳略耳。

[3]完顔渾黜：大定衍慶亞次功臣徐國公。　婆盧火：安帝五代孫。本書卷七一有傳。　石古迺：又作什古迺、習古迺、實古迺。本卷有傳。

[4]白馬濼：今吉林省前郭縣的查幹泡。

[5]宗雄：康宗長子。本書卷七三有傳。　金山縣：遼泰州金山縣，於遼天慶六年（1116，金收國二年）升爲邊防城静州。據吉林省考古工作者的調查，故址在今内蒙古自治區科爾沁右翼前旗烏蘭浩特市北二十五里的前公主嶺屯（劉景文《科右前旗前公主嶺

一、二號古城調查記》，《東北考古與歷史》1982 年第 1 期）。

［6］耶律捏里：契丹人。即耶律淳，遼興宗第四孫。《遼史》卷三〇有紀。　蒺藜山：在今遼寧省阜新市北。

［7］斡魯古：宗室子。本書卷七一有傳。

［8］顯州：治所在今遼寧省北寧市西南五里北鎮廟。

［9］命婁室爲萬户，守黄龍府：萬户，既是路官又是統兵官。黄龍府，金初又稱黄龍路。本書卷二《太祖紀》天輔二年（1118），“以婁室爲萬户鎮之”。《完顔婁室碑》，“太祖命王爲黄龍路統牧”。

［10］都統：統兵官。猛安之上置萬户，萬户之上置都統。

［11］杲：本名斜也，太祖母弟，時爲内外諸軍都統。本書卷七六有傳。　中京：遼中京大定府。治所在今内蒙古自治區寧城縣西大明城。

［12］希尹：完顔希尹，歡都子。本書卷七三有傳。　迪六：遼招討使。　和尚：遼節度使。　雅里斯：遼節度使。

［13］奚王霞末：此奚王並非蕭末或遼駙馬都尉柳城郡王蕭霞抹，乃是《遼史》卷二九《天祚紀三》、卷一〇二《耶律余覩傳》的蕭遐買，原爲知奚王府事，遼保大元年（1121）加爵奚王。

［14］奚部西節度：遼部族官。西奚，居於可汗州，今河北省懷來縣東南。　訛里剌：降金奚人落虎之父。

［15］遼主：指遼天祚帝耶律延禧。　鴛鴦濼：又名昂吉濼，今河北省張北縣西北的安固里淖。

［16］白水濼：今内蒙古自治區察右前旗黄旗海。

［17］闍母：太祖異母弟。本書卷七一有傳。　西京：西京大同府。治所在今山西省大同市。

［18］天德：天德軍，置豐州。治所在今内蒙古自治區呼和浩特市東白塔村。　雲内：州名。治所在今内蒙古自治區土默特左旗東南。　寧邊：州名。治所在今内蒙古自治區清水河縣西南。　東勝：州名。治所在今内蒙古自治區托克托縣。

[19]阿踈：女真星顯水紇石烈部勃堇，穆宗時亡命於遼，天輔六年（1122）四月被獲。本書卷六七有傳。

夏人救遼，兵次天德。婁室使突撚、補攧以騎二百爲候兵，[1]夏人敗之，幾盡。阿土罕復以二百騎往，[2]遇伏兵，獨阿土罕脱歸。時久雨，諸將欲且休息，婁室曰："彼再破吾騎兵，我若不復往，彼將以我怯，即來攻我矣。"乃選千騎，與習失、拔离速往。[3]斡魯壯其言，[4]從之。婁室遲明出陵野嶺，[5]留拔离速以兵二百據險守之。獲生口問之，其帥李良輔也。[6]將至野谷，[7]登高望之。夏人恃衆而不整，方濟水爲陣，乃使人報斡魯。婁室分軍爲二，迭出迭入，進退轉戰三十里。過宜水，[8]斡魯軍亦至，合擊敗之。

[1]突撚、補攧：二人名。中華點校本誤以爲一人，當分爲二人。此二人當是本卷《拔离速傳》的裴滿突撚與撒里古獨。撒里爲塞外部姓，獨與攧爲同聲，古獨爲補攧的異寫。

[2]阿土罕：與下文所見，敗敵於河上的阿离土罕爲一人，亦即本卷《拔离速傳》的訛謀罕。

[3]習失：又作習室，石土門子。本書卷七〇有傳。《完顔婁室碑》以其爲辭不失，本書卷七〇《習不失傳》稱"習不失本作辭不失，後定爲習不失，昭祖之孫，烏骨出之次子也"。習不失並未參與此戰。　拔离速：銀术可弟。本卷有傳。

[4]斡魯：韓國公劾者子。本書卷七一有傳。

[5]陵野嶺：據本文與本書卷一三四《西夏傳》對此次戰役的記述，陵野嶺、宜水、野谷，皆在豐州天德軍境内。陵野嶺，當在宜水東北。

[6]李良輔：夏人。時爲夏崇宗李乾順軍帥。

[7]野谷：當在今山西省晋中市東北，宜水西南。原脱“谷”字，從中華點校本補。

[8]宜水：在今山西省晋中市東北。

遼都統大石犯奉聖州，[1]壁龍門東二十五里。[2]婁室、照里、馬和尚等以兵取之，[3]生獲大石，其衆遂降。遼闢里剌守奉聖州，[4]棄城遁去。後與宗望追遼帝。[5]婁室、蒲察以二十騎候敵，[6]敗其軍三千人于三山。[7]有千人將趨奉聖州，蒲察復敗之，擒其主帥而還。夏人屯兵於可敦館。[8]宗翰遣婁室戍朔州，[9]築城於霸德山西南二十里，[10]遂破朔州西山兵二萬，擒其帥趙公直。[11]其後復襲遼帝于余都谷，[12]獲之。賜鐵券，[13]惟死罪乃笞之，餘罪不問。

[1]遼都統大石：契丹人。即耶律大石，遼太祖八代孫。後自立爲王，史稱西遼。本書卷一二一《粘割韓奴傳》有較詳記載，《遼史》卷三〇有紀。　奉聖州：治所在今河北省涿鹿縣。

[2]龍門：在奉聖州東北，今河北省赤城縣西南長城界上關口。

[3]照里：紇石烈照里，又作照立。　馬和尚：奚人。後於海陵時嘗任臨潢府總管。

[4]闢里剌：遼人。守奉聖州者。僅此一見。

[5]宗望：太祖第三子。本書卷七四有傳。

[6]蒲察：又作蒲査，穆宗子，大定衍慶亞次功臣濟國公。

[7]三山：在今河北省張北縣一帶。距奉聖州不甚遠，並非本書卷二五《地理志中》萊州掖縣的三山。

[8]可敦館：在朔州阿敦山。可敦又作阿敦。

[9]朔州：治所在今山西省朔州市。

[10]霸德山：朔州鄯陽縣有霸德山，在今山西省朔州市境。

[11]趙公直：夏人。時爲夏將帥。

[12]余都谷：地名。又作余睹谷。據《遼史》卷三〇《天祚紀四》，在應州新城東六十里。

[13]鐵券：世代享受某種特權的鐵契。以鐵爲之，狀如卷瓦，刻字畫欄，以金填之，外以御寶爲合，半留内府，以賞殊功。

銀术可圍太原。[1]宋統制劉臻救太原，[2]率衆十萬出壽陽，[3]婁室擊破之，繼敗宋兵數千於榆次。[4]宋張灝軍出汾州，[5]拔离速擊走之。灝復營文水，[6]婁室與突葛速、拔离速與戰，[7]灝大敗。宗翰定太原。婁室取汾、石二州，[8]及其屬縣温泉、方山、離石。[9]蒲察降壽陽，取平定軍及樂平，[10]復招降遼州及榆社、遼山、和順諸縣。[11]宗翰趨汴州，[12]使婁室等自平陽道先趨河南，[13]曰："若至澤州，[14]與賽里、婆盧火、習失遇，[15]當與俱進。"習失之前軍三謀克，[16]敗宋兵三千于襄垣，[17]遇伏兵二千，又敗之。撒剌荅破天井關，[18]復破步兵於孔子廟南，[19]遂降河陽。[20]婁室軍至，既渡河，[21]遂薄西京。[22]城中兵來拒戰，習失逆擊敗之，西京降。婁室取偃師，[23]永安軍、鞏縣降。[24]撒剌荅敗宋兵於汜水。[25]於是，滎陽、滎澤、鄭州、中牟相次皆降。[26]宗翰已與宗望會軍于汴，使婁室率師趨陝津，[27]攻河東郡縣之未下者。阿离土罕敗敵于河上，撒按敗敵于陝城下，[28]鶻沙虎降虢州守陴卒三百人，[29]遂克陝府。習古迺、桑衮破陝之散卒于平陸西北。[30]活女别破敵於平陸。[31]婁室破蒲、解之軍二萬，[32]盡覆之，安邑、解州皆降。[33]遂克河中府，降絳、慈、隰、石等州。[34]

[1]太原：府名。治所在今山西省太原市。

[2]宋統制：宋屯駐大軍的統兵官。各軍往往設統制一員，統領二員。　劉臻：宋壽陽屯軍的統兵官。

[3]壽陽：縣名。治所在今山西省壽陽縣。

[4]榆次：縣名。治所在今山西省晋中市。

[5]張灝：宋人。時爲宋河東觀察使。　汾州：治所在今山西省汾陽縣。

[6]文水：縣名。治所在今山西省文水縣。

[7]突葛速：宗室子。即突合速。本書卷八〇有傳。

[8]石州：治所在今山西省離石區。

[9]温泉：縣名。治所在今山西省孝義市西泉。　方山：縣名。治所在今山西省方山縣。　離石：縣名。治所在今山西省吕梁市離石區。

[10]平定軍：金大定二年（1162）升爲州，治所在今山西省陽泉市。　樂平：縣名。治所在今山西省昔陽縣。

[11]遼州：治所在今山西省左權縣。　榆社：縣名。治所在今山西省榆社縣。　遼山：遼州倚郭縣。　和順：縣名。治所在今山西省和順縣。

[12]汴州：宋京師東京開封府，金初稱汴州，治所在今河南省開封市。

[13]平陽：府名。治所在今山西省臨汾市。

[14]澤州：治所在今山西省晋城市。

[15]賽里：女真人。習不失之孫宗賢。本書卷七〇有傳。

[16]三謀克：原作“三謀合”，從中華點校本改。

[17]襄垣：縣名。治所在今山西省襄垣縣。

［18］撒剌荅：宗翰部將。　天井關：關隘名。澤州晋城有天井關，在今山西省晋城市南境。

［19］孔子廟：以廟爲地名，當在河陽北境。

［20］河陽：府名。金天會六年（1128）降爲孟州，治所在今河南省孟縣。

［21］河：黄河。

［22］西京：宋西京洛陽。治所在今河南省洛陽市。

［23］偃師：縣名。治所在今河南省偃師市。

［24］永安軍：治所在今河南省鞏義市南。　鞏縣：治所在今河南省鞏義市東。

［25］氾水：縣名。治所在今河南省滎陽市西北。

［26］滎陽：縣名。治所在今河南省滎陽市。　滎澤：縣名。治所在今河南省滎陽市東北。　鄭州：治所在今河南省鄭州市。　中牟：縣名。治所在今河南省中牟縣。

［27］陝津：陝州黄河渡口。陝州治所在今河南省三門峽市。　河東郡縣：宋河東郡所屬諸縣。

［28］撒按：人名。本名僅此一見。

［29］鶻沙虎：即《完顔婁室碑》的“皇子鶻沙虎”，又作斛沙虎，漢名宗英。　虢州：治所在今河南省靈寶市。

［30］習古迺：即婁室子石古迺。本卷有傳。　桑衮：即《完顔婁室碑》的婁室孫男太子内直郎撒葛祝。　平陸：縣名。治所在今山西省平陸縣西南。

［31］活女：婁室子。本卷有傳。

［32］蒲：州名。宋河東郡，金天會六年（1128）降爲蒲州，天德元年（1149）升爲河中府，治所在今山西省永濟市西南。　解：州名。治所在今山西省運城市解州。

［33］安邑：縣名。治所在今山西省運城市安邑。

［34］絳：州名。治所在今山西省新絳縣。　慈：州名。治所在今山西省吉縣。　隰：州名。治所在今山西省隰縣。

宗翰往洛陽，使婁室取陝西，敗宋將范致虛軍，[1]下同、華二州，[2]克京兆府，[3]獲宋制置使傅亮，[4]遂克鳳翔。[5]阿隣等破宋大兵於河中，[6]斡魯破宋劉光烈軍於馮翊，[7]訛特剌、桑衮敗敵於渭水，[8]遂取下邽。[9]宗翰會宗輔伐康王，[10]命婁室、蒲察專事陝西，以婆盧火、繩果監戰。[11]繩果等遇敵於蒲城及同州，[12]皆破之。婁室、蒲察克丹州，[13]破臨真，[14]進克延安府，[15]遂降綏德軍及静邊、懷遠等城寨十六，[16]復破青澗城。[17]宋安撫使折可求以麟、府、豐三州，[18]及堡寨九，降于婁室。晋寧所部九寨皆降，而晋寧軍久不下。[19]婁室欲去之，賽里不可，曰："此與夏鄰，且生他變。"城中無井，日取河水以爲飲，乃决渠于東，泄其水，城中遂困。李位、石乙啓郭門降，[20]諸將率兵入城。守將徐徽言據子城，[21]戰三日，衆潰。徽言出奔，獲之，使之拜，不聽，臨之以兵，不爲動。縶之軍中，使先降者諭之使降，[22]徽言大罵，與統制孫昂皆不屈，[23]乃并殺之。遂降定安堡、渭平寨及鄜、坊二州。[24]於是，婁室、婆盧火守延安，折可求屯綏德，蒲察還守蒲州。延安、鄜、坊州皆殘破，人民存者無幾，婁室置官府輯安之。别將斡論降建昌軍。[25]京兆府叛，婁室復討平之。遂與阿盧補、謀里也至三原。[26]訛哥金、阿骨欲擊淳化兵，[27]敗之。婁室攻乾州，[28]已築甬道，列礮具，而州降。遂進兵克邠州，[29]軍于京兆。

［1］范致虚：宋建州建陽人。時爲宋陝西宣撫使，《宋史》卷三六二有傳。

［2］同：州名。治所在今陝西省大荔縣。　華：州名。治所在陝西省華縣。

［3］京兆府：治所在今陝西省西安市。

［4］傅亮：宋河東經略制置副使，降金後改名傅慎微。本書卷一二八有傳。

［5］鳳翔：府名。治所在今陝西省鳳翔縣。

［6］阿隣：金初宗室子有多人名阿隣，此似指宗雄子阿隣。

［7］斡魯：婁室子，與本書卷七一韓國公勃者子斡魯同名。即本卷《仲傳》的統軍斡魯，《完顏婁室碑》的光禄大夫、迭剌部節度使斡魯，《宋史》卷四四七《徐徽言傳》的婁宿（室）勃堇子。　劉光烈：宋人。待考。　馮翊：即同州，宋爲馮翊郡。

［8］訛特剌：婁室部將，似即前文所見降於婁室的奚部西節度使訛里剌。　渭水：今陝西省渭水。

［9］下邽：縣名。治所在今陝西省渭南市北的下邽。

［10］宗輔：太祖子，世宗父，大定初尊爲睿宗。本書卷一九有紀。　康王：即趙構，1127年即位於歸德，廟號高宗。

［11］婆盧火：與安帝五代孫婆盧火同時同名，終於慶陽尹。見本書卷七一《婆盧火傳》。　繩果：與太祖子繩果宗峻同名。

［12］蒲城：縣名。治所在今陝西省蒲城縣。

［13］丹州：治所在今陝西省宜川縣。

［14］臨真：縣名。治所在今陝西省宜川縣北的臨鎮。

［15］延安府：治所在今陝西省延安市。

［16］綏德軍：宋綏德軍，金爲綏德州，治所在今陝西省綏德縣。　静邊、懷遠：據本書卷二六《地理志下》，静邊、懷遠二寨，在鳳翔路德順州的通邊縣與治平縣。德順州治所在今甘肅省静寧縣，距鄜延路綏德州有千里之遥。此“静邊”與“懷遠”，當是綏德州的“清邊”與“懷寧”二寨。

[17]青澗城：即宋清澗城，金爲綏德州清澗縣，治所在今陝西省清澗縣秀延鎮。

[18]折可求：宋河西世族折繼閔孫，時爲宋麟府路安撫使（戴應新《北宋折繼閔神道碑疏證》，載《考古學會第一次年會論文集》，文物出版社 1980 年版）。　麟：州名。治所在今陝西省神木縣新民鎮。　府：州名。治所在今陝西省府谷縣。　豐：州名。治所在今陝西省府谷縣西北長城外。

[19]晋寧軍：治所在今陝西省佳縣。

[20]李位、石乙：二人爲宋晋寧軍裨校。"石乙"，即石某，《宋史》卷四四七《徐徽言傳》作"石斌"。

[21]徐徽言：宋衢州西安人。時以武經郎知宋晋寧軍，兼嵐石路沿邊安撫使。《宋史》卷四四七有傳。

[22]先降者：據本書卷三《太宗紀》天會七年（1129）二月所載，乃指折可求。

[23]孫昂：宋太原路兵馬都監。

[24]定安堡：金大定七年（1167）更名安定，治所在今甘肅省寧縣。　渭平寨：本書僅此一見，具體地點待考。　鄜：州名。治所在今陝西省富縣。　坊：州名。治所在今陝西黄陵縣。

[25]斡論：金初有多人名斡論，稱"别將斡論"者僅此一見。建昌軍：本書僅此一見，待考。

[26]阿盧補：亦作阿离補，宗室子，系出景祖。本書卷八〇有傳。　謀里也：亦作謀里野，景祖孫，謾都訶次子。　三原：縣名。治所在今陝西省三原縣東北境。

[27]訛哥金、阿骨欲：二人本書僅此一見。　淳化：縣名。治所在今陝西省淳化縣。

[28]乾州：宋嘗改爲醴州，治所在今陝西省乾縣。

[29]邠州：治所在今陝西省彬縣。

陝西城邑已降定者，輒復叛，於是睿宗以右副元帥，[1]總陝西征伐。時婁室已有疾，睿宗與張浚戰于富平，[2]宗弼左翼軍已却，婁室以右翼力戰，[3]軍勢復振，張浚軍遂敗。睿宗曰："力疾鏖戰，以徇王事，遂破巨敵，雖古名將何以加也。"以所用犀玉金銀器，及甲胄，并馬七匹與之。

[1]右副元帥：都元帥佐貳。正二品。

[2]張浚：漢州綿竹人。時爲宋知樞密院事、川陝宣撫處置使。《宋史》卷三六〇有傳。　富平：治所在今陝西省富平縣北境。

[3]宗弼左翼軍已却，婁室以右翼力戰：本書卷一九《睿宗紀》謂，婁室爲左翼，宗弼爲右翼。卷八〇《阿离補傳》謂，宗弼爲右翼都統。《完顏婁室神道碑》稱，婁室領左翼。本文"左翼"當爲"右翼"，"右翼"當爲"左翼"。宗弼，本名兀朮，太祖第四子，本書卷七七有傳。

天會八年，[1]薨。十三年，[2]贈泰寧軍節度使，[3]兼侍中，[4]加太子太師。[5]皇統元年，[6]贈開府儀同三司，[7]追封莘王。[8]以正隆例改贈金源郡王，[9]配享太宗廟廷，[10]謚莊義。[11]子活女、謀衍、石古迺。[12]

[1]天會八年，薨：本書卷三《太宗紀》記此年十二月丁丑，薨。《完顏婁室碑》謂，"以天會八年十二月九日卒於涇州回□之西原，年五十有三"。"葬於濟州之東南奥吉里"。天會，金太宗及金熙宗初年年號（1123—1135，1135—1137）。

[2]十三年：《完顏婁室碑》謂"天會十四年"，年份與此異。

[3]泰寧軍：置兗州，金大定十九年（1179）更名泰定軍。治

所在今山東省兖州市。　節度使：掌鎮撫諸軍防刺，總判本鎮兵馬之事，兼本州管内觀察使事。從三品。在此爲追贈的官銜。

[4]侍中：門下省的長官。

[5]太子太師：東宫官。正三品。

[6]皇統：金熙宗年號（1141—1149）。

[7]開府儀同三司：文散官。從一品上階。

[8]莘王：封國名。天眷格、大定格、本書《百官志》，均爲小國封號第二十九位。

[9]正隆：金海陵王年號（1156—1161）。　金源郡王：封號。正一品曰郡王。

[10]配享太宗廟廷：據本書卷三一《禮志四》"功臣配享"條，金天德二年（1150），以婁室西向配太宗位。明昌四年（1193）衍慶宫圖畫功臣次序始定，婁室位於衍慶宫西廊第五位。太宗，廟號。名吴乞買，1123年至1135年在位，本書卷三有紀。

[11]莊義：施國祁《金史詳校》卷七據《完顔婁室碑》謂，"莊當作壯"。中華點校本據改爲"壯義"。《通志·氏族》言及莊姓云"以謚爲氏"。《論語·爲政》謂："臨之以莊則敬。"本書所見之謚號，有莊靖、莊惠、莊襄、莊簡、莊獻、莊翼、莊潔、莊肅，却無一人以壯某爲謚者。本書卷三一《禮志四》"功臣配享"條，亦作"開府儀同三司金源郡莊義王完顔婁室"。《完顔婁室碑》雖可證，但發現或識辨時，其文字有的已漫漶不清。應以原"莊義"爲是。

[12]子活女、謀衍、石古迺：當於"活女"下補加"斡魯"。《完顔婁室碑》謂，子男七人，長曰活女，官至儀同三司、京兆尹、本路兵馬都總管；曰斡魯，光禄大夫、迭剌部節度使；曰謀衍，崇進、留守東京；曰什古迺，金吾衛上將軍、留守北京。孫男仕者，曰斛魯，鎮國上將軍、世襲猛安；曰度剌，世襲謀克；曰寧古，符寶祗候；曰撒葛祝，太子内直郎；曰辭烈，宿衛士。

活女，年十七從攻寧江州，力戰創甚，扶出陣間。太祖憑高望見，問之，知是婁室子，親撫慰賜藥，歎曰："此兒他日必爲名將。"其攻濟州，[1]敗敵八千。與敵遇于信州，[2]移剌本陷于陣，[3]活女力戰出之，敵遂北。敗耶律佛頂等兵于瀋州。[4]及宗翰以兵襲奚王霞末，活女以兵三百，敗敵二千。從攻乙室部，[5]敗之，破其二營。迭剌部族叛，[6]率二謀克突入，大破之。

[1]濟州：原爲遼黄龍府，金天眷三年（1140）改爲濟州，大定二十九年（1189）更名隆州。今吉林省農安縣。

[2]信州：治所在今吉林省公主嶺市西北秦家屯古城，亦名新集城。

[3]移剌本：本書僅此一見。

[4]耶律佛頂：契丹人。官至遼西南面招討使，金天輔六年（1122）四月降金。　瀋州：治所在今遼寧省瀋陽市。

[5]乙室部：遼部族。其大王及都監，駐西南之境。

[6]迭剌部族：又作迪烈部，屬遼東北路部族。

活女常從婁室圍太原，[1]宋將种師中以兵十萬來援，[2]活女擊敗之。大軍至河，無船，不得渡。婁室遣活女循水上下，活女率軍三百，自孟津而下，[3]度其可渡，遂引軍以濟，大軍於是皆繼之。宋將郭京出兵數萬，[4]趨婁室營，活女從旁奮擊，敵亂，遂破之。師還，破敵於平陸渡，[5]得其船以濟。又以兵破敵於張店原。[6]時屯留、太平、翼城皆有重敵，[7]並破之。又分兵取陝西，蒲州降，留活女鎮之。攻鳳翔，活女先登。睿宗定陝西，活女爲都統，進攻涇州，[8]敗其兵。王開山以兵拒歸路，[9]邀戰，再擊，再敗之，遂降京兆、鳳翔諸縣。

[1]常：同“嘗”。

[2]种師中：种師道弟。時爲宋河北路制置副使。

[3]孟津：舊孟津，在今河南省孟縣。

[4]郭京：宋人。言能施六甲法，宋兵部尚書孫傅薦於朝廷，命之以官，使自募兵守京城。

[5]平陸渡：今山西省平陸縣黄河渡口。

[6]張店原：在今山西省平陸縣北境。

[7]屯留：縣名。治所在今山西省屯留縣。　太平：縣名。治所在今山西省新絳縣。　翼城：縣名。治所在今山西省翼城縣。

[8]涇州：治所在今甘肅省涇川縣。

[9]王開山：宋將。

婁室薨，襲合扎猛安，[1]代爲黄龍府路萬户。[2]天眷三年，[3]爲元帥右都監，遷左監軍。[4]元帥府罷，[5]改安化軍節度使。[6]歷京兆尹，[7]封廣平郡王。[8]以正隆例，改封代國公。[9]進封隋國公，謚貞濟。[10]卒年六十一。

[1]合扎猛安：即本卷《謀衍傳》的親管奥吉猛安。

[2]代爲黄龍府路萬户：即代其父婁室爲黄龍府路萬户。金天眷三年（1140）黄龍府路萬户改爲濟州路萬户。本卷《謀衍傳》則謂：“皇統四年其兄活女襲濟州路萬户，以親管奥吉猛安讓謀衍，朝廷從之。”

[3]天眷：金熙宗年號（1138—1140）。

[4]元帥右都監：元帥府屬官。從三品。　左監軍：元帥府屬官。正三品。

[5]元帥府：掌征討之事。海陵天德三年（1151），以元帥府爲樞密院，罷萬户之官。帥，原作“師”，據南監本、北監本、殿本改。

[6]安化軍節度使：置密州。治所在今山東省諸城市。

[7]京兆尹：施國祁《金史詳校》卷七謂，《金石萃編》有《京兆府重修廟學碑》，題“府尹完顔胡女”，當即此人。府尹，掌宣風導俗，肅清所部，總判府事，兼領都總管者，又掌統諸城隍兵馬甲仗。正三品。

[8]廣平郡王：封號，本書《百官志》列“封王之郡號十”中第二位，次於金源郡王。

[9]代國公：封國名。天眷格，次國封號《大金集禮》第十一、本書《百官志》第九爲代。

[10]進封隋國公：天眷格，次國封號第二位，大定格，次國封號第一爲隋。據本書卷八〇《阿离補傳》，“大定間大褒功臣，圖像衍慶宫”所列衍慶亞次功臣，見有“隋國公活女”。“進封隋國公”之“進”字當改爲“追”，並在其前補“大定間”三字，而於“謚貞濟”之後，補加“定爲衍慶亞次功臣”。

謀衍，勇力過人，善用長矛突戰。天眷間，充牌印祗候，[1]授顯武將軍，[2]擢符寶郎。皇統四年，[3]其兄活女襲濟州路萬户，以親管奥吉猛安讓謀衍，[4]朝廷從之，權濟州路萬户。八年，爲元帥右都監。天德三年，[5]爲順天軍節度使。[6]歷河間、臨潢尹，[7]數月改婆速路兵馬都總管。[8]

[1]牌印祗候：隸殿前都點檢司。金大定二年（1162）改爲符寶祗候，後又改爲符寶郎，掌御寶及金銀等牌。皇統四年（1144）前似不應稱符寶郎。

[2]顯武將軍：武散官。從五品中階。

[3]皇統四年：按，婁室卒於天會八年（1130），"活女襲濟州路萬户"（黄龍府路萬户），亦當於是年。"皇統四年"似指謀衍"權濟州路萬户"之年，此四字，似應移置於"朝廷從之"之後。

[4]親管奥吉猛安：奥吉又作奥吉里，該猛安在濟州的東南。張博泉考訂，長春市石碑嶺完顔婁室墓地北二十華里和乞城舊址，即該猛安治所（張博泉《從"一體"和"多元"探清以前長春市建城史紀元》，《社會科學探索》1997年增刊）。

[5]天德：金海陵王年號（1149—1153）。

[6]順天軍節度使：金天會七年（1129）置保州。治所在今河北省保定市。

[7]河間：府名。治所在今河北省河間市。　臨潢：府名。治所在今内蒙古自治區巴林左旗林東鎮南波羅城。

[8]婆速路：即婆速府路，金天德二年（1150）置總管府，治所在今遼寧省丹東市東北二十里的九連城。　兵馬都總管：亦稱都總管，掌統諸城隍兵馬甲仗，總判府事。正三品。

撒八反，[1]謀衍往討之。是時世宗爲東京留守，[2]自將討括里還，[3]遇謀衍于常安縣，[4]盡以甲士付之。世宗還東京，完顔福壽、高忠建率所部南征軍，[5]亡歸東京。謀衍亦率其軍來附，即以臣禮上謁，遂殺高存福、李彦隆等。[6]謀衍、福壽、忠建及諸將吏民勸進，世宗即位，拜右副元帥。都統白彦敬，[7]副統紇石烈志寧在北京，[8]拒不受命。謀衍伐之，遇其衆于建州之境，[9]皆不肯戰，彦敬、志寧遂降。

[1]撒八：契丹人。西北路招討司譯史，金正隆五年（1160）

海陵征契丹丁壯，撒八等遂反。見本書卷一三三《移剌窩斡傳》。

[2]世宗：廟號。名雍。1161年至1189年在位。本書卷六至八有紀。　東京：治所在今遼寧省遼陽市。　留守：帶本府尹，兼本路兵馬都總管。正三品。

[3]括里：契丹人。咸平府謀克，與所部自山後逃歸，據咸平反。後引其衆合於撒八。

[4]常安縣：章宗初更名爲邑樓，治所在今遼寧省瀋陽市北六十里，懿路河北岸的懿路鎮古城。

[5]完顔福壽：曷速館人。本書卷八六有傳。　高忠建：渤海人。

[6]高存福：東京副留守。　李彦隆：東京留守司推官。

[7]白彦敬：部羅火部族人。初名彦恭，避顯宗諱改名彦敬，時爲北面行營都統。本書卷八四有傳。

[8]紇石烈志寧：上京胡塔安人。本名撒曷輦，時爲北面行營副統。本書卷八七有傳。　北京：遼中京，金貞元元年（1153）更號北京。治所在今内蒙古自治區寧城縣西大明城。

[9]建州：治所在今遼寧省朝陽市西北黄花灘上的喀喇城。

二年正月，謀衍率諸軍討窩斡，[1]會兵於濟州，合甲士萬三千人。過泰州，[2]至朮虎崖，[3]乃捨輜重，持數日粮，輕騎追之。是時窩斡新敗于泰州，將走濟州。謀衍兵至長濼南，[4]獲其諜者，知敵將由别路邀粮運，遂分軍往迎之。敵吏乣者來降，[5]謀衍用其計，因夜亟往邀敵輜重。忽大風，不能燧火，路暗莫相辨，比曉纔行三十餘里。將至敵營，將士少憩，謀衍率善射者數十騎，往覘之。而都統志寧、克寧等，[6]已敗敵衆二萬餘於長濼，追殺甚衆，敵遂西遁。志寧軍先追及於霿𩅪河，[7]急擊敗之。而謀衍貪鹵掠，不復追。以故敵得縱去，遂涉懿州界，[8]陷靈山、同昌、惠和等縣，[9]窺取北京，[10]西攻三韓縣。[11]惟克寧軍追躡，謀衍托馬弱，引還懿州。上聞之，下詔切責謀衍，以僕散忠義爲右副元帥代之，[12]紇石烈志寧爲右監軍代完顔福壽。而謀衍子斜哥暴横軍中，[13]詔勒歸本貫。

[1]窩斡：西北路契丹部族人。本書卷一三三有傳。

[2]泰州：舊泰州。一説在今黑龍江省泰來縣塔子城，一説在今吉林省洮南市城四家子古城。

[3]术虎崖：地名。當與泰州近，不可確指。

[4]長濼：傅樂焕《遼史叢考》謂，今内蒙古自治區奈曼旗境工程廟泡子。《中國通史》第六册附地名謂，在今吉林省乾安、農安縣間。按，本書卷九四《襄傳》謂，"戰於肇州之長濼"，則長濼當在金肇州境。

[5]糺者：即糺梡群牧人契丹糺者，降後除同知建州事，未之官，卒。見本書卷一三三《移剌窩斡傳》。

[6]都統志寧、克寧：志寧，即前文所見的紇石烈志寧，本書卷八七有傳。克寧，即徒單克寧，本書卷九二有傳。前者時以臨海軍節度使爲右翼都統，後者時以曷懶路總管爲左翼都統。

[7]霿（méng）𩆵（sōng）河：今遼寧省開原市境馬鬃河。

[8]懿州：治所在今遼寧省阜新蒙古族自治縣東北塔營子鄉古城址。

[9]靈山：縣名。《東北歷代疆域史》認爲靈山縣在"懿州之西"，《中國歷史地圖集》置於今遼寧省法庫縣西北。史爲樂《中國歷史地名大辭典》認爲在今遼寧省阜新蒙古族自治縣北境。　同昌：縣名。治所在今遼寧省阜新市西北五十里的西紅帽子村古城址。　惠和：縣名。治所在今内蒙古自治區敖漢旗博羅科舊城址。

［10］窺取北京：施國祁《金史詳校》卷七謂“窺”當作“規”。

［11］三韓縣：治所在今内蒙古自治區赤峰市東北哈拉木頭村。

［12］僕散忠義：上京拔盧古河人。本書卷八七有傳。

［13］斜哥：施國祁《金史詳校》卷七謂，即《完顏婁室碑》所見的“斛魯”（斜魯）。

謀衍至京師，以爲同判大宗正事，[1]世宗責之曰：“朕以汝爲將，汝不追賊，當正汝罪。以汝父婁室有大功，特免汝死。汝雖非宗室，而授此職，汝其勉之。”未幾，速頻路軍士朮里古，[2]告斜哥寄書與謀衍謀反，有司并上其書。世宗察其誣，詔鞫告者，朮里古款伏，遂誅之。召謀衍謂之曰：“人有告卿子爲反謀者，朕知卿必不爲此，今告者果自服罪，宜悉此意。”

［1］同判大宗正事：大宗正府佐貳。從二品。

［2］速頻路：也作恤品路，今大綏芬河流域，治所在今俄羅斯濱海邊疆區烏蘇里斯克，即雙城子。

初，窩斡方熾，上使温迪罕阿魯帶守古北口。[1]及窩斡敗于陷泉，[2]入于奚中，率諸奚攻古北口。阿魯帶因其妻生日，輒離軍六十里。賊衆聞之，來襲，殺傷士卒甚衆。阿魯帶坐除名。詔謀衍、蒲察烏里雅、蒲察通以兵三千，[3]會舊屯兵，擊之。擒賊党猛安合住。[4]未幾，窩斡平，乃還。

［1］温迪罕阿魯帶：海陵末年爲猛安，大定初爲濟州押軍萬户。

見本書卷一三三《移剌窩斡傳》。　古北口：在今北京市密雲縣東北。

［2］陷泉：女真語曰“洛孛魯”，在臨潢府境内裊嶺西。

［3］蒲察烏里雅：女真人。僅見本傳與卷一三三《窩斡傳》。蒲察通：中都路胡土愛割蠻猛安人。本書卷九五有傳。

［4］合住：本書卷六《世宗紀》作奚猛安合住。當是本書卷七〇《思敬傳》、卷八七《紇石烈志寧傳》、卷一三三《窩斡傳》的“稍合住”。

七年，出爲北京留守，上御便殿，賜食及御服衣帶佩刀，謂之曰：“以卿故老，欲以均勞逸，故授此職，卿其勉之。”改東京留守，封榮國公。[1]大定十一年，[2]薨，年六十四。

［1］榮國公：封國名。天眷格、大定格，次國封號《大金集禮》第二十八、本書《百官志》第二十七爲榮。《完顔婁室碑》謂：“崇進，留守東京。”

［2］大定：金世宗年號（1161—1189）。

謀衍性忠厚，善擊毬射獵，時論以爲雖智略不及其父，而勇敢肖之云。

仲，本名石古迺。體貌魁偉，通女直、契丹、漢字。其兄斡魯爲統軍，[1]愛仲才，欲使通吏事，每視事，常在左右，遇事輒問之，應對如響。斡魯嘆曰：“此子必爲令器。”皇統初，充護衛，[2]授世襲謀克。天德元年，攝其兄活女濟州萬户，[3]部内稱治。除濱州刺史，[4]

以母憂去官。起復知積石軍事，[5]轉同知河南尹。[6]

[1]斡魯：婁室子。《完顔婁室碑》謂："斡魯，光禄大夫，迭剌部節度使。"

[2]護衛：皇帝的衛戍部隊。定員二百人，由五至七品官子孫及宗室、親軍、諸局分承應人中選拔，考試合格方可録用。負責皇宫的警衛及行從宿衛。

[3]攝其兄活女濟州萬户：按，其先謀衍權濟州路萬户，此時又以仲攝之。

[4]濱州：刺史州。治所在今山東省濱州市濱城。　刺史：掌同府尹，兼治州事。正五品。

[5]知積石軍事：同刺史。積石軍，軍州名，治所在今青海省循化撒拉族自治縣。

[6]同知：府尹佐貳。正四品。　河南：府名。治所在今河南省洛陽市。

正隆六年，伐宋，爲神勇軍副都總管。[1]與大軍北還，除同知大興尹，[2]將兵二千，益遵化屯軍，[3]備契丹。遷西南路招討使，[4]兼天德軍節度使，[5]政尚忠信，決獄公平，蕃部不敢寇邊。召爲左副都點檢，[6]宿衛嚴謹，每事有規矩，後來者守其法，莫能易也。世宗常謂侍臣曰："石古迺入直，朕寢益安。"

[1]神勇軍副都總管：海陵伐宋，立三十二軍，有神勇軍。軍置都總管、副都總管及巡察使、副各一人。

[2]大興：府名。治所在今北京市。

[3]遵化：縣名。治所在今河北省遵化市。

[4]西南路招討使：西南路招討司長官。招懷降附，征討携離。正三品。金大定八年（1168）以前西南路招討司在豐州，即今内蒙古自治區呼和浩特市東南白塔村，後在應州，即今山西省應縣。

[5]兼天德軍節度使：金皇統九年（1149），升豐州天德軍節度使爲天德總管府，置西南路招討司，以天德尹兼領之。大定元年（1161），又降總管府爲節度使，隸西南路招討司。是以石古迺遷西南路招討使兼天德軍節度使。

[6]左副都點檢：殿前都點檢司佐貳，兼侍衛親軍副都指揮使。從三品。

五年，宋人請和，爲姪國，不稱臣，仲爲報問使。仲請與宋主相見禮儀，[1]世宗曰："宋主親起立接書，則授之。"及至宋，一一如禮。正隆用兵，宋人執商州刺史完顏守能以歸，[2]至是，仲取守能與俱還，上嘉之。轉都點檢，[3]兼侍衛親軍都指揮使。遷河南路統軍使，[4]上曰："卿在禁近，小心畏慎。河南控制江、淮，爲國重地，卿益勉之。"賜厩馬、金帶、玉吐鶻。後有罪解職。[5]久之，起爲西北路招討使。[6]改北京留守，卒。

[1]宋主：指宋孝宗趙昚。《宋史》卷三三至三五有紀。

[2]商州：治所在今陝西省商州區。　完顏守能：希尹孫。本書卷七三有傳。

[3]都點檢：即殿前都點檢，兼侍衛親軍都指揮使。掌行從宿衛，關防門禁，督攝隊仗，總判司事。正三品。

[4]河南路統軍使：督領軍馬，鎮攝封陲，分營衛，視察奸。正三品。河南路統軍司置開封府，即今河南省開封市。

[5]後有罪："後"，原作"復"，從《金史詳校》、中華點校

本改。

[6]西北路招討使：西北路招討司長官。正三品。西北路招討司最初設在撫州，後遷至桓州。撫州治所在今河北省張北縣，一説在今内蒙古自治區興和縣境内。桓州治所初在今内蒙古自治區正藍旗南黑城子，後北遷三十里建新桓州城，在今内蒙古自治區正藍旗北四郎城。

海里，婁室族子。體貌豐偉，善用矟。[1]婁室爲黄龍府萬户，海里從徙於孰吉訛母。[2]從婁室追及遼主於朔州阿敦山，遼主從數十騎逸去。婁室遣海里及术得，[3]往見遼主，諭之使降。遼主已窮蹙，待於阿敦山之東，[4]婁室因獲之。賞海里金五十兩、銀五百兩、幣帛二百匹、綿三百兩。睿宗經略陝西，海里戰却吴玠軍於涇、邠之南。[5]尋遣修棧道，宋人恐棧道成，以兵來拒，破其兵。賞銀百五十兩、奴婢十人。

[1]矟：同“槊”。《釋名·釋兵》：“矛長丈八尺曰矟，馬上所持。”

[2]孰吉訛母：《女真館雜字》謂，“斡莫”爲“湖”。孰吉訛母，即孰吉濼，又作熟結濼。金毓黻《遼東文獻徵略》謂，在今黑龍江省五常市境内。《〈中國歷史地圖集〉釋文匯編·東北卷》謂，今吉林省舊扶餘縣社里站一帶古湖濼。張博泉謂，孰吉猛安在遼术哲達魯古部處，即伊通河與松花江合流處的朱家城子。孰吉濼，指孰吉猛安南，松花江北的諸濼（張博泉《從“一體”和“多元”探清以前長春市建城史紀元》，《社會科學探索》1997年增刊）。

[3]术得：人名。本書僅此一見。

[4]阿敦山：本卷《婁室傳》稱“夏人屯兵於可敦館”，施國

祁《金史詳校》卷七謂此阿敦山“即可敦館”。

［5］吴玠：宋德順軍隴幹人。時爲宋涇原路馬步軍副總管。《宋史》卷三六六有傳。

天眷元年，擢宿直將軍。[1]與定宗磐、宗雋之亂，[2]再遷廣威將軍，[3]除都水使者。[4]改西北路招討都監，[5]歷復州、灤州刺史，[6]耶盧椀群牧使，[7]迭剌部族節度使，[8]同知大興尹兼中都路兵馬都總管，[9]改武寧軍節度使，[10]廣寧尹。[11]卒，年六十二。

［1］宿直將軍：殿前都點檢司，有左右宿直將軍，掌總領親軍，凡宫城諸門衛禁，並行從宿衛之事。從五品。

［2］宗磐：太宗子。本書卷七六有傳。　宗雋：太祖子。本書卷六九有傳。“雋”，原作“儁”，從中華點校本改。

［3］廣威將軍：武散官。正五品上階。

［4］都水使者：都水監長官。此官見於熙宗與海陵時。

［5］招討都監：位在招討使、副之下，此官見於天會間與大定初。

［6］復州：治所在今遼寧省瓦房店市的復州城。　灤州：治所在今河北省灤縣。

［7］耶盧椀群牧使：群牧官名。世宗在武平縣、臨潢、泰州之境所置七群牧，有耶盧椀群牧。群牧使，女真語爲“烏魯古使”，掌檢校群牧畜養蕃息之事。從四品。

［8］迭剌部節度使：本書卷二四《地理志上》西京路部族節度使條：“迪烈（又作迭剌）女古部族，承安三年（1198）改爲土魯渾扎石合節度使。”

［9］同知大興尹兼中都路兵馬都總管：中都路大興府治所在今北京市。府尹兼本路兵馬都總管，本文或“同知大興尹”的“同

知”爲衍文，或“兵馬都總管”之前脱“同知”二字。

[10]武寧軍節度使：置徐州，治所在今江蘇省徐州市。

[11]廣寧：府名。治所在今遼寧省北寧市西南五里的北鎮廟。

銀术可，宗室子。太祖嗣位，使蒲家奴如遼取阿踈，[1]事久不決，乃使習古迺、銀术可繼往。[2]當是時，遼主荒于政，上下解體。銀术可等還，具以遼政事人情告太祖，且言遼國之狀。[3]太祖决意伐遼，蓋自銀术可等發之。

[1]蒲家奴。景祖孫，劾者子，漢名昱。本書卷六五有傳。

[2]習古迺：宗室子。本卷有傳。

[3]且言遼國之狀：中華點校本據《永樂大典》卷五二四四“遼”字韵下“决意伐遼”條，於“之狀”前補“可伐”二字。查《永樂大典》卷六七六五“王”字韵下《宗室封王》二九“金·蜀王”條下引《銀术可傳》稱：“遼主荒于政，上下解體。銀术可等還，具以遼政事人情告太祖，且言遼國之狀。太祖决意伐遼，蓋自銀术可等發之。”“之狀”前無“可伐”二字，與本傳原文相同。而《永樂大典》卷五二四四“遼”字韵下“决意伐遼”條引文“荒于政”則作“荒畋”，“之狀”前多“可伐”二字，“之狀”後多“於是”二字，“發之”後多“也”字。是知，《永樂大典》卷六七六五爲照録本傳原文，卷五二四四則爲改寫本傳之文，應從原文，不必補“可伐”二字。

太祖與耶律訛里朶戰于達魯古城，遼兵二十餘萬，銀术可、婁室率衆衝其中堅，凡九陷陣，輒戰而出，大敗遼軍。銀术可爲謀克，遂與婁室戍邊，復與婁室、渾黜、婆盧火、石古迺等攻黄龍府，敗遼兵萬餘于白馬濼。太祖拒遼兵，銀术可守達魯古城。收國二年，[1]分鴨撻阿懶所遷謀克二千户，[2]以銀术可爲謀克，[3]屯寧江州。

[1]收國二年：是年（1116）十月克寧江州城，師還，初命諸路以三百户爲謀克，十謀克爲猛安。

[2]鴨撻阿懶：地名。阿懶，意爲“陂陀”。鴨撻阿懶，即鴨撻水附近一不平坦之地的地名。該地謀克户，原爲七水諸部長白荅所屬。鴨撻水，即本書卷六五《謝庫德傳》的“雅達瀾水”，《完顔婁室碑》的“雅撻瀨水”。當是今拉林河一支流名。

[3]以銀术可爲謀克：前文已言“銀术可爲謀克”，此又言“分鴨撻阿懶所遷謀克二千户”，下文又言“與習古迺、蒲察、胡巴魯率兵三千”。以此度之，本句有誤。應爲“以銀术可爲猛安”，或爲“以爲銀术可謀克”，或如宗雄例，以銀术可爲“世襲千户謀克”，即世襲猛安兼親管謀克。

遼大册使習泥烈遣回，[1]約以七月半至，[2]而盡九月習泥烈未來。上使諸軍過江屯駐，遼曳剌麻答十三人，[3]兵士八人縱火於渾河，[4]以絶芻牧。銀术可獲之，乃知遼邊吏乙薛使之，[5]太祖命釋之。從都統杲克中京，銀术可與習古迺、蒲察胡巴魯率兵三千，[6]擊奚王霞末于京西七十里，霞末棄兵遁。遼主西奔天德，銀术可以兵絶其後，遼主遂見獲。

[1]大册使：又作册禮使。　習泥烈：即遼太傅蕭習泥烈。

[2]七月：指金天輔三年（1119）七月。

［3］曳剌：本書唯有卷一一四《白華傳》載近侍局提點曳剌粘古與曳剌克忠，爲移剌氏的異寫。卷五五《百官志一》“架閣庫”條，見有令史、譯史、通事、走馬郎君、曳剌等。卷一一八《郭文振傳》，見有“但令曳剌行報而已”。此皆爲女真官職名。本傳所見的曳剌，當是《遼史》卷四六《百官志二》“走卒謂之拽剌”的曳剌。即遠探軍或候騎中的曳剌。中華點校本誤以曳剌爲人名。麻答：人名。爲遼軍拽剌。

［4］渾河：此渾河，當指金攻遼上京，調兵會渾河的渾河，在咸州與遼上京間，即宜民縣與懿州間胡土虎河，漢語爲渾河（見王寂《遼東行部志》）。金初，以此嘗名渾河路。

［5］遼邊吏乙薛：本書僅此一見。

［6］蒲察胡巴魯：人名。本書卷三《太宗紀》作鶻拔魯，卷七一《斡魯傳》作鶻巴魯，省“蒲察”二字。

後從宗翰伐宋，圍太原，宗翰進兵至澤州，及宗翰還西京，太原未下，皆命銀术可留兵圍之。招討都監馬五破宋兵於文水，[1]節度使耿守忠等敗宋黄迪兵於西都谷，[2]所殺不可勝計。宋樊夔、施詵、高豐等軍來救太原，[3]分據近部。銀术可與習失、盃魯、完速大破之。[4]索里、乙室破宋兵於太谷。[5]宋兵據太谷、祁縣，[6]阿鶻懶、拔离速復取之。[7]种師中出井陘，[8]據榆次，救太原，銀术可使斡論擊之，[9]破其軍。活女斬師中於殺熊嶺，[10]進攻宋制置使姚古軍于隆州谷，[11]大敗之。撒里土敗宋軍於回馬口。[12]郭企忠殲宋軍於五臺。[13]及宗翰定太原，與宗望會兵于汴，銀术可等攻汴城，克之。師還，銀术可降岢嵐、寧化等軍，[14]攻嵐州拔之，[15]招降火山軍。[16]與希尹同賜鐵券。

［1］招討都監馬五：即本卷《轂英傳》的都統馬五，及本書卷八〇《阿离補傳》衍慶亞次功臣金吾衛上將軍耶律馬五。

［2］耿守忠：遼將。降金後爲宗翰部屬，仍官以節度使。　黄迪：宋將。　西都谷：據本書卷八〇《突合速傳》，當是文水縣的西山，在今山西省太原市西南文水縣境。

［3］樊夔、施詵、高豐：此三宋人，本書俱一見。不詳。

［4］盃魯、完速：二人爲女真部將。

［5］索里、乙室：僅此一見。中華點校本先標點爲二人，後修訂本又改爲一人。似以二人爲是。　太谷：縣名。治所在今山西省太谷縣。

［6］祁縣：今山西省祁縣。

［7］阿鶻懶：人名。本書僅見於本卷。

［8］井陘：縣名。治所在今河北省井陘縣北。

［9］斡論：即本卷前《婁室傳》所見别將斡論。

［10］殺熊嶺：在今山西省晋中市境，去太原西百里。

［11］姚古：時爲宋河北河東路制置使，後因坐擁兵逗留，貶爲節度副使，安置廣州。　隆州谷：在今山西省太谷縣南境。原作“隆川”，從中華點校本改。

［12］撒里土：女真部將。僅此一見。　回馬口：地名。不詳。

［13］郭企忠：郭子儀之後，天輔中，由遼入金。本書卷八二有傳。　五臺：縣名。治所在今山西省五臺縣。

［14］岢嵐：宋軍州名。治所在今山西省岢嵐縣。　寧化：宋軍州名。治所在今山西省太原市北，寧武縣與静樂縣間。

［15］嵐州：治所在今山西省嵐縣。

［16］火山軍：治所在今山西省河曲縣境。

宗翰趨洛陽。賽里取汝州。[1]銀术可取鄧州，[2]殺其將李操等。[3]薩謀魯入襄陽。[4]拔离速入均州。[5]馬五取房州，[6]擒轉運使劉吉、鄧州通判王彬。[7]拔离速破唐、蔡、陳三州，[8]克潁昌府。[9]沙古質别克舊潁昌。[10]

［1］汝州：治所在今河南省汝州市。

［2］鄧州：治所在今河南省鄧州市。

［3］李操：宋人。鄧州守將。

［4］薩謀魯：本書僅本傳與卷三《太宗紀》兩見。　襄陽：治所在今湖北省襄樊市。

［5］均州：治所在今湖北省丹江口市西境。

［6］房州：治所在今湖北省房縣。

［7］轉運使劉吉：宋人。本書僅此一見。轉運使，宋官名，爲轉運使司長官，經度一路全部或部分財賦，並監察各州官吏。　鄧州通判王彬：宋人。本書僅此一見。通判，宋官名，爲州府副長官，有監察所在州府官員之權，凡文書必有通判連署始生効。

［8］唐：州名。治所在今河南省唐河縣。　蔡：州名。治所在今河南省汝南縣。　陳：州名。治所在今河南省淮陽縣。

［9］潁昌府：宋潁昌府許昌郡，金爲許州，治所在今河南省許昌市。潁，原作"穎"，從中華點校本改。

［10］沙古質：人名。僅此一見。　舊潁昌：本書僅此一見。疑是潁陽，故城在今河南省許昌市西南。潁，原作"穎"，從中華點校本改。

宗翰會伐康王，銀术可守太原。天會十年，爲燕京留守。[1]天會十三年，致仕，加保大軍節度使，[2]同中書門下平章事，[3]遷中書令，[4]封蜀王。[5]天眷三年，薨，年六十八。以正隆例贈金源郡王，配饗太宗廟庭。大定十五年，謚武襄，[6]改配享太祖廟庭。[7]子彀英。

[1]燕京留守：遼燕京，金初因之，金貞元元年（1153）定爲京師，遂改爲中都，治所在今北京市。《松漠紀聞》載有燕京留守銀珠哥大王不諳民事，因通事舞文招賄而焚死富僧事，本書不載。

[2]保大軍節度使：置鄜州，治所在今陝西省富縣。

[3]同中書門下平章事：意爲與中書門下協商處理政務，亦簡稱同平章事。凡節度使加此銜者僅爲虛銜。

[4]中書令：中書省的長官。按，致仕後所加、所遷的以上三個官銜，皆應爲不任職的虛銜。

[5]蜀王：封國名。本書卷四《熙宗紀》作"蜀國公"。天眷格，次國封號第一爲蜀。大定格，列大國封號第一八位。

[6]謚武襄：本書卷三一《禮志四》作"襄武"。施國祁《金史詳校》卷七謂《禮志》作"襄武"訛。未言所據。

[7]改配享太祖廟庭：本書卷三一《禮志四》謂，金大定八年（1168）圖畫功臣於太祖廟，銀术哥爲右廡第六位。明昌四年（1193）次序始定，銀术可則爲東廊第七位。庭，中華點校本徑改作"廷"，意思相同。

穀英，本名撻懶。[1]幼警敏有志膽，初丱角，太祖見而奇之。年十六，父銀术可授以甲，使從伐遼，常爲先鋒，授世襲謀克。[2]

[1]本名撻懶：《族帳部曲録》作"完顏塔懶"。

[2]世襲謀克：女真官名。金常把謀克授貴勛功臣，受封者領有謀克的人口和封地，准其世襲，稱世襲謀克。

宗翰自太原還西京，銀术可圍守之，穀英在行間，屢有功。宋兵數萬救太原，至南關，銀术可與弟拔离速、完顏婁室等擊之。當隘巷間，一卒揮刀向拔离速，轂英以刀斷其腕，一卒復從旁以槍刺之，轂英斷其槍，追殺之。拔太原，下河東諸州，攻汴京，皆有功。與都統馬五徇地漢上，[1]至上蔡，[2]以先鋒破孔家軍。[3]睿宗攻開州，[4]轂英先登，流矢中其口。睿宗親視之，創未愈，强起之。攻大名府，[5]第功，宗弼第一，轂英次之。攻東平，[6]轂英居最。

[1]漢：指漢水。

[2]上蔡：縣名。治所在今河南省上蔡縣。

[3]孔家軍：宋兵。其首領待查。

[4]開州：治所在今河南省濮陽市。

[5]大名府：治所在今河北省大名縣。

[6]東平：府名。治所在今山東省東平縣。

拔离速襲宋康王于揚州，[1]轂英爲先鋒。拔离速追宋孟后於江南，[2]轂英前行趨潭州。[3]宋大兵在常武，[4]轂英以選兵薄其城，敗千餘人。明日，城中出兵來戰，轂英以五百騎敗之，獲馬二百匹，遂攻常武。拔离速以諸軍爲大陣，居其後，轂英以五百騎爲小陣，當前行，即麾兵馳宋軍，宋軍亂，遂大敗之。拔离速觀其周旋，嘆賞之。

[1]揚州：治所在今江蘇省揚州市。

[2]宋孟后：即宋哲宗昭慈聖獻孟皇后。《宋史》卷二四三有傳。

[3]潭州：治所在今湖南省長沙市。

[4]常武：即常州，治所武進縣，在今江蘇省常州市。

其後河東郡縣多叛，㲄英以先鋒攻絳州，克之。復攻沁州，[1]飛砲擊其右脅，舁歸營中。諸軍攻沁州，三日不能下，别將骨赧强起㲄英指麾士卒，[2]遂克之。攝河東路都統，[3]從左監軍移剌余睹招西北諸部。[4]㲄英將騎三千五百，平其九部，獲生口三千，馬牛羊十五萬。以先鋒破宋吴山軍，[5]再戰再勝，遂衄宋兵于隘，死者不可勝計，宋兵遁去。

[1]沁州：治所在今山西省沁縣。

[2]骨赧：冶訶子。本書卷六八有傳。

[3]河東路都統：河東路，指黄河以東山西一帶。原宋河東郡縣，金又分爲河東北路與河東南路。

[4]左監軍：按《遼史》卷一〇二《耶律余睹傳》稱“余睹在女直爲監軍”，本書卷八二《蕭仲恭傳》亦謂“余睹爲監軍，有兵權”。然本書卷三《太宗紀》，天會三年（1125）十月詔諸將伐宋，“左金吾上將軍耶律余睹爲元帥右都監”，天會十年“九月，元帥右都監耶律余睹謀反，出奔”。本書卷一三三《耶律余睹傳》“天會三年，大舉伐宋，余睹爲元帥右都監”，皆稱余睹爲“右都監”，與此異。據本書卷三《太宗紀》天會五年四月“丙戌，以六部路都統撻懶爲元帥左監軍”，知太宗朝元帥左監軍爲完顔撻懶，非移剌余睹。疑此處所記“左監軍”爲“右都監”之誤。　移剌余睹：即耶律余睹，時爲元帥右都監。本書卷一三三、《遼史》卷一〇二皆有傳。

[5]吴山：地名。河東南路解州平陸縣有吴山。在今山西省平陸縣境。

宗弼再取和尚原，[1]㲄英以本部破宋五萬人，遂奪新义口，[2]宗弼留兵守之。是夜，大雪，道路皆冰，和尚原宋兵勢重不可徑取。宗弼用彀英策，入自傍近高山叢薄翳薈間，出其不意，遂取和尚原。彀英請速入大散關，[3]自以本部爲殿，以備伏兵。宗弼至仙人關，[4]彀英先攻之，宗弼止之，彀英不止。宗弼以刀背擊其兜鍪，使之退。彀英曰："敵氣已沮，不乘此而取之，後必悔之。"已而果然。宗弼嘆曰："既往不咎。"乃班師。彀英殿，且戰且却，遂達秦中。[5]

[1]和尚原：在今陝西省寶鷄縣與太白縣之間。

[2]新义口：當在和尚原附近。义，元刻本、南監本、局本同，殿本作"叉"。

[3]大散關：在今陝西省寶鷄市西南。

[4]仙人關：當在陝西省寶鷄市附近。

[5]秦中：指秦州。治所在今甘肅省天水市。

齊國初廢，[1]元帥右監軍撒离喝馳驛撫治諸郡。[2]至同州，故齊觀察使李世輔出迎，[3]陽墜馬稱折臂，舁歸。撒离喝入城，世輔詐使通判獻甲，以壯士十人，被甲上廳事，世輔自壁後突出，執撒离喝。彀英方索馬于外，變起倉卒，不得入。城門已閉，皆有兵衛，至東門，合荅雅領騎三十餘，[4]與彀英遇，遂斬門者出。而世輔擁衆自西門出，彀英與合荅雅襲之，一進一退以綴世輔，使不得速。世輔慮救兵至，乃要撒离喝與之盟，勿使追之，留撒离喝於道側。彀英識其聲，與騎而歸。除安遠大將軍，[5]攝太原尹，四境咸治，兼攝河東南北兩路兵馬都總管。[6]

[1]齊國：金立劉豫所建的齊國，金天會十五年（1137）爲熙宗所廢。

[2]撒离喝：即完顔杲，安帝六代孫。本書卷八四有傳。

[3]李世輔：宋綏德軍青澗人。金陷宋延安，李世輔及其父俱被俘。劉齊授以南路鈐轄，劉豫廢，兀术授以承宣使知同州。後奔西夏，復歸宋，宋高宗賜名顯忠。《宋史》卷三六七有傳。

[4]合荅雅：人名。本書僅此一見。

[5]安遠大將軍：武散官。從四品上階。

[6]河東南北兩路兵馬都總管：宋河東路，金天會六年（1128）析爲南北路，分置兵馬都總管於太原府及平陽府，熙宗廢劉豫，又以太原府尹兼領兩路兵馬都總管。

朝廷以河南、陝西與宋，已而復取之。師至耀州，[1]宋人每旦出城，張旗閱隊，抵暮而還。道隘，騎不得逞。彀英請兵五百，薄暮先使五十人趨山巔，令之曰："旦日視敵出，舉幟指其所向。"乃以餘兵伏山谷間。明日，城中人出閱如前，山巔旗舉，伏兵發，宋兵争馳入城。彀英麾軍登城，拔宋幟，立金軍旗幟。宋兵後者望見之，不敢入，遂降，城中人亦降。

[1]耀州：治所在今陝西省耀縣。

宋吴玠擁重兵據涇州，[1]涇、原以西多應之。[2]元帥撒离喝欲退守京兆，[3]俟河南、河東軍。彀英曰："我退守，吴玠必取鳳翔、京兆、同、華，據潼關，[4]吾屬無類矣。”撒离喝曰：“計將安出?”彀英曰：“事危矣，不如速戰。我軍陣涇之南原，宋兵必自西原來。彀英與斜補出各以選騎五百摧其兩翼，[5]元帥當其中擊之，可以得志。”監軍拔离速曰：[6]“二子當其左右，拔离速願當其中。元帥據岡阜，多張旗幟爲疑兵，可以得志。”撒离喝從之。吴玠兵果自西原來。彀英、斜補出擊其左右，自旦至午，吴玠左右軍少退，拔离速當其前衝擊之，遂敗玠軍，僵尸枕藉，大澗皆滿。自此蜀人喪氣，不敢復出，關、陜遂定。[7]

[1]吴玠：據《宋史》卷二九《高宗紀六》，時吴玠已死，此下數處“吴玠”皆吴璘之誤。吴璘，吴玠弟，時爲宋秦鳳經略使，節制陜西諸路軍馬。《宋史》卷三六六有傳。

[2]涇原：二州名，指涇州與原州。原州治所在今甘肅省鎮原縣。

[3]元帥：左、右副元帥與元帥左、右監軍，似可簡稱元帥。當年十二月，撒离喝招撫陜西五路後，始以右監軍爲右副元帥。

[4]潼關：今陜西省潼關縣東舊潼關。

[5]斜補出：女真人。本書僅見於本卷。

[6]監軍拔离速：拔离速時爲左都監，陜西平後始遷元帥左監軍。

[7]關、陜：關，指關中之地，即東至函谷關西至隴關地區。陜，指陜原，又稱陜陌，在今河南省陜縣西南。關陜合稱指陜原以西，即宋陜西路，是以本書卷四《熙宗紀》稱“陜西平”。

歷行臺吏部、工部侍郎，[1]從宗弼巡邊。[2]遷刑部尚書，[3]轉元帥左都監。天德二年，遷右監軍。元帥府罷，改山西路統軍使，[4]領西南、西北兩路招討兵馬。坐無功，降臨海軍節度使。[5]歷平陽、太原尹。正隆末，爲中都留守，[6]兼西北面都統，討契丹撒八，駐軍歸化州。[7]

[1]行臺吏部工部侍郎：金天眷三年（1140）河南平，移行臺尚書省於汴。皇統二年（1142）定行臺官品皆下中臺一等。行臺侍郎當爲正五品。

[2]宗弼巡邊：指皇統元年秋，宗弼以便宜劃淮爲界事。

[3]刑部尚書：這裏指行臺刑部尚書。

[4]山西路統軍使：據本書卷五《海陵紀》與卷四四《兵志》，天德二年（1150）十二月，改都元帥府爲樞密院，置統軍司於山西、河南、陝西三路，以元帥府都監、監軍爲使，分統天下兵馬。是時，㲄英以右監軍改山西路統軍使，分領西南、西北兩路招討兵馬。

[5]臨海軍節度使：置錦州。治所在今遼寧省錦州市。

[6]中都：遼燕京，金貞元元年（1153）海陵定都燕京，改號中都，治所在今北京市。

[7]歸化州：遼歸化州，金大定七年（1167）更爲宣化州，八年復更爲宣德州，治所在今河北省宣化縣。

世宗即位於遼陽，使㲄英姪阿魯瓦持詔往歸化，命㲄英爲左副元帥，就遣使召陝西統軍徒單合喜，[1]宣大定改元詔，赦于西南、西北招討司，河東、河北、山東諸路州鎮，調猛安軍屯京畿。阿魯瓦見㲄英，㲄英猶豫未決。士卒皆欲歸世宗，㲄英不得已，乃受詔。以元帥令下諸路，亟泥馬槽二萬具，諸路聞之，以爲大軍且至。然後遣人宣赦，所至皆聽命。

[1]阿魯瓦：本書僅見於本卷。　徒單合喜：上京速蘇海水人。本書卷八七有傳。

大定元年十一月，轂英以軍至中都，同知留守璋請至府議事。[1]轂英疑璋有謀，乃陽許諾，排節仗若將往者，遂率騎從出施仁門，[2]駐兵通州。[3]見世宗于三河。[4]詔轂英以便宜規措河南、陝西、山東邊事。二年正月，至南京，[5]遂復汝、潁、嵩等州縣，[6]授世襲猛安。入拜平章政事，[7]罷爲東京留守，未行，改濟南尹。[8]

[1]璋：斡者孫，神土懣子。時殺同知中都留守蒲察沙离只，自攝同知留守。本書卷六五有傳。

[2]施仁門：中都東門。

[3]通州：治所在今北京市通州區。

[4]三河：縣名。治所在今河北省三河市。

[5]南京：金初曰汴京，金貞元元年（1153）號南京，治所在今河南省開封市。

[6]潁：州名。治所在今安徽省阜陽市。潁，原作“穎”，從中華點校本徑改。　嵩：州名。治所在今河南省嵩縣。

[7]平章政事：爲宰相，掌丞天子，平章萬機。從一品。

[8]濟南：府名。治所在今山東省濟南市。

初，轂英宿將恃功，在南京頗瀆貨，不恤軍民。詔使問以邊事，轂英不答，謂詔使曰：“爾解何事，待我到闕奏陳。”及召入，竟無一語及邊事者。在相位多自專，己所欲輒自奏行之。除留守，輒忿忿不接賓客，雖近臣往亦不見。上怒，遂改濟南。上數之曰：“朕念卿父有大功于國，卿舊將亦有功，故改授此職，卿宜知之。若復不悛，非但不保官爵，身亦不能保也。”轂英頓首謝。

久之，改平陽尹，致仕。起爲西京留守，以母憂去官。尋以本官起復。俄復爲東京，歷上京。[1]詔曰：“上京王業所起，風俗日趨詭薄，宗室聚居，號爲難治。卿元老大臣，衆所聽服，當正風俗，檢制宗室，持以大體。”十五年，致仕。

[1]上京：金之舊土，金天眷元年（1138）號上京，海陵貞元元年（1153）止稱會寧府，大定十三年（1173）復爲上京，治所在今黑龍江省阿城市白城子。

久之，史臣上太宗、睿宗《實録》，上曰：“當時舊人親見者，惟轂英在。”詔修撰温迪罕締達往北京就其家問之，[1]多更定焉。

[1]修撰：國史院編修官。　温迪罕締達：本書卷一〇五有傳。

十九年，薨，年七十四。最前後以功被賞者十有一，金爲兩二百五十，銀爲兩六千五百，絹爲疋八百，綿爲兩二千，馬三百十有四，牛羊六千五百，奴婢百三十人。

麻吉，銀术可之母弟也。年十五，隸軍中。從破高麗兵，下寧江州，平係遼女直，克黄龍府，皆身先力戰，以功爲謀克。繼領猛安，破奚兵千餘。自斡魯古攻下咸、信、瀋州及東京諸城，麻吉皆有功。都統杲取中京，與稍合、胡拾答别降楚里迪部。[1]屯兵高州，[2]以兵援蒙刮孛堇，[3]大破敵兵。復敗恩州兵五萬人。[4]討平遼人聚中京山谷者，降三千餘人。戰于高州境上，伏矢射之中目，遂卒。[5]

[1]稍合：即本書卷六五《鄆王昂傳》的稍喝。　胡拾答：人名。本書僅此一見。　楚里迪部：即《遼史》卷三三《營衛志下》，居於潭州北的奚人楚里部。

[2]高州：治所在今内蒙古自治區赤峰市東北哈拉木頭村。

[3]蒙刮孛堇：即本書卷六五《謾都本傳》的猛安蒙葛。

[4]恩州：治所在今内蒙古自治區喀喇沁旗東西橋鄉東土城子古城。

[5]遂卒：據本書卷二《太祖紀》，卒於金天輔六年（1122）八月。

麻吉大小三十餘戰，所至皆捷。皇統中，贈銀青光禄大夫，[1]謚毅敏。子沃側。

[1]銀青光禄大夫：即後來的銀青榮禄大夫。文散官，正二品下階。

沃側，年十七，隸軍中。從拔离速擊遼將馬五，[1]

敗之。麻吉死，領其職。宗望伐宋，至河上。宋兵屯于河外，以二舟來伺我師，乃遣沃側率勇士數輩，以一舟往迎之，盡俘以還。襲康王於江、淮間，沃側皆與焉。師還，駐東平。及廢齊，屯兵河北，招降旁近諸營，多獲畜産兵仗，軍帥嘉之，賞以甲馬。

[1]馬五：本書凡十四見，多爲衍慶亞次功臣耶律馬五。此遼將馬五，尚難確指。

從攻陝西，爲右翼都統，攻城破敵，皆與有功。師還，正授謀克。遷華州防禦使，[1]屬關中歲饑，盜賊充斥，沃側募兵討平之，部以無事。郡人列狀丐留，不報。未幾，除迪列部族節度使，改迭剌部。[2]用廉入爲都水使者，秩滿，同知燕京留守事。爲西北路招討使，撒八秩滿已數月，冒其俸禄，不即解去，沃側發其事。撒八反，沃側遇害。

[1]華州防禦使：州長官。掌防捍不虞，禦制盜賊，餘同府尹。從四品。

[2]迭剌部：據本書卷二四《地理志上》“西京路部族節度使”條，“迪烈”又作“迭剌”。“改迭剌部”四字，疑爲衍文。

拔离速，銀术可弟。天輔六年，[1]宗翰在北安州，[2]將會斜也于奚王嶺，[3]遼兵奄至古北口，使婆盧火、渾黜各領兵二百，擊之。渾黜請濟師，宗翰欲自往，希尹、婁室曰：“此易與耳，請以千人爲公破之。”渾黜以騎士三十人前行，至古北口，遇其游兵，逐入山谷。遼人以步騎萬餘迫戰，亡騎五人，渾黜退據關口。希尹、婁室至，拔离速、訛謀罕、胡實海推鋒奮擊，[4]大破之，斬馘甚衆，盡獲甲胄輜重。希尹與撒里古獨、裴滿突撚敗其伏兵，[5]殺千餘人，獲馬百餘匹。婁室拒夏人出陵野嶺，留拔离速以兵二百，據險守之。

［1］天輔：金太祖年號（1117—1123）。

［2］北安州：舊釋在今河北省承德市灤河鎮喀喇河屯。鄭紹宗《遼北安州考》訂正在今河北省隆化縣皇姑屯古城子，即博羅河城（《遼金史論集》第一輯，上海古籍出版社 1987 年版）。

［3］斜也：即太祖母弟杲。本書卷七六有傳。　奚王嶺：當在遼中京大定府西，北安州北。

［4］訛謀罕：即本卷《婁室傳》的阿土罕。　胡實海：似即本書卷七一《婆盧火傳》的胡實賚。

［5］撒里古獨、裴滿突撚：二人名。似即本卷《婁室傳》的補攧與突撚。

銀术可圍太原，近縣先已降。宋軍來救太原者復據太谷、祁縣，拔离速、阿鶻懶復取之。宋姚古軍隆州谷，拔离速敗之。張灝兵出汾州，又擊走之。天會四年，克太原，拔离速爲管勾太原府路兵馬事，[1]復與婁室敗宋兵于文水，遂從宗翰圍汴。與銀术可略地襄、鄧，入均州，還攻唐、蔡、陳三州，皆破之。克潁昌府，遂與泰欲、馬五襲宋康王于揚州，[2]康王渡江入于建康。[3]

[1]管勾：意爲辦理，以管勾爲官稱，始見於宋。金於各職司，亦置管勾，多爲八、九品。

[2]泰欲：即本書卷八〇《阿离補傳》的衍慶亞次功臣鎮國上將軍烏林荅泰欲。　馬五：即本書卷八〇《阿离補傳》的衍慶亞次功臣金吾衛上將軍耶律馬五。

[3]建康：府名。治所在今江蘇省南京市。

天會十五年，遷元帥左都監。宗弼再定河南。撒离喝經略陝西，至涇州，拔离速大破宋軍于渭州。[1]渭州、德順軍皆降，[2]陝西平。遷元帥左監軍，加金吾衛上將軍。[3]卒，謚敏定。

[1]渭州：治所在今甘肅省平凉市。

[2]德順軍：軍州名。治所在今甘肅省静寧縣。

[3]金吾衛上將軍：武散官。正三品中階。據本書卷八〇《阿离補傳》大定間著勛衍慶亞次功臣，本傳從略。

習古迺，[1]亦書作實古迺。嘗與銀术可俱往遼國取阿踈，還言遼人可取之狀，太祖始决意伐遼矣。婆盧火取居庸關，[2]蕭妃自古北口出奔，[3]太祖使習古迺追之，不及。後爲臨潢府軍帥，[4]討平迭剌，其群官率衆降者，請使就領諸部。太宗賜以空名宣頭及銀牌，[5]使以便宜授之。獲遼許王莎邏、駙馬都尉蕭乙辛。[6]遼梁王雅里在紇里水自立，[7]不知果在何處，至是始知之。於是，徙遼降人於泰州，時暑未可徙，習古迺請姑處之嶺西。及習古迺築新城於契丹周特城，[8]詔置會平州。

［1］習古迺：本書卷二《太祖紀》謂，宗室子。亦作實古迺、石古迺。然稱石古迺者，並非都是此習古迺。

［2］居庸關：女真言“查剌合攀”，在今北京市昌平區西北。

［3］蕭妃：遼秦晋國王耶律淳妻。

［4］臨潢府軍帥：本書卷三《太宗紀》，稱爲上京軍帥。臨潢府，遼爲上京，金初因之。由是，既稱習古迺爲臨潢府軍帥，也稱其爲上京軍帥。

［5］宣頭：簽署皇帝旨意的遷授文書。空名宣頭，即空闕遷授人姓名的宣頭。　銀牌：授以猛安的信牌。

［6］許王莎邏：即遼天祚帝第六子耶律寧。　駙馬都尉蕭乙辛：本書僅此一見，似即《遼史》卷一〇一《蕭乙薛傳》中的蕭乙薛。

［7］梁王雅里：遼天祚帝第二子，字撒鸞。《遼史》卷三〇有紀。　紇里水：據《遼史》卷三〇《天祚紀四》，當在遼之西北部。本句中的“雅里”原在“紇里水”之下，從中華點校本改。

［8］築新城於契丹周特城：契丹周特城，具體地點不詳。從本文所述，築新城的原因是所徙遼人“姑處之嶺西”，主持者爲“臨潢府軍帥”習古迺。另據本書卷七五《盧彦倫傳》，新城初建的經劃人，是臨潢人盧彦倫，此城當建在嶺西臨潢府境内。金初遼上京臨潢府，仍以上京稱之，是以本書卷三《太宗紀》又稱實古迺所築之城爲“上京新城”。

烏虎里部人迪烈、劃沙率部族降。[1]朝廷以撻僕野爲本部節度使，烏虎爲都監。[2]習古迺封還撻僕野等宣誥，[3]以便宜加撻僕野散官，填空名告身授之。及録上降附有勞故官八百九十三人，朝廷從之。於是，迪烈加防禦使爲本部節度使，劃沙加諸司使爲節度副使，知迪烈底部事。[4]撻离答加左金吾衛上將軍節度副使、知突鞠部事，[5]阿枲加觀察使爲本部節度使。其餘遷授有差。

以厖葛城地分賜烏虎里、迪烈底二部及契丹人，[6]其未墾者聽任力占射。

[1]烏虎里部人迪烈、劃沙率部族降：據下文所述，迪烈與劃沙二人爲迪烈底部故官，並非烏虎里部人，來降者當是“烏虎里、迪烈底二部”。本書卷三《太宗紀》天會二年（1124）閏三月所載，“烏虎里、迪烈底兩部來降”，即指此事。

[2]以撻僕野爲本部節度使，烏虎爲都監：撻僕野與烏虎二人，皆是烏虎里部故官。本部節度使與都監，應是西京路“烏古里部族節度使”的節度使與都監。

[3]封還撻僕野等宣誥：本書卷三《太宗紀》天會二年七月載，“烏虎部及諸營叛，以昃勃極烈昱等討平之”。所以封還朝廷宣誥，原由在此。是以奪撻僕野節度使與烏虎都監的官職，僅加撻僕野以散官。

[4]知迪烈底部事：即以迪烈與劃沙爲西京路“迪烈部族節度使”的節度使、副，主迪烈部事。

[5]知突鞠部事：此五字似應移置於“阿梟加觀察使爲本部節度使”之後。突鞠部，即《遼史》卷三三《營衛志下》的“突舉部”，亦是本文與烏虎里、迪烈底並稱的“契丹人”。以突鞠部故官撻离答爲節度副使，以阿梟爲節度使，主突鞠部事。

[6]厖葛城：舊無釋，似在今黑龍江省齊齊哈爾市嫩江之西。待考。

久之，領咸州烟火事。[1]天會六年，[2]完顔慎思所部及其餘未置猛安謀克户口，[3]命習古迺通閱具籍以上。天會十年，[4]改南京路軍帥司爲東南路都統司，習古迺爲都統，[5]移治東京，鎮高麗。[6]

[1]領咸州烟火事：唐白居易詩“烟火起成村”，高句麗有“人烟户”。領咸州烟火事，即咸平路都統司主管本路村寨人烟户籍的軍帥。

[2]天會六年：“會”，原作“輔”，從中華點校本改。

[3]完顏慎思：契丹人。本姓耶律氏，降金後賜姓完顏氏。見本書卷一三二《完顏元宜傳》。

[4]天會十年：“天會”二字與前重，當削。

[5]習古迺：原作“習迺古”，據南監本、北監本、殿本乙正。

[6]移治東京，鎮高麗：本書卷二四《地理志上》“遼陽府”條，“太宗天會十年，改南京路平州軍帥司爲東南路都統司之時，嘗治於此，以鎮高麗”，即指此。又，據本書卷八〇《阿离補傳》，此下當加，“大定間定著勛衍慶亞次功臣，追贈濮國公”。

贊曰：金啓疆土，斡魯、斡魯古方面功最先著，婆盧火、婁室最先封，泰州之邊圉，黄龍之衝要，寄亦重矣。若闍母之勤勞南路，婁室之經營陝西，銀术可之圍守太原，勞亦至矣。斡魯古之不治，闍母之敗，譴罰之亟，諸將慴焉。夫能以弱小終制强大，其効驗與。銀术可、習古迺觀人之國而知其可伐，古語云“國有八觀”，[1]善矣夫。

[1]國有八觀：八觀即國家施政的八個方面，亦稱八政。《尚書·洪範》《禮記·王制》《逸周書·常訓》，各説不一。據本書卷二《太祖紀》“習古迺等還，具言遼主驕肆廢馳之狀”推之，在此則指《逸周書·常訓》的夫妻、父子、兄弟、君臣而言。

金史　卷七三

列傳第十一

阿离合懣[1]　晏 本名斡論　宗尹 本名阿里罕　宗寧 本名阿土古　宗道 本名八十　宗雄 本名謀良虎　阿鄰　挞苔海　希尹 本名谷神　守貞 本名左靨[2]　守能 本名胡剌

[1]离：原作“里”。爲同音異譯，中華點校本據傳文統一爲“离”，今從。

[2]左靨：南監本、北監本、殿本同。中華點校本據傳文改作“左靨”。應從南監本、北監本、殿本改傳文爲“左靨”，此處不改。

阿离合懣，景祖第八子也。[1]健捷善戰。年十八，臘醅、麻産起兵據暮稜水，[2]烏春、窩謀罕以姑里甸兵助之。[3]世祖擒臘醅，[4]暮稜水人尚反側，不自安，使阿离合懣往撫察之，與斜鉢合兵攻窩謀罕。[5]烏春已死，窩謀罕棄城遁去。後從撒改討平留可，[6]阿离合懣功居多。

[1]阿离合懣：母爲景祖次室温迪痕敵本。　景祖：廟號。名

烏古迺。本書卷一有紀。自此至本卷《宗道傳》，皆叙景祖之後。

[2]臘醅、麻産：兄弟二人，活剌渾水訶鄰鄉紇石烈部人。本書卷六七有傳。　暮稜水：今拉林河支流牤牛河。

[3]烏春：阿跋斯水温都部人。本書卷六七有傳。　窩謀罕：烏春同黨。所居之窩謀罕城，在今吉林省敦化市額穆鎮東南黑石屯村。　姑里甸：今黑龍江省寧安鎮至沙蘭鎮間的平原。

[4]世祖：廟號。名劾里鉢。1074年至1092年在位。本書卷一有紀。

[5]斜鉢：穆宗諸父之子。

[6]撒改：景祖孫，劾者子。本書卷七〇有傳。　留可：統門水與渾蠢水合流之地烏古論部人。本書卷六七有傳。

太祖擒蕭海里，[1]使阿离合懣獻馘于遼。太祖謀伐遼，阿离合懣實贊成之。及舉兵，阿离合懣在行間屢戰有功。及太宗等勸進，[2]太祖未之許也。阿离合懣、昱、宗翰等曰：[3]“今大功已集，若不以時建號，無以繫天下心。”太祖曰：“吾將思之。”收國元年，[4]太祖即位。阿离合懣與宗翰以耕具九爲獻，祝曰：“使陛下毋忘稼穡之艱難。”太祖敬而受之。頃之，爲國論乙室勃極烈。[5]

[1]太祖：廟號。名阿骨打，漢名旻。1113年至1123年在位。本書卷二有紀。　蕭海里：奚人。劫乾州武庫器甲叛遼，亡入陪术水阿典部，爲太祖擒殺。

[2]太宗：廟號。名吴乞買，漢名晟。1123年至1135年在位。本書卷三有紀。

[3]昱：景祖孫，劾孫子。本書卷六五有傳。　宗翰：國相撒

改長子。本書卷七四有傳。

[4]收國：金太祖年號（1115—1116）。

[5]國論乙室勃極烈：本書《金國語解》謂："乙室勃極烈，迎迓之官。"

爲人聰敏辨給，凡一聞見，終身不忘。始未有文字，祖宗族屬時事並能默記，與斜葛同修本朝譜牒。[1]見人舊未嘗識，聞其父祖名，即能道其部族世次所出。或積年舊事，偶因他及之，人或遺忘，輒一一辨析言之，有質疑者皆釋其意義。世祖嘗稱其强記，人不可及也。

[1]斜葛：本書卷八四《昂傳》作斜斡，景祖弟跋黑之子。

天輔三年，[1]寢疾，宗翰日往問之，盡得祖宗舊俗法度。疾病，[2]上幸其家問疾，問以國家事。對曰："馬者甲兵之用，今四方未平，而國俗多以良馬殉葬，可禁止之。"乃獻平生所乘戰馬。及以馬獻太宗，使其子蒲里迭代爲奏。[3]奏有誤語，即哂之，宗翰從傍爲改定。進奏訖，薨，年四十九。

[1]天輔：金太祖年號（1117—1123）。

[2]疾病：施國祁《金史詳校》卷七謂，"病"當作"革"。

[3]蒲里迭：本書卷五九《宗室表》失載。女真有幼子守灶之俗，似爲阿离合懣幼子。

上聞阿离合懣臨薨有奏事，曰："臨終不亂，念及國家事，真賢臣也。”哭之慟。及葬，上親臨。熙宗時，[1]追封隋國王。[2]天德中，[3]改贈開府儀同三司、隋國公。[4]大定間，[5]配饗太祖廟廷，謚曰剛憲。子賽也、斡論。賽也子宗尹。[6]

[1]熙宗：廟號。名亶。1135年至1149年在位。本書卷四有紀。

[2]隋國王：封國名。天眷格，次國封號《大金集禮》第二、《金史·百官志》第一爲隋。

[3]天德：金海陵王年號（1149—1153）。據本書卷五《海陵紀》，正隆二年（1157）二月改定親王以下封爵等第，“天德中”應爲“正隆中”。

[4]開府儀同三司：文散官。從一品上階。　隋國公：封國名。從一品曰國公。

[5]大定：金世宗年號（1161—1189）。

[6]賽也子宗尹：此處文字有脱漏。施國祁《金史詳校》卷七謂，此下當加“宗寧。斡論子宗道”。施説亦欠妥，宗寧乃斡論之子，詳見本卷《宗寧傳》注。

晏本名斡論，景祖之孫，阿里合懣次子也。明敏多謀略，通契丹字。天會初，[1]烏底改叛。[2]太宗幸北京，[3]以晏有籌策，召問，稱旨，乃命督扈從諸軍往討之。至混同江，諭將士曰：“今叛衆依山谷，地勢險阻，林木深密，吾騎卒不得成列，未可以歲月破也。”乃具舟楫艤江，令諸軍據高山，連木爲柵，多張旗幟，示以持久計，聲言俟大軍畢集而發。乃潛以舟師浮江而下，直擣其營，遂大破之，據險之衆，不戰而潰。月餘，一境皆定。師還，授左監門衛上將軍，[4]爲廣寧尹。[5]入爲吏、禮兩部尚書。[6]

[1]天會：金太宗及金熙宗初年號（1123—1135、1135—1137）。

[2]烏底改：部族名。又作兀的改，居混同江，即今東流松花江及黑龍江下游。張博泉認爲烏底改叛，是指天輔年間燭偎水部實里古達等七人殺酬斡、僕忽得事。因而又認爲從"烏底改叛"至"師還"一段文字，是將斡魯之事誤載入斡論傳中（張博泉《完顏晏史事考辯》，載《女真新論》，吉林文史出版社1993年版）。

[3]太宗幸北京：遼上京臨潢府，金天眷元年（1138）始改稱北京，治所在今内蒙古自治區巴林左旗林東鎮南波羅城。本書卷三《太宗紀》，没有太宗幸北京或臨潢府的記載，也未見太宗時討烏底改的記載，可見此段文字有訛。

[4]左監門衛上將軍：金初武散官，上將軍相當於後來的三品官。

[5]廣寧尹：掌宣風導俗，肅清所部，總判府事。正三品。廣寧，府名，治所在今遼寧省北寧市。

[6]吏、禮兩部尚書：金初吏、禮兩部屬尚書省左三司，天眷三年始分置吏部與禮部。皆正三品。

皇統元年，[1]爲北京留守。[2]改咸平尹，[3]徙東京。[4]天德初，封葛王，[5]入拜同判大宗正事，[6]進封宋王，[7]授世襲猛安。[8]海陵遷都，[9]晏留守上京，[10]授金牌一、銀牌二，[11]累封豫王、許王，又改越王。[12]貞元初，[13]進封齊。[14]時近郊禁圍獵，特畀晏三百人從獵。在上京凡五年。正隆二年，[15]例削王爵，改西京留守。[16]未幾，爲臨潢尹，遂致仕，還居會寧。

［1］皇統：金熙宗年號（1141—1149）。

［2］北京留守：帶本府尹兼本路兵馬都總管。正三品。按，金皇統元年（1141）稱北京的是臨潢府，治所在今内蒙古自治區巴林左旗林東鎮南波羅城，但未置留守司。大定府置北京留守司，治所在今内蒙古自治區寧城縣西大明城，是在海陵貞元元年（1153）。“北京留守”，當是“臨潢府尹”之誤。

［3］咸平尹：咸平，府名，治所在今遼寧省開原市老城鎮。金初咸平路置都統司，天德二年（1150）八月始升咸平府。咸平尹，是以後來官名稱其前期官稱。

［4］東京：即東京遼陽府，治所在今遼寧省遼陽市。

［5］葛王：封國名。天眷格、大定格，小國封號第二十七爲葛。

［6］同判大宗正事：判大宗正事佐貳。從二品。

［7］宋王：封國名。天眷格，大國封號第四、大定格第三爲宋。按，此時進封的王號，應高於葛王，但不應高於後來進封的豫王，當爲“宗王”形誤。《金史·百官志》稱，小國封號第十六萊，“舊爲宗”。

［8］世襲猛安：女真官名。金常把猛安、謀克授貴勛功臣，受封者領有猛安或謀克的人口和封地，准其世襲，稱爲世襲猛安或世襲謀克。

［9］海陵：封號。名亮。1149 年至 1161 年在位。本書卷五有紀。

［10］留守上京：海陵於貞元元年遷都於燕，上京置留守司。正隆二年（1157）削上京之號，止稱會寧，罷上京留守司。上京，治所在今黑龍江省阿城市白城。

［11］金牌一、銀牌二：金牌，始制於收國二年（1116）九月，後又有銀牌。金牌以授萬户，銀牌以授猛安。

[12]累封豫王、許王，又改越王：皆封國名。天眷格，大國封號《大金集禮》第十六、《金史·百官志》第十四爲豫，天眷格大國封號第十二、大定格第十爲許，天眷格大國封號第十一、大定格第九爲越。

[13]貞元：金海陵王年號（1153—1156）。

[14]齊：封國名。天眷格，大國封號《大金集禮》第八、大定格第七爲齊。

[15]正隆：金海陵王年號（1156—1161）。

[16]西京：西京大同府，治所在今山西省大同市。

海陵南伐，世宗爲東京留守，[1]將士皆自淮南來歸。晏之子恧里乃亦自軍前率衆來歸世宗。[2]白彦敬等在北京聞恧里乃等逃還，[3]使會寧同知高國勝拘晏家族。[4]上既即位，遣使召晏，既又遣晏兄子鶻魯補馳驛促之。[5]晏遂率宗室數人入見，即拜左丞相，[6]封廣平郡王，[7]宴勞彌日。未幾，兼都元帥。[8]

[1]世宗：廟號。名雍。1161年至1189年在位。本書卷六至卷八有紀。

[2]恧里乃：又見本書卷五九《宗室表》，無傳。

[3]白彦敬：部羅火部族人。時爲北面行營都統。本書卷八四有傳。

[4]會寧同知：爲府尹佐貳。正四品。　高國勝：渤海人。本書僅此一見。

[5]鶻魯補：賽也之子。本書卷五九《宗室表》失載。

[6]左丞相：爲宰相，掌丞天子，平章萬機。從一品。

[7]廣平郡王：封號。郡王封號第二爲廣平。

[8]都元帥：都元帥府長官。掌征討之事。從一品。

大定二年正月，上如山陵。禮畢，上將獵，有司已夙備。晏諫曰："邊事未寧，畋游非所宜也。"上嘉納之。因謂晏等曰："古者帝王虚心受諫，朕常慕之。卿等盡言毋隱。"進拜太尉。[1]復致仕，[2]還鄉里。[3]是歲，薨。詔有司致祭，賻贈銀幣甚厚。

[1]太尉：三公之一。論道經邦，燮理陰陽。正一品。

[2]復致仕：本書卷六《世宗紀上》大定二年（1162）七月，"太尉、左丞相晏致仕"。

[3]還鄉里：海陵遷都，徙上京斡論的猛安之山東，但斡論家族仍居會寧。本傳與本卷《宗道傳》均有記述。黑龍江省考古隊在阿城巨源鄉城子村，還發現了金"太尉、儀同三司、齊國王"的墓葬。

宗尹，[1]本名阿里罕。以宗室子充護衛，[2]改牌印祗候，[3]授世襲謀克，爲右衛將軍。[4]歷順天、歸德、彰化、唐古部族、横海軍節度使。[5]正隆南伐，領神略軍都總管，[6]先鋒渡淮，[7]取揚州及瓜洲渡。[8]

[1]宗尹：章宗時避睿宗諱，改稱崇尹。

[2]護衛：皇帝的衛戍部隊。定員二百人，由五至七品官子孫及宗室、親軍、諸局分承應人中選拔，考試合格方可録用。負責皇宮的警衛及行從宿衛。

[3]牌印祗候：殿前都點檢司承應人。掌御寶及金銀等牌。金大定二年（1162）改名符寶祗候，後改符寶郎。

[4]右衛將軍：即殿前右衛將軍，隸殿前都點檢司。掌宫禁及

行從宿衛警嚴，仍總領護衛。據《建炎以來繫年要録》，南宋紹興十五年（1145，金皇統五年）夏，宗尹以左副都點檢爲賀宋生辰使，本傳從略。下文世宗所言的“點檢”，或即指此。

［5］順天：保州順天軍節度使。治所在今河北省保定市。　歸德：瑞州歸德軍節度使。治所在今遼寧省綏中縣西南前衛鎮。　彰化：涇州彰化軍節度使。治所在今甘肅省涇川縣。　唐古部族：西京路部族節度使有唐古部族，後於金承安三年（1198）改爲部羅火扎石合節度使。　横海軍：滄州横海軍節度使。治所在今河北省滄州市。　節度使：諸州軍及部族官名。掌鎮撫諸軍防刺，總判本鎮兵馬之事，兼本州管内觀察使事。從三品。

［6］神略軍都總管：海陵南伐，將三十二軍，神略軍爲其一。軍置都總管、副總管及巡察使、副各一員。

［7］淮：即今日之淮河。

［8］揚州：即今江蘇省揚州市。　瓜洲渡：今揚州市南瓜州，長江渡口。

大定二年，改河南路副都統，[1]駐軍許州之境。[2]是時，宋陷汝州，[3]殺刺史烏古孫麻潑及漢軍二千人。[4]宗尹遣萬户孛术魯定方、完顔阿喝懶、夾谷清臣、烏古論三合、渠雛訛只將騎四千往攻之，[5]遂復取汝州。除大名尹，[6]副統如故。頃之，爲河南路統軍使，[7]遷元帥左都監，[8]除南京留守。上曰：“卿年少壯，而心力多滯。前任點檢、京尹，勤力不怠，而處事迷錯。勉修職業，以副朕意。”賜通犀帶、厩馬。八年，置山東路統軍司，[9]宗尹爲使。遷樞密副使。[10]録其父功，授世襲蒲與路屯河猛安，[11]并親管謀克。除太子太保，[12]樞密副使如故。

[1]大定二年，改河南路副都統：據本書卷六《世宗紀上》，大定三年（1163）五月，始罷河南統軍司置都統司。二年，原稱副統軍使或副統，“都”爲衍字，下文稱副統爲是。本書卷八六《孛术魯定方傳》記此事，稱宗尹時爲“河南統軍使”，與此異。

[2]許州：治所在今河南省許昌市。

[3]汝州：治所在今河南省汝州市。

[4]刺史：掌同府尹兼治州事。正五品。　烏古孫麻潑：本書卷九四《夾谷清臣傳》作烏古孫麻發。

[5]萬户：猛安之上置軍帥，軍帥之上置萬户。金初路官，亦稱萬户，後改稱節度使。　孛术魯定方：内吉河人。本書卷八六有傳。　完顔阿喝懶：本書僅此一見。　夾古清臣：胡里改路桓篤人。本書卷九四有傳。　烏古論三合：曷懶路愛也窟河人，後徙真定。本書卷八二有傳。　渠雛訛只：人名。本書僅此一見。

[6]大名：府名。治所在今河北省大名縣。

[7]河南路統軍使：司置南京開封府，在今河南省開封市。統軍使，督鎮本部軍馬，鎮攝封陲，分營衛，視察奸，正三品。

[8]元帥左都監：都元帥府屬官。從三品。

[9]山東路統軍司：據本書卷二五《地理志中》，山東路統軍司復置於大定八年，全稱爲山東東西路統軍司。治所益都府，在今山東省青州市。

[10]樞密副使：兵罷，都元帥府則省，由樞密院職掌武備機密之事。其副使一員，從二品。

[11]蒲與路屯河猛安：猛安名。蒲與路治所在今黑龍江省克東縣金城鄉古城。屯河，又作陶温水，即今黑龍江省伊春市到湯原縣間的湯旺河。

[12]太子太保：東宫宫師府官。掌保護東宫，導以德義。正二品。

上問宰臣曰：“宗尹雖才無大過人者，而性行淳厚，且國之舊臣，昔爲達官，卿等尚未仕也。朕欲以爲平章政事何如？”[1]宰執皆曰：“宗尹爲相，甚協衆望。”即日拜平章政事，封代國公，[2]兼太子太傅。[3]

[1]平章政事：爲宰相，掌丞天子，平章萬機。從一品。

[2]代國公：封國名。天眷格，次國封號《大金集禮》第十一，大定格、《金史·百官志》第九爲代。

[3]太子太傅：位於太子太保之上。正二品。

是時民間苦錢幣不通，上問宗尹，對曰：“錢者有限之物，積於上者滯於下，所以不通。海陵軍興，爲一切之賦，有菜園、房税、養馬錢。大定初，軍事未息，調度不繼，故因仍不改。今天下無事，府庫充積，悉宜罷去。”上曰：“卿留意百姓，朕復何慮。太尉守道老矣，[1]捨卿而誰。”於是，養馬等錢始罷。

[1]守道：完顔希尹孫。本書卷八八有傳。

他日，上謂宰臣曰：“宗尹治家嚴密，他人不及也。”顧謂宗尹曰：“政事亦當如此矣。”有頃，北方歲饑，軍食不足，廷議輸粟賑濟。或謂比雖不登，[1]而舊積有餘，秋成在近，不必更勞輸輓。宗尹曰：“國家平時積粟，本以備凶歲也，必待秋成，則億者衆矣。人有損瘠，其如防戍何。”上從之。

宗尹乞令子銀朮可襲其猛安，[2]會太尉守道亦乞令其子神果奴襲其謀克。[3]凡承襲人不識女直字者，勒令習學。世宗曰："此二子，吾識其一習漢字，未習女直字。自今女直、契丹、漢字曾學其一者，即許承襲。"遂著于令。

[1]比：原作"此"，中華點校本作"比"，據以改之。

[2]銀术可：本書卷五九《宗室表》失載。

[3]神果奴：據本書卷八八《守道傳》，即完顏守道子完顏珪。

宗尹有疾，不能赴朝。上問宰臣曰："宗尹何爲不入朝？"太尉守道以疾對。上曰："丞相志寧嘗言，[1]'若詔遣征伐，所不敢辭。宰相之職，實不敢當'。宗尹亦豈此意耶。"

[1]志寧：上京胡塔安人。即紇石烈志寧，金大定九年(1169)，拜右丞相。本書卷八七有傳。

二十四年，世宗將幸上京。上曰："臨潢、烏古里、石壘歲皆不登，[1]朕欲自南道往，[2]三月過東京，謁太后陵寢，[3]五月可達上京。春月鳥獸孳孕，東作方興，[4]不必蒐田講事，卿等以爲何如？"宗尹曰："南道歲熟，芻粟賤，宜如聖旨。"遂由南道往焉。世宗至上京，聞同簽大宗正事宗寧不能撫治上京宗室，[5]宗室子往往不事生業。上謂宗尹曰："汝察其事，宜懲戒之。"宗尹奏曰："隨仕之子，父没不還本土，以此多好游蕩。"上命召還。宴宗室于皇武殿，[6]擊毬爲樂。上曰："賞賜宗室，亦是小惠，又不可一概遷官，欲令諸局分收補，其間人材孰可者？”宗尹對曰：“奉國斡準之子按出虎、豫國公昱之曾孫阿魯可任使。”[7]上曰：“度可任何職，更訪其餘以聞。”詔以按出虎、阿魯爲奉御。[8]

[1]烏古里、石壘：二部族名。居今吉林省白城市西。

[2]南道：由通州（今北京市通州區），經廣寧府（今遼寧省北寧市）、東京（今遼寧省遼陽市），爲通往上京的南道。

[3]太后：世宗母李氏。本書卷六四有傳。其時陵園在東京，曰孝寧宫。

[4]東作：古人認爲歲起於東而始於耕，故稱春初農事爲東作。

[5]同簽大宗正事：爲大宗正府屬官，位在判大宗正事及同判大宗正事之下。正三品。世宗大定元年（1161）置，以宗室充，治所在上京。　宗寧：宗尹兄弟。本卷有傳。

[6]皇武殿：在上京城，爲擊球、校射之所。

[7]奉國：即從三品上階奉國上將軍之省稱。　斡準：宗室子。本書僅此一見。　按出虎：人名。以出生地按出虎命名。　豫國公：封國名。天眷格，大國封號《大金集禮》第十六、《金史·百官志》第十四爲豫。　阿魯：見本書卷五九《宗室表》。

[8]奉御：宫庭承應人。

二十七年，乞致仕。世宗曰：“此老不事事，從其請可也。”宰臣奏曰：“舊臣宜在左右。”上曰：“宰相總天下事，非養老之地。若不堪其職，朕亦有愧焉。如賢者在朝，利及百姓，四方瞻仰，朕亦與其光美。”宰臣無以對。宗尹入謝，上曰：“卿久任外官，不聞有過失，但恨用卿稍晚，今精力似衰矣。省事至煩，若勉留卿，則四方以朕爲私，卿亦不自安也。”頃之，上問宗尹子：“汝父致仕，將居何所？”其子曰：“聚屬既多，[1]不能復在京師。”上遣使問宗尹曰：“朕欲留卿，時相從游，卿子之言如此，今定何如？”宗尹曰：“臣豈不欲在此，但餘閑之年，猶在輦下，恐聖主心困耳。既哀老臣不忍擯棄，時時得瞻望天顔，臣豈敢他往。鄉里故老無存者，雖到彼，尚將與誰游乎。”於是賜甲第一區，[2]凡宴集畋獵皆從焉。二十八年，薨。

[1]聚屬：指原籍聚落中的家族和部屬。
[2]甲第：指貴族上等宅第。

宗寧本名阿土古，系出景祖，太尉阿离合懣之孫。[1]性勤厚，有大志。起家爲海陵征南都統，[2]戰瓜洲渡，功最。歷祁州刺史。[3]

[1]太尉阿离合懣之孫：按，此句文字有脱漏。阿离合懣不嘗追贈太尉，本卷《宗道傳》“系出景祖，太尉訛論之少子也”，太尉當指阿离合懣之子斡論。依《宗道傳》例，當爲“太尉斡論之子，阿离合懣之孫”。
[2]征南都統：海陵南征時統兵官的泛稱。據本卷《宗尹傳》“正隆南伐，領神略軍都總管，先鋒渡淮，取揚州及瓜洲渡”。宗寧當爲宗尹所領“神略軍”中一軍帥。
[3]祁州刺史：州長官。正五品。祁州，治所在今河北省安國市。

大定二年，爲會寧府路押軍萬户，[1]擢歸德軍節度使。時方旱蝗，宗寧督民捕之，得死蝗一斗給粟一斗，數日捕絶。移鎮寧昌軍，[2]改知臨潢府事，[3]移天德軍。[4]世宗嘗謂宰臣曰："宗寧智慮雖淺，然所至人皆愛之。"即命爲行軍右翼都統。爲賀宋正旦使。[5]累遷兵部尚書，[6]授隆州路和團猛安烈里没世襲謀克。[7]出知大名府事，[8]徙鎮利涉軍，俄同簽大睦親府事。[9]

[1]會寧府路：海陵正隆二年（1157）削上京之號，止稱會寧府，世宗大定十三年（1173）復爲上京。此間，上京路稱會寧府路。　押軍萬户：戰時統轄本地軍兵的最高領兵官，稱押軍萬户，屬臨時性官職。

[2]寧昌軍：置懿州，治所在今遼寧省阜新市北繞陽河南岸塔營子古城。

[3]知臨潢府事：即臨潢府尹。

[4]天德軍：置豐州，隸西南路招討司。治所在今内蒙古自治區呼和浩特市東白塔村。

[5]爲賀宋正旦使：本書卷六《世宗紀上》謂，大定十一年（1171）十一月，"以西南路招討使宗寧爲賀宋正旦使"，卷六一《交聘表中》有相同記載。

[6]兵部尚書：尚書省兵部長官。掌兵籍、軍器、城隍、鎮戍、厩牧、鋪驛、車輅、儀仗、郡邑圖志、險阻障塞、遠方歸化之事。正三品。

[7]隆州路和團猛安烈里没世襲謀克：世襲猛安謀克名。遼黄龍府金更名濟州，置利涉軍，又更名隆州，治所在今吉林省農安縣。和團即桓端，似許亢宗《宣和乙巳奉使金國行程録》的和里間寨，在賓州北，來流水南，地屬隆州（張博泉《金史論稿》第一卷，吉林文史出版社 1986 年版）。烈里没，疑爲水名，地點不詳。

[8]知大名府事：即大名府尹。

[9]同簽大睦親府事：時爲同簽大宗正事，此爲後來泰和六年（1206）所改的名稱。正三品。

宗寧多病，世宗欲以涼地處之，俾知咸平，[1]詔以其子符寶郎亶爲韓州刺史，[2]以便養。無幾，入授同判大睦親府事，[3]拜平章政事。明昌二年，[4]薨。宗寧居家約儉如寒素，臨事明敏。其鎮臨潢，鄰國有警，宗寧聞知乏粮，即出倉粟，令以牛易之，敵知得粟，即遁去。邊人以窩斡亂後，[5]苦無牛，宗寧復令民入粟易牛，既而民得牛而倉粟倍於舊，其經畫如此。

[1]知咸平：即咸平府尹。

[2]符寶郎：屬殿前都點檢司。掌御寶及金銀等牌。　亶："亹"的本字，人名。見於卷五九《宗室表》。　韓州：治所在今吉林省梨樹縣梨樹鎮北十里偏臉城。

[3]同判大睦親府事：時稱同判大宗正事，金泰和六年（1206）始改稱同判大睦親府事。從二品。本書卷九《章宗紀》稱宗寧"判大睦親府事"，與此異。

[4]明昌：金章宗年號（1190—1196）。

[5]窩斡：移剌氏。西北路契丹部族人。本書卷一三三有傳。

宗道本名八十，上京司屬司人，[1]系出景祖，太尉訛論之少子也。通《周易》《孟子》，善騎射。大定五年，充閤門祇候，[2]累除近侍局使。[3]右丞相烏古論元忠、左衛將軍僕散揆等嘗燕集，[4]有所竊議，宗道即密以聞。世宗嘉之，授右衛將軍，出爲西南路副招討。[5]

章宗即位，[6]改同知平陽府事、陝西路副統軍、左宣徽使。[7]移剌仲方舉以自代，[8]除西北路招討使。[9]故事，諸部賀馬八百餘疋，宗道辭不受。諸部悦服，邊鄙順治。提刑司察廉，[10]召爲殿前右副都點檢。[11]尋除陝西路統軍使，以鎮静得軍民心，特遷三階，[12]兼知京兆府事。時夏旱，俾長安令取太白湫水，[13]步迎於遠郊，及城而雨。是歲大稔，人以爲精意所感，刊石紀之。

[1]上京司屬司：大宗正府上京宗室將軍，金明昌二年（1191）更名上京司屬司。

[2]閤門祗候：宣徽院閤門承應人。

[3]近侍局使：掌侍從，承勑令，轉進奏帖。從五品。

[4]右丞相：尚書省左右丞相各一員。從一品。　烏古論元忠：其先上京獨拔古人。本書卷一二〇有傳。　左衛將軍：殿前左衛將軍。掌宫禁及行從宿衛警嚴，仍總領護衛。原脱“衛”字，從中華點校本補。　僕散揆：其先上京人。本書卷九三有傳。

[5]西南路副招討：西南路招討司招討使佐貳。從四品。

[6]章宗：廟號。名璟。1189年至1208年在位。本書卷九至卷一二有紀。

[7]同知平陽府事：府屬官。府尹佐貳。正四品。平陽府，治所在今山西省臨汾市。　陝西路副統軍：爲統軍使佐貳。正四品。統軍司，治所在京兆府，即今陝西省西安市。　左宣徽使：宣徽院長官，掌朝會燕享，凡殿庭禮儀及監知御膳。正三品。

[8]移剌仲方：時爲西北路招討使，於世宗、章宗時還嘗任吏部侍郎、御史中丞、知河間府事、御史大夫等官職。中華點校本將宗道的官銜陝西路副統軍與左宣徽使，誤冠於移剌仲方名前。

[9]西北路招討使：西北路招討司長官。掌招懷降附，征討攜離。正三品。西北路招討司最初設在撫州，後遷至桓州。撫州治所在今河北省張北縣，一説在今内蒙古自治區興和縣境内。桓州治所

初在今内蒙古自治區正藍旗南黑城子，後北遷三十里建新桓州城，在今内蒙古自治區正藍旗北四郎城。

[10]提刑司：章宗即位，初置九路提刑司，承安四年（1199）改按察司。

[11]殿前右副都點檢：兼侍衛親軍副都指揮使。從三品。

[12]特遷三階：金國官員品階分九品，各有正從，自從一品至從九品共有四十二階。

[13]長安令：縣長官。掌宣導風化，平理獄訟，總判縣事。其品階依所轄人户多少，分從六品、正七品、從七品三等。長安縣，治所亦在今陝西省西安市。　太白：山名。在今陝西省眉縣。　湫水：深潭之水。爲祈雨命長安縣令西去太白山中取深潭之水。湫，意爲深潭。

承安二年，[1]爲賀宋正旦使，尋授河南路統軍使。泗州民張偉獲宋人王萬，[2]言彼界事情。宗道疑其冤，乃廉問得實。萬，楚州賈人，[3]偉負萬貨五千餘貫，三年不償，萬理索，爲偉所誣。乃坐偉而歸萬，時人服其明。後乞致仕，朝廷知非本心，改知河中府。[4]有惠政，民立像於層觀，[5]以時祭之。移知臨洮，[6]以病解。泰和四年卒，[7]贈龍虎衛上將軍。[8]

[1]承安：金章宗年號（1196—1200）。

[2]泗州：治所在今江蘇省盱眙縣，屬金境。

[3]楚州：治所在今江蘇省淮陰縣，屬宋境。

[4]河中府：治所在今山西省永濟市。

[5]層觀：城門旁疊起的望樓。

[6]臨洮：府名。治所在今甘肅省臨洮縣。

[7]泰和：金章宗年號（1201—1208）。

[8]龍虎衛上將軍：武散官。正三品上階。

宗雄本名謀良虎，康宗長子。[1]其始生也，世祖見而異之，曰："此兒風骨非常，他日必爲國器。"因解佩刀，使常置其側，曰："俟其成人則使佩之。"九歲能射逸兔。年十一，射中奔鹿。世祖坐之膝上曰："兒幼已然，異日出倫輩矣。"[2]以銀酒器賜之。既長，風表奇偉，善談辯，多智略，孝敬謙謹，人愛敬之。康宗没，遼使阿息保來，[3]乘馬至靈帷階下，擇取賵贈之馬。太祖怒，欲殺阿息保，宗雄諫，太祖乃止。

[1]康宗長子：母爲康宗敬僖皇后唐括氏。按，自此至本卷《按荅海傳》乃叙康宗之後。康宗，廟號，名烏雅束，1103 年至 1113 年在位，本書卷一有紀。

[2]倫輩：同輩。

[3]阿息保：耶律氏。遼五院部人。太祖初年嘗多次來使女真。《遼史》卷一〇一有傳。

太祖將舉兵，宗雄曰："遼主驕侈，[1]人不知兵，可取也。[2]不能擒一蕭海里，而我兵擒之。"太祖善其言。攻寧江州，[3]渤海兵鋭甚。宗雄以所部敗渤海兵，以功授世襲千户謀克。[4]太祖敗遼兵于出河店，[5]宗雄推鋒力戰，功多。達魯古城之役，[6]宗雄將右軍，身先士卒戰。遼兵當右軍者已却，上命宗雄助左軍擊遼兵。宗雄繞遼兵後擊之，遼兵遂大潰，乘勝逐北。日已暮，圍之。黎明，遼兵突圍出，追殺至乙吕白石而還。[7]上撫其背曰："朕有此子，何事不濟。"以御服賜之。

[1]遼主：指遼天祚帝耶律延禧。

[2]可取也：施國祁《金史詳校》卷七謂，當改入"而我兵擒之"文下。

[3]寧江州：治所在今何地説法甚多。主要有：大烏拉，即今吉林省永吉縣烏拉街（高士奇《扈從東巡日録》）；厄黑木站，即今吉林省蛟河市天崗（楊賓《柳邊紀略》）；石頭城子，即今吉林省松原市三岔河鄉石頭城子（《吉林通志》卷一一）；吉林省松原市榆樹溝（日本學者池内宏《遼代混同江考》，載《滿鮮史研究》中世第一册）；吉林省松原市小城子或五家站（日本學者三上次男《金史研究》第一册《金代女真社會的研究》）；吉林省松原市伯都訥古城（李健才《東北史地考略》）；吉林省榆樹市大坡古城（紹維、志國《榆樹大坡古城調查——兼論遼寧江州治地望》，《博物館研究》1982年創刊號；張英《遼代寧江州治地望新證》，《長春文物》1982年第2期）。

[4]世襲千户謀克：即世襲猛安兼親管謀克。猛安稱千户，也稱千夫長。

[5]出河店：一説在今黑龍江省肇源縣茂興站南吐什吐，一説在肇源縣望海屯古城，一説在黑龍江省肇東市八里城。

[6]達魯古城：舊説在今吉林省前郭縣他虎城。今説一謂在拉林河西，一謂在今吉林省松原市土城子。

[7]乙吕白石：地名。本書卷二《太祖紀》記此事，謂"逐北至阿婁岡"。

及遼帝以七十萬衆至駞門，[1]諸將皆曰："遼軍勢甚盛，不宜速戰。"宗雄曰："不然。遼兵雖衆，而皆庸將，士卒惴惴，不足畏也。戰則破之掌握間耳。”上曰：“善。”追及遼帝于護步荅岡，[2]宗雄率衆直前。短兵接，宗雄令前行持挺擊遼兵馬首，後行者射之，大敗遼兵。上嘉宗雄功，執其手勞之，以御介冑及御戰馬、寶貨、奴婢賜之。

[1]駞門：原作“馳門”，中華點校本徑改作“駞”，今從。地名。又作駝門，在斡鄰濼，即今吉林省松原市查幹泡附近。

[2]護步荅岡：《中國通史》第六册謂在今黑龍江省五常市以西，吉林省榆樹市一帶。似誤。金兵主力活動在熟結濼、爻剌間，迪古迺、銀术可鎮達魯古，遼軍由斡鄰濼及駞門西還，不可能進入東部金已占領之地。由此，護步荅岡當在今吉林省農安縣西，前郭縣西南烏蘭傲都鄉浩勒寶坨子一帶。

斜也攻春州，[1]宗雄與宗幹、婁室取金山縣。[2]行近白鷹林，[3]獲候者七人，縱其一人使歸。縣人聞大軍至，迺潰，遂下金山縣。與斜也俱取泰州。[4]

[1]斜也：漢名杲，世祖第五子，太祖同母弟。本書卷七六有傳。　春州：遼長春州。一説在今吉林省洮南市城四家子古城，一説在今吉林省大安市月亮泡東南，一説在今吉林省前郭縣他虎城。

[2]宗幹：太祖庶長子。本書卷七六有傳。　婁室：完顔部人。本書卷七二有傳。　金山縣：遼泰州金山縣於遼天慶六年（1116，金收國二年）升爲邊防城静州。據吉林省考古工作者的調查，遼金山縣故址，在今内蒙古自治區烏蘭浩特市北二十五里的前公主嶺屯（劉景文《科右前旗前公主嶺一、二號古城調查記》，《東北考古與歷史》1982 年第 1 期）。

[3]白鷹林：地名。距金山縣不遠，不可確指。

[4]泰州：即舊泰州。一説在今黑龍江省泰來縣塔子城，一説在今吉林省洮南市東二十里的城四家子古城。

太祖自將取臨潢府，遣宗雄先啓行。遇遼兵五千，宗雄與戰，大軍亦至，大破之。及留守撻不野降，[1]上以其女與宗雄，賞其啓行破遼援兵之功也。既而與蒲家奴按視泰州地土，[2]宗雄包其土來奏曰："其土如此，可種植也。"上從之。由是徙萬餘家屯田泰州，以宗雄等言其地可種藝也。

[1]留守撻不也：契丹人。爲遼上京臨潢府留守，據本書卷七五《盧彦倫傳》，太祖班師之後，他又以城叛，爲盧彦倫所逐。

[2]蒲家奴：漢名昱，景祖孫，劾孫子。本書卷六五有傳。

西京既降復叛，時粮餉垂盡，議欲罷攻。宗雄曰："西京，都會也，若委而去之，則降者離心，遼之餘黨與夏人得以窺伺矣。"乃立重賞以激士心。既而，夜中有火，大如斗，墜于城中。宗雄曰："此城破之象也。"及克西京，賜宗雄黄金百兩，衣十襲及奴婢等。

與宗翰等擊耿守忠兵七千于西京之東四十里，[1]大破之。迎謁太祖于鴛鴦濼，[2]從至歸化州。[3]疾篤，宗幹問所欲言。宗雄曰："國家大業既成，主上壽考萬年，肅清四方，死且無恨。"天輔六年，薨，年四十。太祖來問疾，不及見，哭之慟。謂群臣曰："此子謀略過人，臨陣勇决，少見其比。”賻贈加等。詔合扎千户駙馬石家奴護喪歸，[4]葬於歸化州，[5]仍於死所建佛寺。

[1]耿守忠：遼人。此戰敗走，後降金。天會四年（1126）四月，曾大敗宋兵於西都谷。　兵七千：本書卷七四《宗翰傳》作“兵五千”。

[2]鴛鴦濼：今河北省張北縣西北的安固里淖。

[3]歸化州：治所在今河北省宣化縣。

[4]合扎千户：親管猛安。　石家奴：蒲察部人。世祖外孫，妻太祖女。本書卷一二〇有傳。

[5]葬於歸化州：據上文，宗雄“從至歸化州，疾篤……薨”，宗雄既死於歸化州，則此處不當謂“詔合扎千户駙馬石家奴護喪歸，葬於歸化州”。本書卷一二〇《石家奴傳》稱“自山西護齊國王謀良虎之喪歸上京”。施國祁《金史詳校》卷七謂“‘歸化州’當作‘上京’”。

宗雄好學嗜書。嘗從上獵，誤中流矢，而神色不變，恐上知之而罪及射者。既拔去其矢，托疾歸家，卧兩月，因學契丹大小字，[1]盡通之。凡金國初建，立法定制，皆與宗幹建白行焉。及與遼議和，書詔契丹、漢字，宗雄與宗翰、希尹主其事。[2]而材武蹻捷，[3]挽强射遠，幾三百步。[4]嘗走馬射三麞，已中其二，復彎弓，馬蹶，躍而下，控弦如故，遂彀滿步射獲之。宗雄方逐兔，撻懶亦從後射之，[5]已發矢，撻懶大呼曰：“矢及矣。”宗雄反顧，以手接其矢，就射兔，中之，其輕健如此。

［1］契丹大小字：遼太祖阿保機建國後，耶律突吕不等，用漢字加以簡化或增添製成的契丹字，稱大字。數年後，阿保機弟迭剌在大字基礎上，利用回鶻文字改製的契丹字，數少而博通，稱小字。

［2］希尹：完顔部人。歡都子。本卷有傳。

［3］蹻（qiāo）捷：舉動敏捷。本書卷三五《禮志八》言及射柳擊球，又作“蹺捷”。

［4］幾三百步：北監本、殿本作“幾二百步”。

［5］撻懶：漢名昌。穆宗子。本書卷七七有傳。

天眷中，[1]追封太師、齊國王。[2]天德二年，加秦漢國王。[3]正隆二年，改太傅、金源郡王。[4]大定二年，追封楚王，[5]謚威敏，配享太祖廟廷。十五年，詔圖像于衍慶宫。[6]子蒲魯虎、按荅海、阿鄰。[7]孫常春、胡里剌、胡剌、鶻魯、茶札、怕八、訛出。[8]

［1］天眷：金熙宗年號（1138—1140）。

［2］太師：三師之首。師範一人，儀刑四海。正一品。

［3］秦漢國王：封國名。大國封號《大金集禮》天眷格第七、《金史·百官志》第六爲漢，《大金集禮》天眷格第五、《金史·百官志》第四爲秦。

［4］太傅：亦爲三師，位在太師之下。　金源郡王：封王郡號第一。

［5］楚王：封國名。天眷格，大國封號第十三位，大定格第十一爲楚。

［6］衍慶宫：金中都原廟，其宫名衍慶。本書卷三一《禮志四》，大定“八年，上命圖畫功臣於太祖廟”，太傅楚王宗雄列右廡第五位。本書卷七《世宗紀中》稱，大定十四年“詔圖畫功臣

二十人衍慶宮聖武殿之左右廡。”大約是世宗於大定十四年（1174）下詔，而於十五年將各位功臣畫像安放於衍慶宮。

［7］子：據本書卷五九《宗室表》，蒲魯虎之前應補“余里也”，按荅海之後應補“燕京”。

［8］茶札：中華點校本作“荼扎”。

初，宗幹納宗雄妻，海陵銜之。及簒位，使宿直將軍晁霞、牌印閭山往河間，[1]因宗雄妻於府署。明日，與其子婦及常春兄弟茶札之子七人，[2]皆殺而焚之，棄其骨於濠水。大定十七年，詔有司收葬。

［1］宿直將軍：掌總領親軍，凡宮城諸門衛禁並行從宿衛之事。從五品。 晁霞：人名。本書僅此一見。 牌印：牌印祗候。 閭山：人名。本書僅此一見。 河間：府名。治所在今河北省河間市。

［2］常春兄弟茶札之子七人：此“七人”，當是前文所言“孫常春”至“訛出”七人。“之子”似爲“等”字之訛。

初，蒲魯虎襲猛安。蒲魯虎卒，贈金紫光禄大夫，[1]子桓端襲之，官至金吾衛上將軍。[2]桓端卒，子裊頻未襲而死。章宗命宗雄孫蒲帶襲之。[3]

［1］金紫光禄大夫：文散官。正二品上階。

［2］金吾衛上將軍：武散官。正三品中階。本書卷五九《宗室表》誤以桓端爲金紫光禄大夫。

［3］蒲帶：宗雄孫，當爲余里也之子。本書卷五九《宗室表》，誤作余里也孫。

蒲帶，大定末，累官同簽大睦親府事。[1]章宗即位，初置九路提刑司，[2]蒲帶爲北京臨潢提刑使。[3]詔曰："朕初即位，憂勞萬民，每念刑獄未平，農桑未勉，吏或不循法度，以隳吾治。朝廷遣使廉問，事難周悉。惟提刑勸農采訪之官，自古有之。今分九路專設是職，爾其盡心，往懋乃事。"自熙宗時，遣使廉問吏治得失。世宗即位，凡數歲輒一遣黜陟之，故大定之間，郡縣吏皆奉法，百姓滋殖，號爲小康。或謂廉問使者，頗以愛憎立殿最。以問宰相，[4]宰相曰："臣等復爲陛下察之。"是以世宗嘗欲立提刑司而未果。章宗追述先朝，遂於即位之初行之。及九路提刑使朝辭于慶和殿，[5]上曰："建立官制，當寬猛得中。凡軍民事相涉者，均平决遣，鈐束家人部曲，勿使沮擾郡縣事。今以司獄隸提刑司，惟冀獄犴無冤耳。"既退，復遣近臣諭之曰："卿等皆妙簡才良，付以專責，盡心舉職，別有旌賞，否則有罰。"明年，蒲帶乃襲猛安云。

[1]同簽大睦親府事：據本書卷五五《百官志一》，此時仍稱同簽大宗正事。

[2]九路提刑司：名稱及其治所見《大金國志》卷三八。

[3]北京臨潢提刑使：治所在臨潢府。本書卷五九《宗室表》作"上京路提刑使"。提刑使，掌審察刑獄，照刷案牘，糾察濫官污吏豪猾之人、私鹽酒麴並應禁之事，兼勸農桑，與副使、簽事更出巡案。正三品。

[4]以問宰相：施國祁《金史詳校》卷七謂"此上當加'上'"。

[5]慶和殿：世宗、章宗時，常在此殿受朝拜或宴慶百官。

阿鄰，穎悟辯敏，通女直、契丹大小字及漢字。幼時嘗入宫，熙宗見而奇之，曰："是兒他日必能宣力國家。"年十八，授定遠大將軍，[1]爲順天軍節度使。天德二年，用廉，遷益都尹兼山東東路兵馬都總管。[2]歷泰寧、定海、鎮西、安國等軍節度。[3]

[1]定遠大將軍：武散官。從四品上階。

[2]益都尹：府尹兼都總管。掌統本路諸城隍兵馬甲仗，總判府事。正三品。益都總管府治所在今山東省益都市。

[3]泰寧軍：置兖州，金大定十九年（1179）更名泰定軍，治所在今山東省兖州市。　定海軍：置萊州，治所在今山東省萊州市。　鎮西軍：置嵐州，治所在今山西省嵐縣東北的嵐城。　安國軍：置邢州，治所在今河北省邢臺市。

海陵南伐，以爲神勇、武平等軍都總管，[1]由壽州道渡淮，與勸農使移剌元宜合兵三萬爲先鋒。[2]是歲十月，至廬州，與宋將王權軍十餘萬戰于柘皋鎮、渭子橋，[3]敗之。至和州南，[4]復與王權軍八萬餘會戰，又敗之，追殺至江上，斬首數千級。

[1]神勇、武平等軍都總管：海陵南伐，置三十二軍，軍名有神勇與武平。軍置都總管、副總管及巡察使、副各一員。

[2]壽州：治所在今安徽省鳳臺縣。　勸農使：掌勸課天下力田之事。正三品。　移剌元宜：契丹人。本姓耶律氏，大定初年賜姓完顔氏。本書卷一三二有傳。

[3]廬州：治所在今安徽省合肥市。　王權：宋人。駐軍和州。

時與劉錡、李顯忠、戚方等受詔，各隨地措置沿淮河口，嚴爲提備。　柘臯鎮：今安徽省巢湖市北柘臯。　渭子橋：本書卷五《海陵紀》正隆六年（1161）十月丁未記此事作“蔚子橋”。《宋史》卷三二《高宗紀九》、卷四五三《姚興傳》《建炎以來繫年要録》卷一九三作“尉子橋”。

［4］和州：治所在今安徽省和縣。

上即位于遼陽。[1]海陵死，大軍北還。將渡淮而舟楫甚少，軍士争舟不得亟渡。阿鄰得生口，[2]知可涉處，識以柳枝，命本部涉濟。既至北岸，而諸軍之争渡者果爲宋人邀擊之。及入見，上聞阿鄰淮上戰功，又以全軍還，遷兵部尚書，監督經畫征窩斡諸軍粮餉，授以金牌一、銀牌四。窩斡敗，還至懿州，以疾卒。喪至京師，上命致祭于永安寺，[3]百官赴吊，賻銀五百兩、重綵三十端、絹百匹。

［1］上即位於遼陽：施國祁《金史詳校》卷七謂，“上”當作“世宗”。

［2］生口：在此指俘虜。

［3］永安寺：遺址在今北京市西北郊香山。

按荅海，又名阿魯綰，宗雄次子也。[1]性端重，不輕發，有父之風。年十五，太祖賜以一品傘。[2]二十餘，御毬場分朋擊毬，連勝三算，宗工舊老咸異之。[3]進呈所勝禮物，按荅海爲班首，太宗喜曰：“今日之勝，此孫之力也。”賞之獨厚。

[1]宗雄次子也：本書卷五九《宗室表》，列爲宗雄第三子。此稱次子，或因余里也早卒，未計其序。施國祁《金史詳校》卷七謂此“五字當削”。

[2]一品傘：百官儀從，用青羅，紫里，銀浮圖。

[3]宗工：指學問或技藝爲衆所推崇者。　舊老：也稱故老，指年老多閱歷者。

天眷二年，襲父猛安。除大宗正丞，[1]以猛安讓兄子喚端，[2]加武定軍節度使，[3]奉朝請。改侍衛親軍都指揮使，[4]封金源郡王，進封譚王，[5]遷同判大宗正事，別授世襲猛安。[6]

[1]大宗正丞：大宗正府屬官。從四品。

[2]以猛安讓兄子喚端：此猛安，指世襲猛安。喚端即蒲魯虎子桓端。女真世襲猛安，或父死子繼或兄終弟及。宗雄的世襲猛安，初爲蒲魯虎所襲。蒲魯虎卒，按荅海襲。及按荅海除大宗正丞，又讓於兄子喚端。

[3]武定軍節度使：遼奉聖州武定軍節度使，金初因之。大定元年（1161）升爲府，名德興，治所在今河北省涿鹿縣。以“奉朝請”觀之，武定軍節度使，乃按荅海遥領的官銜。

[4]侍衛親軍都指揮使：爲海陵所置侍衛親軍司的總領，後更爲殿前都點檢兼任。

[5]譚王：封國名。天眷格、大定格，小國封號第十八爲譚。

[6]別授世襲猛安：以其父之世襲猛安讓於桓端，另授以猛安使其世襲。

海陵將遷中都，按荅海諫曰：“棄祖宗興王之地而他徙，非義也。”海陵不悦，留之上京。久之，進封鄆王，[1]改封魏王，[2]除濟南尹。[3]按荅海不堪卑濕，多在病告，海陵聞之，改西京留守。正隆例奪王爵，改廣寧尹。

[1]鄆王：封國名。天眷格，次國封號《大金集禮》第二十三、《金史·百官志》第二十一爲鄆。

[2]魏王：封國名。天眷格，大國封號第九爲魏。

[3]濟南：府名。治所在今山東省濟南市。

世宗即位于東京，赦令至廣寧，弟燕京勸按荅海拒弗受。按荅海受之。會海陵遣使至城下，按荅海登城告使者曰：“此府迫近遼陽，勢不能抗，聊且從命，非得已也。”燕京亦登譙樓與使者語，指斥不遜。及諸郡皆詣東京，按荅海兄弟亦上謁。有司議，既拜赦令，復有異言，持兩端，請併誅之。上曰：“正隆剪刈宗室，朕不可効尤。按荅海爲弟所惑耳。”於是釋按荅海，乃誅燕京。不數日，復判大宗正事，再遷太子太保，封蘭陵郡王。[1]改勸農使。

[1]蘭陵郡王：明昌前郡王封號。

海陵時，自上京徙河間，土瘠，詔按荅海一族二十五家，從便遷居近地，乃徙平州。[1]詔給平州官田三百頃，屋三百間，宗州官田一百頃。[2]進金源郡王，致仕。

［1］平州：治所在今河北省盧龍縣。

［2］宗州：治所在今遼寧省綏中縣西南前衛鎮。

大定八年，召見，上曰："宗室耆老如卿者，能幾人邪。"賜錢萬貫，甲第一區，留京師，使預巡幸、毬獵、宴會。十四年，薨，年六十七。臨終，戒諸子曰："汝輩勿以生富貴中而爲暴戾，宜自謙退。海陵以猜忌剪滅宗室，我以純謹得免死耳。汝輩惟日爲善，勿墜吾家。"

完顏希尹本名谷神，[1] 歡都之子也。[2] 自太祖舉兵，常在行陣，或從太祖，或從撒改，[3] 或與諸將征伐，比有功。

［1］本名谷神：又作兀室、固新、悟室。谷神義爲"三十"，女真人有以父祖年庚爲子孫命名的習俗，《三朝北盟會編》引《神麓記》誤以爲"母妊三十個月而生，名曰兀室"（王可賓《完顏希尹新證》，《史學集刊》1989 年第 2 期）。《宋俘記》"右監軍固新"原注"即谷神，名布衣"。"布"乃"希"字形誤。"衣"則與"尹"音近。舊釋視悟室與胡舍（骨舍）爲一人。陳述《金史拾補五種》，已據《三朝北盟會編》與《大金國志》，斷爲兩人。張博泉又進一步指出，胡舍（骨舍）即本書卷六八《骨赧傳》的骨赧（張博泉《讀金史骨赧傳》，《北方文物》1996 年第 4 期）。

［2］歡都：完顏部人。本書卷六八有傳。

［3］撒改：景祖孫，世祖兄劾者長子。本書卷七〇有傳。按《完顏希尹神道碑》載其戰迹較詳，所謂希尹參加太祖指揮的寧江州與出河店之戰，當指參加寧江州伐遼戰役而言。本書卷二《太祖

紀》明確記載，諸路兵皆會於來流水後，宗翰、完顔希尹與撒改“在别路”。

金人初無文字，國勢日强，與鄰國交好，迺用契丹字。太祖命希尹撰本國字，[1]備制度。希尹乃依倣漢人楷字，因契丹字制度，合本國語，製女直字。天輔三年八月，字書成，太祖大悦，命頒行之。賜希尹馬一匹、衣一襲。其後熙宗亦製女直字，與希尹所製字俱行用。[2]希尹所撰謂之女直大字，熙宗所撰謂之小字。

[1]撰本國字：有關希尹製女真字，此段文字記載最詳。

[2]與希尹所製字俱行用：本書卷四《熙宗紀》，皇統五年（1145）“五月戊午，初用御製小字”。

遼人迪六、和尚、雅里斯棄中京走，[1]希尹與迪古迺、婁室、余睹襲之。[2]迪六等聞希尹兵，復走。遂降其旁近人民而還。奚人落虎來降，[3]希尹使落虎招其父西節度使訛里剌。[4]訛里剌以本部降。

[1]迪六：遼人。時爲遼招討。　和尚：遼人。時爲遼節度使。雅里斯：遼將。　中京：治所在今内蒙古自治區寧城縣大明城。

[2]迪古迺：女真人。即完顔忠，石土門弟。本書卷七〇有傳。余睹：契丹人。耶律氏，遼宗室子。本書卷一三三與《遼史》卷一〇二皆有傳。

[3]奚人落虎：本書僅此處兩見。

[4]西節度使：遼部族官名。即奚部西節度使，西奚居於可汗州，今河北省懷來縣東南。　訛里剌：金天輔六年（1122）二月以

本部降金。

宗翰駐軍北安，[1]使希尹經略近地，獲遼護衛耶律習泥烈，[2]知遼主獵于鴛鴦濼。宗翰遂請進兵。宗翰將會都統杲于奚王嶺，[3]遼兵屯古北口，[4]使婆盧火將兵二百擊之，[5]渾黜亦將二百人爲後援。[6]渾黜聞遼兵衆，請益兵。宗翰欲親往，希尹、婁室曰："此小寇，請以千兵爲公破之。"渾黜至古北口，遇遼遊兵，逐之入谷中。遼步騎萬餘迫戰，死者數人。渾黜據關口，希尹等至，大破遼兵，斬馘甚衆，盡獲甲冑輜重。復敗其伏兵，殺千餘人，獲馬百餘匹。遂與宗翰至奚王嶺，期會於羊城濼。[7]

[1]北安：遼州名。舊釋在今河北省承德市灤河鎮喀喇河屯。鄭紹宗《遼北安州考》訂正在今河北省隆化縣皇姑屯土城子，即博羅河城（《遼金史論集》第一輯，上海古籍出版社 1987 年版）。

[2]遼護衛：遼置北南護衛府，掌北南院護衛事。其制，出於貴戚者爲侍衛，著帳者爲近侍，北南部族爲護衛。　耶律習泥烈：遼護衛府官員，與天祚子趙王習泥烈同名。

[3]都統：金初征遼，以杲爲內外諸軍都統，此都統當爲內外諸軍都統的簡稱。　奚王嶺：在奚王府境內，舊無考。按，金天輔六年（1122）初，杲取中京，下澤州，分兵屯守要害。遼師至古北口大敗。宗翰與都統杲約會奚王嶺。以此諸態勢度之，奚王嶺當在遼中京大定府之西。

[4]古北口：在今北京市密雲縣東北。

[5]婆盧火：安帝五代孫，本書卷七一有傳。

[6]渾黜：完顏氏。即大定間著勛衍慶亞次功臣的徐國公渾黜。

［7］羊城濼：按，宗翰請都統杲進兵，約會於奚王嶺，由青嶺、瓢嶺分道出，會於羊城濼。《讀史方輿紀要》謂，青嶺即大青山，在開平故衛西南，或云瓢嶺在青嶺北。如是，羊城濼當在今河北省沽源縣東北。

宗翰襲遼帝于五院司，[1]希尹爲前驅，所將纔八騎，與遼主戰，一日三敗之。明日，希尹得降人麻哲，[2]言遼主在漠，委輜重，將奔西京。幾及遼主于白水濼南，[3]遼主以輕騎遁去。盡獲其内庫寶物，遂至西京。西京降，[4]使蒲察守之。[5]希尹至乙室部，[6]不及遼主而還。及宗翰入朝，希尹權西南、西北兩路都統。[7]

［1］五院司：即五院部。據《遼史》卷三三《營衛志下》，五院司屬遼北面邊防官司署，鎮駐遼上京路南境，控制諸奚。

［2］麻哲：契丹人。耶律麻哲，又作耶律麻者。

［3］白水濼：今内蒙古自治區察哈爾右翼前旗的黄旗海。

［4］西京降：金天輔六年（1122）三月壬申西京降，乙亥復叛，四月辛卯復取之。

［5］蒲察：穆宗子。大定著勛衍慶亞次功臣濟國公蒲查（王可賓《穆宗子蒲察事迹考略》，《北方文物》1998 年第 3 期）。

［6］乙室部：遼部族名。據《遼史》卷三三《營衛志下》，乙室部屬遼南面邊防官司署，鎮駐西京之境，控制西夏。

［7］權西南、西北兩路都統：遼於豐州（今内蒙古自治區呼和浩特市東南白塔村）置西南路招討司。於鎮州（今蒙古國烏蘭巴托東可敦城）置西北路招討司。金初因之，設西南、西北兩路都統司，以宗翰爲都統，行兩路最高軍政大權。宗翰入朝，暫令希尹代攝。

是時，夏人已受盟，遼主已獲，耶律大石自立，[1]而夏國與婁室書責諸帥棄盟，軍入其境，多掠取者。希尹上其書，且奏曰："聞夏使人約大石取山西諸郡，以臣觀之，夏盟不可信也。"上曰："夏事酌宜行之。軍入其境，不知信與否也。大石合謀，不可不察，其嚴備之。"

[1]耶律大石：契丹人。遼太祖八代孫。本書卷一二一《粘割韓奴傳》有較詳記載，《遼史》卷三〇有紀。

及大舉伐宋，希尹爲元帥右監軍。[1]再伐宋，執二主以歸。[2]師還，賜希尹鐵券，[3]除常赦不原之罪，餘釋不問。宗翰伐康王，[4]希尹追之于揚州，康王遁去。後與宗翰俱朝京師，請立熙宗爲儲嗣，太宗遂以熙宗爲諳班勃極烈。[5]

[1]元帥右監軍：位在都元帥、左右副元帥、元帥左監軍之下。正三品。本書卷四《熙宗紀》誤爲左監軍。

[2]二主：指宋徽宗趙佶、欽宗趙桓。

[3]鐵券：以鐵爲之，狀如卷瓦。刻字畫欄，填以金。外以御寶爲合，半留内府，以賞殊功。

[4]康王：宋高宗趙構，初封爲康王。

[5]諳班勃極烈：金初女真朝官。即大勃極烈，爲諸勃極烈之長，帝位的繼承人。

熙宗即位，希尹爲尚書左丞相兼侍中，[1]加開府儀同三司。希尹爲相，有大政皆身先執咎。天眷元年，乞致仕，不許，罷爲興中尹。[2]二年，復爲左丞相兼侍中，俄封陳王，[3]與宗幹共誅宗磐、宗雋。[4]三年，賜希尹詔曰："帥臣密奏，[5]姦狀已萌。心在無君，言宣不道。逮燕居而竊議，謂神器以何歸。稔於聽聞，遂致章敗。"[6]遂賜死，并殺右丞蕭慶并希尹子同修國史把荅、符寶郎漫帶。[7]是時，熙宗未有皇子，故嫉希尹者以此言譖之。

[1]侍中：門下省長官。

[2]興中：府名。治所在今遼寧省朝陽市。

[3]俄封陳王：按，《完顔希尹神道碑》，"以定亂功，進封陳王"。本書卷四《熙宗紀》亦謂宗幹進封梁宋國王在誅宗磐、宗雋之後。此四字當移"共誅宗磐宗雋"之後。陳王，封國名，天眷格、大定格，大國封號第十九爲陳。

[4]宗磐：太宗長子。原作"盤"。本書卷七六有傳。　宗雋：太祖子。本書卷六九有傳。

[5]帥臣：指都元帥宗弼。"帥"，原作"師"，從中華點校本改。

[6]遂致章敗：《三朝北盟會編》卷一九七引《節要》作，"迄致彰敗"。"章"與"彰"通。

[7]右丞：執政官。爲宰相之貳，佐治省事。正三品。　蕭慶：奚人。天輔五年（1121）降金，熙宗天會十三年（1135）以平陽尹爲右丞。　同修國史：國史院屬官。　把荅：《松漠紀聞》作"源"，洪皓《鄱陽集》卷一作"彦清"，即希尹長子昭武大將軍把搭。　漫帶：洪皓《鄱陽集》卷一作"彦享"。按，《鄱陽集》拾遺中《使金上母書》云："九月二十二日，悟室父子八人同右丞蕭慶父子四人，皆絞死城外，焚之。"

皇統三年，上知希尹實無他心，而死非其罪。贈希尹儀同三司、邢國公，[1]改葬之，蕭慶銀青光禄大夫。[2]天德三年，追封豫王。[3]正隆二年，例降金源郡王。大定十五年，[4]謚貞憲。[5]孫守道、守貞、守能。守道自有傳。

[1]儀同三司：文散官。從一品中階。　邢國公：封國名。天眷格，次國封號《大金集禮》第十八、《金史·百官志》第十六爲邢。

[2]銀青光禄大夫：後改稱銀青榮禄大夫。文散官，正二品下階。

[3]豫王：封國名。天眷格，人國封號《大金集禮》第十六、《金史·百官志》第十四爲豫。

[4]大定十五年：《完顔希尹神道碑》謂："天德初"，與此異。張博泉據本書卷七《世宗紀中》，大定十七年（1177）十月有司奏，"衍慶宫所畫功臣二十人，惟五人有謚，今考檢餘十五人功狀，擬定謚號以進"。則謂似爲"大定十七年"（張博泉《金完顔希尹碑史實考辯》，《吉林大學社會科學學報》1987年第4期）。

[5]貞憲：本書卷三一《禮志四》、卷七三《希尹傳》以及《大金故左丞相金源郡貞憲王完顔公神道碑》記載相同。本書卷三五《禮志八》作"貞獻"，與此異。

守貞本名左靨，[1]貞元二年，襲祖谷神謀克。大定改元，收充符寶祗候，授通進，[2]除彰德軍節度副使，[3]遷北京留守，移上京。坐安置契丹户民部内娶妻，[4]杖一百，除名。二十五年，起爲西京警巡使。[5]世宗愛其剛直，授中都左警巡使。[6]遷大興府治中，[7]進同知，[8]改同知西京留守事。[9]御史臺奏守貞治有善狀，世宗因謂侍臣曰："守貞勳臣子，又有材能，全勝其兄守道，它日可用也。"

[1]守貞：據王寂《鴨江行部志》及元好問《中州集》，其字爲信之，號冷巖。本書僅卷一〇四《孟奎傳》載其號冷巖，本傳字號皆不見載。　㷰：原作"曆"，據南監本、北監本、殿本及本卷傳目改。

[2]通進：宣徽院屬官。即閤門御院通進。掌諸進獻禮物及薦享編次位序。從七品。

[3]彰德軍節度副使：彰德軍置相州，金明昌三年（1192）升爲彰德府，治所在今河南省安陽市。節度副使，從五品。

[4]安置契丹户民部内娶妻：違背世宗大定十七年（1177），"與女直人相爲婚姻"詔令。詳見本書卷八八《唐括安禮傳》。

[5]警巡使：諸京警巡院長官。掌平理獄訟，員警所部，總判院事。正六品。

[6]中都左警巡使：諸京警巡院設警巡使一員，唯中都有左右警巡使。

[7]治中：佐助京府長官協理府事，主掌文書案卷。

[8]同知：同知府尹，通判府事。從四品。

[9]同知西京留守事：帶同知本府尹兼本路兵馬都總管。正四品。

章宗即位，召爲刑部尚書，[1]兼右諫議大夫。[2]守貞與修起居注張暐奏言：[3]"唐中書門下入閤，諫官隨之，欲其預聞政事，有所開説。又起居郎、起居舍人，每皇帝視朝，左右對立，有命則臨階俯聽，退而書之，以爲起居注。緣侍從官每遇視朝，正合侍立。自來左司上殿，諫官、修起居注不避，或侍從官除授及議便遣，始令避之。比來一例令臣等回避，及香閣奏陳言文字，[4]亦不令臣等侍立。則凡有聖訓及所議政事，臣等無緣得知，何所記録，何所開説，似非本設官之義。若漏泄政事，自有不密罪。”上從之。尋爲賀宋生日使，還拜參知政事。[5]時上新即政，頗鋭意於治，嘗問漢宣帝綜核名實之道，[6]其施行之實果何如。守貞誦“樞機周密，[7]品式詳備”以對。[8]上曰：“行之果何始?”守貞曰：“在陛下厲精無倦耳。”久之，進尚書左丞，授上京世襲謀克。

[1]刑部尚書：刑部長官。正三品。

[2]右議諫大夫：與左議諫大夫同爲諫院長官。正四品。

[3]修起居注：屬記注院。掌記言動。　張暐：莒州日照人。本書卷一〇六有傳。

[4]香閣：金朝皇帝召見大臣議事之所。

[5]參知政事：執政官。爲宰相之貳，佐治省事。從二品。

[6]漢宣帝：謚號。名劉詢。前 73 年至前 49 年在位。　綜核名實之道：《後漢書》卷六一《左雄傳》，“降及宣帝，興於仄陋，綜覈名實，知時所病”。亦見《漢書》卷八《宣帝紀》。綜核名實，即綜合事物的名稱和實際，加以考核。

[7]誦：明言。　樞機：指朝廷機要部門或職位的設置與配備。

[8]品式：指評定官員政績的等級與程式。

明昌三年夏，旱，天子下詔罪己。守貞惶恐，表乞解職。詔曰：“天嗇時雨，薦歲爲災，所以警懼不逮。方與二三輔弼圖回遺闕，宜思有以助朕修政。上答天戒，消沴召和，以康百姓。卿達機務，朕所親倚，而引咎求去，其如思助何。”守貞懇辭，乃出知東平府事。[1]命參知政事夾谷衡諭之曰：[2]“卿勳臣之裔，早登膴仕，[3]才用聲績，朕所素知。故嗣位之初，擢任政府，[4]于今數載，毗贊實多。既久任繁劇，宜均適逸安，矧内外之職，亦當更治，今特授卿是命。東平素號雄藩，兼比年饑歉，正賴經畫，卿其爲朕往綏撫之。”仍賜金幣、厩馬，以寵其行。它日，上問宰臣：“守貞治東平如何?”對曰：“亦不勞力。”上曰：“以彼之才，治一路誠有餘矣。”右丞劉瑋曰：[5]“方今人材無出守貞者，淹留于外，誠可惜也。”上默然。尋改西京留守。

[1]知東平府事：府長官，即府尹。東平府，治所在今山東省東平縣。

[2]夾谷衡：女真人。本書卷九四有傳。

[3]膴（wǔ）仕：高官。

[4]政府：唐始稱宰相治理政務的處所爲政府，也稱政事堂。此則爲以其任職處所，喻其職官。

[5]劉瑋：咸平人。本書卷九五有傳。

監察御史蒲剌都劾奏守貞前宴賜北部有取受事，[1]不報。右拾遺路鐸上章辯之。[2]四年，召拜平章政事，封蕭國公。[3]上御後閤，召守貞曰：“朕以卿乃太師所舉，[4]故特加委用。然比者行事多太過，門下人少慎擇，復與丞相不協，[5]以是令卿補外。載念我昭祖、太祖開創以來，[6]乃祖佐命，積有勳勞，兹故召用。卿其勉盡乃心，與丞相議事宜相和諧，率循舊章，無輕改革。”因賜玉帶，併以蒲剌都所彈事與之，曰：“朕度卿必不爾，故以示卿。”

[1]監察御史：掌糾察内外非違，刷磨諸司察帳，並監察祭祀及出使之事。正七品。　蒲剌都：女真人。孛术魯氏，漢名德裕。本書卷一〇一有傳。

[2]右拾遺：諫院屬官。正七品。　路鐸：冀州人。本書卷一〇〇有傳。

[3]蕭國公：封國名。天眷格、大定格、明昌格，小國封號第二十八均爲蕭。

[4]太師：指徒單克寧，時爲太師。守貞祖完顔希尹爲克寧母舅。

[5]與丞相不協：本書卷一〇〇《路鐸傳》：“尚書左丞完顔守貞每論政事，守正不移，與同列不合。”

[6]昭祖：廟號。名石魯。本書卷一有紀。

舊制，[1]監察御史凡八員，漢人四員皆進士，而女直四員則文資右職參注。[2]守貞曰：“監察乃清要之職，流品自異，俱宜一體純用進士。”一日奏事次，上問司吏移轉事。守貞曰：“今吏權重而積弊深，移轉爲便。”上嘗歎文士卒無如党懷英者，[3]守貞奏進士中若趙渢、王庭筠甚有時譽。[4]上曰：“出倫者難得耳。”守貞曰：“間世之才，自古所難。然國家培養久，則人材將自出矣。”守貞因言：“國家選舉之法，惟女直、漢人進士得人居多，此舉更宜增取。其諸司局承應人舊無出身，大定後才許叙使。經童之科，古不常設，唐以諸道表薦，或取五人至十人。近代以爲無補，[5]罷之。本朝皇統間，取及五十人，因爲常選。天德間，尋以停罷。陛下即位，復立是科，朝廷寬大，放及百數，誠恐積久不勝銓擬。宜稍裁減，以清流品。”又言節用省費之道，並嘉納焉。

［1］舊制：據本書卷五五《百官志一》“監察御史”條，指大定二年（1162）之制。

［2］文資：文職官吏。　右職：在此指武職官吏。

［3］党懷英：馮翊人。金大定十年（1170）進士甲科。本書卷一二五有傳。

［4］趙渢：東平人。本書卷一二六有傳。　王庭筠：遼東人。號黄華。本書卷一二六有傳。

［5］近代：據本書卷五一《選舉志一》，完顔守貞所言，指宋仁宗時。

先是，鄭王允蹈等伏誅，[1]上以其家産均給諸王。户部郎中李敬義言恐因之生事，[2]上又以董壽爲宮籍監都管勾，[3]並下尚書省議。守貞奏：“陛下欲以允蹈等家産分賜懿親，恩命已出，恐不可改。今已減諸王弓矢，府尉司其出入，[4]臣以爲賜之無害。如董壽罪人也，特恩釋之，已爲幸矣，不宜更加爵賞。”上是守貞所言。

［1］鄭王：封國名。天眷格，次國封號第三位，大定格、明昌格（《金史·百官志》），次國封號第二爲鄭。　允蹈：世宗子，章宗即位避顯宗允恭諱改爲永蹈。本書卷八五有傳。

［2］户部郎中：諸部郎中皆從五品。　李敬義：時爲稱舉完顔

守貞者，爲胥持國所忌，後補外爲安化軍節度副使。

[3]董壽：本爲永蹈家奴，因告變，免死，隸監籍。　宮籍監：隸殿前都點檢司，其官有提點、監、副監、丞、直長等。　管勾：意爲辦理，宋以管勾爲官稱，金各職司也多置管勾以爲從九品的職事官。都管勾，當爲本司諸管勾之長。

[4]府尉：即親王府府尉，設於金明昌二年（1191），掌警嚴侍從兼總統本府之事。從四品。

自明昌初，北邊屢有警，或請出兵擊之。上曰："今方南議塞河，[1]而復用兵於北，可乎？"守貞曰："彼屢突軼吾圉，今一懲之，後當不復來，明年可以見矣。"上因論守御之法。守貞曰："惟有皇統以前故事，[2]捨此無法耳。"

[1]南議塞河：金明昌五年（1194）八月，黄河決陽武故堤，灌封丘而東，朝庭遂議南塞黄河之事。

[2]皇統以前故事：指熙宗廢劉豫後，置屯田軍一事。主張加强北邊營屯軍馬。

守貞讀書，通法律，明習國朝故事。時金有國七十年，禮樂刑政因遼、宋舊制，雜亂無貫。章宗即位，乃更定修正，爲一代法。其儀式條約，多守貞裁訂，故明昌之治，號稱清明。又喜推轂善類，接援後進，朝廷正人，多出入門下。[1]

[1]朝廷正人，多出入門下：在其門下者，有號爲"冷巖十俊"，遼陽進士孟奎即其一。

先是，上以疑忌誅鄭王允蹈，後張汝弼妻高陀斡獄起，[1]意又若在鎬王允中。[2]時右諫議大夫賈守謙上疏陳時事，[3]思有以寬解上意。右拾遺路鐸繼之，言尤切直。帝不悦。守貞持其事，獄久不决。帝疑有黨，乃出守貞知濟南府事，仍命即辭。前舉守貞者董師中、路鐸等皆補外。[4]上語宰臣曰："守貞固有才力，至其讀書，方之真儒則未也，然太邀權譽。以彼之才而能平心守正，朝廷豈可少離。今兹令出，蓋思之熟矣。"俄以在政府日，嘗與近侍竊語宫掖事，而妄稱奏下，上命有司鞫問。守貞款伏，奪官一階，解職。遣中使持詔責諭之曰："挾姦罔上，古有常刑。[5]結援養交，臣之大戒。孰謂予相，乃蹈厥辜。爾本出勳門，寖登膴仕。朕初嗣位，亟欲用卿。未閲歲時，升爲宰輔。每期納誨，共致太平。蓋求所長，不考其素。拔擢不爲不峻，任用不爲不專。曾報効之弗思，輒私權之自樹。交通近侍，密問起居。窺測上心，預圖趨向。繇患失之心重，[6]故欺君之罪彰。指所無之事而妄以肆誣，實未始有言而謂之嘗諫。義豈知於歸美，意專在於要君。其飾詐之若然，豈爲臣之當耳。復觀彈奏，益見私情。求親識之援而列布宫中，縱罪廢之餘而出入門下。而又凡有官使，斂爲己恩。謂皆涉於回邪，不宜任之中外。質之清議，固所不容。揆之乃心，烏得無愧。姑從輕典，庸示薄懲。"仍以守貞不公事，宣諭百官於尚書省。

[1]張汝弼：遼陽渤海人。爲永中母舅。本書卷八三有傳。

高陀斡：渤海人。張汝弼妻，與世宗母貞懿皇后有屬。每以邪言怵永中覬非望，明昌五年（1194）以謀逆伏誅。

[2]鎬王：封國名。明昌格，大國封號第四爲鎬。　允中：世宗庶長子，後避諱改永中。本書卷八五有傳。

[3]賈守謙：金明昌六年（1195），坐鎬王永中事奏對不實，削官二階，罷之。

[4]董師中：鄜州人。本書卷九五有傳。

[5]古有常刑："有"，原作"人"，從中華點校本改。

[6]繇：通"由"。

承安元年，降授河中防禦使。[1]五年，改部羅火扎石合節度使。[2]過闕，上賜手詔責諭之，令赴職。久之，遷知都府事。[3]時南鄙用兵，[4]上以山東重地，須大臣安撫，乃移知濟南府。卒，上聞而悼之，勅有司致祭，賻贈禮物依故平章政事蒲察通例。[5]謚曰肅。

[1]降授河中防禦使："河中"似爲"河州"之誤。河中，治所在今山西省永濟市西。河州，治所在今甘肅省臨夏市東北。據本書卷二六《地理志下》，章宗時河中爲散府，河州爲防禦使。其降授防禦使當就任河州。防禦使，掌防捍不虞，禦制盜賊，餘同府尹，從四品。

[2]部羅火扎石合節度使：原爲唐古部族節度使，金承安三年（1198）始改稱部羅火扎石合節度使，治所在西京路。

[3]知都府事：施國祁《金史詳校》卷七謂，"都"當作"大興"。是。

[4]南鄙用兵：據本書卷一二《章宗紀四》與卷九五《張萬公傳》，指泰和六年（1206）用兵征南宋。

[5]蒲察通：女真人。爲舊臣、勛戚，金承安三年（1198）

卒，章宗特命勑祭及葬。本書卷九五有傳。

守貞剛直明亮，凡朝廷論議及上有所問，皆傅經以對。上嘗與泛論人材，守貞乃迹其心術行事，臧否無少隱，故爲胥持國輩所忌，[1]竟以直罷。後趙秉文由外官入翰林，[2]遽上書言："願陛下進君子退小人。"上問君子小人謂誰。秉文對："君子故相完顔守貞，小人今參知政事胥持國。"其爲天下推重如此。

[1]胥持國：代州繁畤人。本書卷一二九有傳。

[2]趙秉文：磁州滏陽人。本書卷一一〇有傳。

守能本名胡剌，累官商州刺史。[1]正隆末，宋人陷商州，守能被執。[2]大定五年，宋人請和，誓書曰："俘虜之人，盡數發還。"完顔仲爲報問國信使，[3]求守能及新息縣令完顔按辰於宋，[4]遂與俱歸。守能等至京師，入見，詔給舊官之俸。

[1]商州刺史：州長官。正五品。商州，治所在今陝西省商洛市。

[2]守能被執：據《三朝北盟會編》卷一三六，南宋紹興三十一年（1161，金正隆六年）二月，爲宋人王彦所執。

[3]完顔仲：完顔婁室子，金大定五年（1165）以殿前左副都點檢報問於宋。本書卷七二有傳。

[4]新息縣：治所在今河南省息縣。　完顔按辰：女真人。本書僅此一見。

大定十九年，爲西北路招討使。是時，詔徙窩斡餘黨于臨潢、泰州。押剌民列嘗從窩斡，[1]其弟闇敵也當徙，僞稱身亡，以馬賂守能，固匿不遣。及受賕補賽也蕃部通事，[2]事覺。是時，烏古里、石壘部族節度副使奚沙阿補杖殺無罪鎮邊猛安，[3]尚書省俱奏其事。上曰："守能由刺史超擢至此，敢恣貪墨。向者招討司官多進良馬、橐駞、鷹鶻等物，蓋假此以率斂爾，自今並罷之。"因責其兄守道曰："守能自刺史躐遷招討，外官之尊，無以踰此。前招討哲典以貪墨伏誅，[4]守能豈不知。乃敢如此，其意安在。爾之親弟，何不先訓戒之也。"上謂宰臣曰："監察專任糾彈。宗州節度使阿思懣初之官，[5]途中侵擾百姓，到官舉動皆違法度。完顏守能爲招討使，貪冒狼籍。凡達官貴人，皆未嘗舉劾。斡睹只群牧副使僕散那也取部人毬杖兩枝，[6]即便彈奏。自今，監察御史職事修舉，然後遷除。不舉職者，大則降罰，小則決責，仍不得去職。"尚書省奏，守能兩贓俱不至五十貫，抵罪。奚沙阿補解見居官，[7]并解世襲謀克。上曰："此舊制之誤。居官犯除名者，[8]與世襲併罷之，非犯除名者勿罷。"遂著于令。特詔守能杖二百，除名。

[1]押剌：除此之外本書兩見押剌。卷一二《章宗紀四》的都統押剌當是人名。卷八八《唐括安禮傳》的"從行契丹押剌四人"的押剌爲官職名。《遼史》卷四六《百官志二》云："走卒謂之拽剌"。本書卷五七《百官志三》言招討司有"移剌三十人"，卷八四《耨盌温敦思忠傳》"闇剌者，漢語云行人也"。本傳所見的押剌，當是上述"拽剌""移剌""闇剌"的異寫，當是官職名。中

華點校本誤以押剌爲姓氏。　民列：與閘敵爲兄弟二人，當爲契丹人。

［2］賽也：僅此一見。日本學者小野川秀美《金史語彙集成》，認爲是完顔賽也。然完顔賽也早在金大定九年（1169）已是宿直將軍，與此顯非一人。　蕃部通事：即招討司的承應人諸部通事。

［3］沙阿補：奚人。僅見於本傳。

［4］哲典：初任定州同知，繼爲都司，未嘗少有私徇，所至皆有清名。及爲西南路招討使，不能固守。金大定十九年（1179），以贓罪伏誅。

［5］阿思懣：女真達官貴人，與永中子玘本名相同。

［6］斡睹只群牧：在西京路，原稱斡獨椀群牧，金大定四年（1164）改爲斡睹只群牧。群牧副使，掌檢校群牧畜養蕃息之事，從六品。　僕散那也：女真人。僅此處與《世宗紀》兩見。

［7］解見居官：見爲“現”的本字。

［8］除名：取消原有身份，除去名籍。依唐律，除名者須六年後，聽再録用。

贊曰：阿离合懣之善頌，宗雄之强識，希尹之敏學，益之以征伐之功，豈不偉哉。

金史　卷七四

列傳第十二

宗翰　本名粘罕　子斜哥[1]　宗望　本名斡离不　子齊　京　文

[1]子斜哥：本書本傳末云："孫秉德、斜哥。"本卷《斜哥傳》稱："斜哥祖父秦王宗翰有大功。"本書卷五九《宗室表》亦稱斜哥爲宗翰孫。是知，此處"子"爲"孫"之誤。

宗翰本名粘没喝，漢語訛爲粘罕，[1]國相撒改之長子也。[2]年十七，軍中服其勇。及議伐遼，宗翰與太祖意合。[3]太祖敗遼師于境上，獲耶律謝十。[4]撒改使宗翰及完顔希尹來賀捷，[5]即稱帝爲賀。及太宗以下宗室群臣皆勸進，[6]太祖猶謙讓。宗翰與阿离合懣、蒲家奴等進曰：[7]"若不以時建號，無以繫天下心。"太祖意乃决。遼都統耶律訛里朶以二十餘萬戍邊，[8]太祖逆擊之，宗翰爲右軍，[9]大敗遼人于達魯古城。[10]

[1]粘罕：本書《金國語解》爲心，卷三一《禮志四》作粘哥。《宋史》卷三七一作宗維。《大金國志》卷二七謂，小名烏家

奴，改名宗維。

［2］國相：生女真部族節度使的輔佐，本意爲衆部長，猶漢之國相。　撒改：景祖子，世祖兄劾者長子。本書卷七〇有傳。

［3］太祖：廟號。本名阿骨打，漢名旻。1115 年至 1123 年在位。本書卷二有紀。

［4］耶律謝十：契丹人。遼天慶四年（1114）九月，與太祖戰於遼界，中箭，怨而死。

［5］完顔希尹：歡都子。本書卷七三有傳。

［6］太宗：廟號。本名吴乞買，漢名晟。1123 年至 1135 年在位。本書卷三有紀。

［7］阿离合懣：景祖第八子。本書卷七三有傳。　蒲家奴：景祖孫，劾孫子，漢名昱。本書卷六五有傳。

［8］遼都統耶律訛里朶：《遼史》卷二七，"西北路招討使耶律斡里朶爲行軍都統"。《契丹國志》卷一〇，"北樞密副使耶律斡離朶淶流河路都統"。

［9］右軍：據本書卷二《太祖紀》與卷七三《宗雄傳》，"右軍"爲"左軍"之誤。

［10］達魯古城：或認爲吉林省前郭縣他虎城即達魯古城，張博泉等《東北歷代疆域史》等主此説。《〈中國歷史地圖集〉釋文匯編·東北卷》謂，在今拉林河以西地區。李健才《東北史地考略》認爲，在今吉林省松原市舊扶餘城北四十里的土城子。

天輔五年四月，[1]宗翰奏曰："遼主失德，[2]中外離心。我朝興師，大業既定。而根本弗除，後必爲患。今乘其釁，可襲取之。天時人事，不可失也。"太祖然之，即命諸路戒備軍事。五月戊戌，射柳，[3]宴群臣。上顧謂宗翰曰："今議西征，汝前後計議多合朕意。宗室中雖有長於汝者，若謀元帥，無以易汝。汝當治兵，以俟師期。”上親酌酒飲之，且命之釂，解御衣以衣之。群臣言時方暑月，迺止。無何，爲移賚勃極烈，[4]副蒲家奴西襲遼帝，不果行。

［1］天輔：金太祖年號（1117—1123）。

［2］遼主：指遼天祚帝耶律延禧。1101年至1125年在位。

［3］射柳：遼俗，金因之。凡重五拜天禮畢，於鞠場行射柳，已而擊球，即畢賜宴，歲以爲常。

［4］移賚勃極烈：勃極烈，爲金初朝廷尊官。移賚，意爲第三。除諳班勃極烈，國論忽魯勃極烈外，移賚勃極烈排在阿買（第一）勃極烈與昃（第二）勃極烈之後。

十一月，宗翰復請曰：“諸軍久駐，人思自奮，馬亦壯健，宜乘此時進取中京。”群臣言時方寒，太祖不聽，竟用宗翰策。於是，忽魯勃極烈杲都統内外諸軍，[1]蒲家奴、宗翰、宗幹、宗磐副之，[2]宗峻領合扎猛安，[3]皆受金牌，[4]余睹爲鄉導，[5]取中京實北京。[6]既克中京，宗翰率偏師趨北安州，[7]與婁室、徒單綽里合兵，[8]大敗奚王霞末，[9]北安遂降。

［1］忽魯勃極烈：女真朝官。統領官之稱，統數部者曰忽魯。杲：本名斜也，太祖同母弟。本書卷七六有傳。

［2］宗幹：太祖庶長子。本書卷七六有傳。　宗磐：太宗嫡長子。本書卷七六有傳。“磐”，原作“盤”。本書卷二《太祖紀》記此事稱：“以昱、宗翰、宗幹、宗望、宗盤等副之。”施國祁《金史詳校》卷七謂“宗磐”前脱“宗望”，是。

［3］宗峻：本名繩果，太祖嫡長子，熙宗父，追謚景宣皇帝。

本書卷一九有紀。　合扎猛安：即親管猛安，以近親所領，故以爲名。

［4］金牌：金收國二年（1116）始製金牌，授萬户。

［5］余睹：契丹人。姓耶律，遼宗室子。本書卷一三三、《遼史》卷一〇二皆有傳。

［6］取中京實北京：遼中京大定府，治所在今内蒙古自治區寧城縣西大明城。本書卷二四《地理志上》"臨潢府"條下稱："地名西樓，遼爲上京，國初因稱之，天眷元年改爲北京……貞元元年以大定府爲北京後，但置北京臨潢路提刑司。大定後罷路，并入大定府路。"同卷"北京路大定府"條下稱遼中京大定府"國初因稱之，海陵貞元元年更爲北京"。謂熙宗天眷元年（1138）改上京臨潢府爲北京臨潢府，海陵貞元元年（1153）改中京大定府爲北京大定府後，罷臨潢府北京之稱。王慶生《〈金史〉校點拾遺（中）》據之謂此處"'實北京'三字疑爲注文，誤書入正文之中"（《古籍整理出版情況簡報》2013年第8期）。然此處前後文均有"中京"一語，緣何舍棄前文衹注中間之語，疑不可解。或許此"北京"指遼上京臨潢府，亦未可知。據本書卷六六《勖傳》，皇統八年（1148），"奏上《太祖實録》二十卷"，卷四《熙宗紀》，皇統八年八月"宗弼進《太祖實録》"。疑《太祖實録》修成之時按當時臨潢府稱北京、大定府稱中京修入實録之中，《金史》作者没有辨析海陵改中京爲北京，仍按《太祖實録》記載録入。如本書卷七七《劉豫傳附麟傳》稱"豫廢，麟遷臨潢。頃之，授北京路都轉運使，歷中京、燕京路都轉運使"，卷四二《儀衛下》三品官員中有"諸京都轉運使"，是知各京均設有都轉運使。劉麟被遷臨潢府後"授北京路都轉運使"，因後"歷中京、燕京路都轉運使"，所稱"北京"似指臨潢府，並非指"中京"。又，《三朝北盟會編》卷一八二引《金虜節要》稱"金人初破上京，盡屠其城後，又以有罪者徙其中"，據此，金人攻取中京後將中京部分人口遷徙上京（當時稱北京）臨潢府，亦有可能。然按此種説法，"實北京"之前應

當提及人口，是以人口充實北京，而“取中京實北京”的寫法未免省略過當，似不符合元人修史體例。因之，“實北京”三字或爲《金史》作者按《太祖實録》仍稱臨潢府爲北京修入，或爲小字注文，或爲衍文，亦或爲當時版本收藏者小字手書闌入者。

［7］北安州：舊釋在河北省承德市灤河鎮喀喇河屯。鄭紹宗《遼北安州考》訂正在今河北省隆化縣皇姑屯土城子，即博羅河城（《遼金史論集》第一輯，上海古籍出版社 1987 年版）。

［8］婁室：完顔部人。本書卷七二有傳。　徒單綽里：女真部將，本書僅此一見。

［9］奚王霞末：奚人蕭遐買。遼保大元年（1121）以知奚王府事爲奚王。另見於本書卷二、七二、七六及《遼史》卷二九《天祚紀三》、卷一〇二《耶律余覩傳》，並非《遼史》中所見的蕭末或附馬都尉柳城郡王蕭霞抹。

宗翰駐軍北安，遣希尹經略近地，獲遼護衛耶律習泥烈。[1]迺知遼主獵于鴛鴦濼，[2]殺其子晋王敖魯斡，[3]衆益離心，西北、西南兩路兵馬皆羸弱，[4]不可用。宗翰使耨盌温都移剌保，[5]報都統杲曰：“遼主窮迫於山西，[6]猶事畋獵，不恤危亡，自殺其子，臣民失望。攻取之策，幸速見諭。若有異議，此當以偏師討之。”杲使奔睹與移剌保同來，[7]報曰：“頃奉詔旨，不令便趨山西，當審詳徐議。”當時，宗翰使人報杲，即整衆俟兵期。及奔睹至，知杲無意進取，宗翰恐待杲約或失機會，即決策進兵。使移剌保復往報都統曰：“初受命雖未令便取山西，亦許便宜從事。遼人可取，其勢已見，一失機會，後難圖矣。今已進兵，當與大軍會于何地，幸以見報。”宗幹勸杲當如宗翰策，杲意迺決，約以奚王嶺會議。[8]

[1]遼護衛：遼官名。遼北面御帳設北南護衛府，掌北南院護衛事，以北南部族爲護衛。　耶律習泥烈：契丹人。與遼天祚帝子趙王習泥烈同名。

[2]鴛鴦濼：今河北省張北縣西北的安固里淖。

[3]晋王敖魯斡：晋王，遼封號。敖魯斡，天祚長子。遼人知其賢，深有所望。爲樞密使蕭奉先所忌，遼保大二年（1122）賜死。

[4]西北、西南兩路：指遼西北路招討司與西南路招討司。西北路招討司置鎮州，治所在今蒙古國烏蘭巴托西南可敦城。西南路招討司置豐州，治所在今内蒙古自治區呼和浩特市東南白塔村。

[5]耨盌温都移剌保：女真人。耨盌温都爲其姓氏，移剌保又作乙剌補，爲其本名，漢名思忠。本書卷八四有傳。中華點校本最初將其姓與名誤斷爲兩人，後更正。

[6]山西：指今大興安嶺以西，包括遼西北、西南兩路。

[7]奔睹：女真人。漢名昂，景祖弟孛黑（跋黑）之孫，斜斡（斜葛）之子。本書卷八四有傳。

[8]奚王嶺：舊無考。以杲取遼中京，下澤州，分兵屯守要害，宗翰駐軍北安州，遼師至古北口大敗等態勢度之，奚王嶺當在遼中京大定府西，北安州北。

宗翰至奚王嶺，與都統杲會。杲軍出青嶺，[1]宗翰軍出瓢嶺，[2]期于羊城濼會軍。[3]宗翰以精兵六千襲遼主，聞遼主自五院司來拒戰，[4]宗翰倍道兼行，一宿而至，遼主遁去。乃使希尹等追之。西京復叛，[5]耿守忠以兵五千來救，[6]至城東四十里，蒲察、烏烈、谷赧先擊之，[7]斬首千餘。宗翰、宗雄、宗幹、宗峻繼至，[8]宗翰率麾下自其中衝擊之，使餘兵去馬從旁射之。守忠敗走，其衆殲焉。宗翰弟扎保迪没于陣。[9]天眷中，[10]贈扎保迪特進云。[11]

[1]青嶺：《讀史方輿紀要》謂，大青山在開平故衛西南，或云即青嶺。

[2]瓢嶺：在青嶺北。

[3]羊城濼：當在青嶺、瓢嶺外，今河北省沽源縣東北。

[4]五院司：即遼五院部。隸北府，以鎮南境，控制諸奚。其司署應在遼上京南境。

[5]西京：治所在今山西省大同市。

[6]耿守忠：遼節度使。降金後爲宗翰部屬，仍官以節度使。五千：本書卷七三《宗雄傳》作“七千”。

[7]蒲察：穆宗子，即本書卷七三《完顔希尹傳》的“西京降，使蒲察守之”的蒲察。烏烈：太祖子，宗峻同母弟。中華點校本與《金史拾補五種》，誤將蒲察烏烈斷爲一人。谷赧：即冶訶子骨赧，嘗領宗翰猛安，攻取中、西兩京。本書卷六八有傳。

[8]宗雄：康宗長子。本書卷七三有傳。

[9]宗翰弟扎保迪：本書僅本傳與卷五九《宗室表》兩見。

[10]天眷：金熙宗年號（1138—1140）。

[11]特進：文散官。從一品中次階。

宗翰已撫定西路州縣部族，謁上于行在所，遂從上取燕京。[1]燕京平，賜宗翰、希尹、撻懶、耶律余睹金器有差。[2]太祖既以燕京與宋人，[3]還軍次鴛鴦濼，不豫，將歸京師。以宗翰爲都統，[4]昃勃極烈昱、迭勃極烈斡魯副之，[5]駐軍雲中。[6]

[1]燕京：治所在今北京市。

[2]撻懶：漢名昌。穆宗子。本書卷七七有傳。

[3]以燕京與宋人：金天輔七年（1123）正月，宋使趙良嗣與金議燕京、西京地。二月，金太祖詔平州官與宋分割所與燕京六州之地。

[4]都統：此指西南與西北兩路都統。

[5]昃勃極烈：女真朝官。直譯爲“第二勃極烈”。除諳班勃極烈與忽魯勃極烈外，位於阿買勃極烈之後。　迭勃極烈：女真朝官。倅貳之職，位序居諸勃極烈之後。　斡魯：景祖孫，韓國公劾者第二子。本書卷七一有傳。

[6]雲中：晋舊縣名，遼金因之，屬北京路大同府，故而亦稱西京或大同爲雲中。

太宗即位，詔宗翰曰：“寄爾以方面，當遷官資者，以便宜除授。”因以空名宣頭百道給之。[1]宋人來請割諸城，宗翰報以武、朔二州。[2]宗翰請曰：“宋人不歸我叛亡，阻絶燕山往來道路，[3]後必敗盟，請勿割山西郡縣。”太宗曰：“先皇帝嘗許之矣，當與之。”

[1]空名宣頭：皇帝任命官資的空白文書。書寫皇帝旨意的遷授文書稱宣頭，爲寄以方面，便宜從事，免去除授官資必得奏請以致稽滯之煩，特給以空名宣頭。金初先後嘗賜宗翰、實古迺、婆盧火、宗望等人以空名宣頭。

[2]武：州名。治所在今山西省神池縣。　朔：州名。治所在今山西省朔州市。

[3]燕山：宋府名。金太祖割燕京六州與宋，宋置燕山府，治

所在今北京市。

諸將獲耶律馬哥，[1]宗翰歸之京師。詔以馬七百匹給宗翰軍，以田種千石、米七千石賑新附之民。詔曰："新附之民，比及農時，度地以居之。"宗翰請分宗望、撻懶、石古迺精兵討諸部。[2]詔曰："宗望軍不可分，别以精鋭五千給之。"宗翰朝太祖陵，入見上，奏曰："先皇帝時，山西、南京諸部漢官，[3]軍帥皆得承制除授。今南京皆循舊制，惟山西優以朝命。"詔曰："一用先皇帝燕京所降詔勅從事，[4]卿等度其勤力而遷授之。"

[1]耶律馬哥：契丹人。時爲遼知北院樞密使兼都統，金天會二年（1124）正月，爲金人所執。

[2]石古迺：施國祁《金史詳校》卷七認爲"石"當作"迪"。迪古迺，即石土門之弟耶懶路都勃堇完顔忠。施説無據，當是本書卷七二的習古迺，又作實古迺、石古迺，時爲臨潢府軍帥。

[3]山西：指西路之軍宗翰所在的雲中，今山西省大同地區。南京：又稱燕京，指東路之軍宗望所在的燕山地區。

[4]一用先皇帝燕京所降詔勅從事：據《大金國志》卷三，太宗降此詔以後，金在華北便形成了兩個樞密院。東路軍由宗望主之，置樞密院於燕山，以劉彦宗主院事。西路軍由宗翰主之，建樞密院於雲中，以時立愛主院事。國人呼爲東朝廷、西朝廷。

宗翰復奏曰："先皇帝征遼之初，圖宋協力夾攻，故許以燕地。宋人既盟之後，請加幣以求山西諸鎮，先皇帝辭其加幣。盟書曰：'無容匿逋逃，誘擾邊民。'今宋數路招納叛亡，厚以恩賞。累疏叛人姓名，索之童貫，[1]嘗期以月日，約以誓書，一無所致。盟未期年，今已如此，萬世守約，其可望乎。且西鄙未寧，割付山西諸郡，則諸軍失屯據之所，將有經略，或難持久，請姑置勿割。”上悉如所請。

[1]童貫：宋開封人。北宋宦官。《宋史》卷四六八有傳。

上以宗翰破遼，經略夏國奉表稱藩，深嘉其功，以馬十匹，使宗翰自擇二匹，餘賜群帥。及斡魯奏宋不遣歲幣户口事，且將渝盟，不可不備。太宗命宗翰取諸路户籍按籍索之。而闍母再奏宋敗盟有狀，[1]宗翰、宗望俱請伐宋。於是，諳班勃極烈杲領都元帥，[2]居京師，宗翰爲左副元帥，自太原路伐宋。[3]

[1]闍母：太祖異母弟。本書卷七一有傳。

[2]諳班勃極烈：女真朝官。直譯爲大勃極烈。金初例以儲嗣爲諳班勃極烈，太宗以諳班勃極烈即位後，以杲爲諳班勃極烈。都元帥：金天會三年（1125）十月，詔諸將伐宋，始置都元帥府，掌征討之事。都元帥府，設都元帥、左右副元帥，元帥左右監軍、左右都監等。都元帥爲從一品。左副元帥，正二品。

[3]太原路：指太原府路。太原府，治所在今山西省太原市。

宗翰發自河陰，[1]遂降朔州，克代州，[2]圍太原府。宋河東、陝西軍四萬救太原，敗于汾河之北，[3]殺萬餘人。宗望自河北趨汴，[4]久不聞問，遂留銀术可等圍太原，[5]宗翰率師而南。天會四年降定諸縣及威勝軍，[6]下隆德府實潞州。[7]軍至澤州，[8]宋使至軍中，始知割三鎮講和事。[9]路允迪以宋割太原詔書來，[10]太原人不受詔。宗翰取文水及盂縣，[11]復留銀术可圍太原。宗翰乃還山西。

[1]河陰：縣名。金大定七年（1167）更名山陰縣。治所在今山西省山陰縣的山陰城。

[2]代州：治所在今山西省代縣。

[3]汾河之北：指今山西省樓煩縣與太原市一綫之北。

[4]河北：指黄河以北燕山路。　汴：宋京師東京開封府，金初稱汴州或汴京，也簡稱爲汴。治所在今河南省開封市。

[5]銀术可：宗室子。本書卷七二有傳。

[6]天會：金太宗及金熙宗初年號（1123—1135，1135—1137）。原脱“天會四年”四字，從中華點校本補。　威勝軍：宋軍州名。金天會六年（1128）升爲沁州。治所在今山西省沁縣。

[7]隆德府：宋府名。金爲潞州，治所在今山西省長治市。實：意爲“是”，似作“充實”解爲宜。

[8]澤州：治所在今山西省晋城市。

[9]三鎮：指宋之太原府、中山府、河間府。

[10]路允迪：宋人。時爲宋兵部尚書簽書樞密院事。

[11]文水：縣名。治所在今山西省文水縣。　盂縣：治所在今山西省盂縣。

宋少帝誘蕭仲恭貽書余睹，[1]以興復遼社稷以動之。蕭仲恭獻其書，詔復伐宋。八月，宗翰發自西京。九月丙寅，宗翰克太原，執宋經略使張孝純等。[2]鶻沙虎取平遥，[3]降靈石、介休、孝義諸縣。[4]十一月甲子，宗翰自太原趨汴，降威勝軍，克隆德府，遂取澤州。撒剌荅等先已破天井關，[5]進逼河陽，[6]破宋兵萬人，降其城。宗翰攻懷州，[7]克之。丁亥，渡河。閏月，宗翰至汴，與宗望會兵。宋約畫河爲界，復請修好。不克和。丙辰，銀朮可等克汴州。辛酉，宋少帝詣軍前，舍青城。[8]十二月癸亥，少帝奏表降。詔元帥府曰："將帥士卒立功者，第其功之高下遷賞之。其殞身行陣，没於王事者，厚卹其家，賜贈官爵務從優厚。"使勗就軍中勞賜宗翰、宗望，[9]使皆執其手以勞之。[10]五年四月，[11]以宋二主及其宗族四百七十餘人及珪璋、寶印、衮冕、車輅、祭器、大樂、靈臺、圖書，[12]與大軍北還。七月，賜宗翰鐵券，[13]除反逆外，餘皆不問，賜與甚厚。

[1]宋少帝：宋欽宗趙桓。　蕭仲恭：遼宗戚子弟，母遼道宗季女，於天會三年（1125）降金。本書卷八二有傳。　貽書余睹：《三朝北盟會編》卷五八引《靖康要盟録》，載有宋少帝與耶律余睹蠟書全文。

[2]張孝純：宋人。時爲宋經略使兼太原知府，城破被執，既而降金。

[3]鶻沙虎：昭祖孫，辭不失子。　平遥：縣名。治所在今山西省平遥縣。

[4]靈石：縣名。治所在今山西省靈石縣。　介休：縣名。治所在今山西省介休市。　孝義：縣名。治所在今山西省孝義市。

[5]撒剌荅：女真部將。　天井關：澤州晋城縣有天井關，在今山西省晋城市西南。

[6]河陽：孟州倚郭縣。治所在今河南省孟縣。

[7]懷州：治所在今河南省沁陽市。

[8]青城：在今河南省開封市區南。

[9]昂：穆宗第五子。本書卷六六有傳。

[10]執其手以勞之：遼金皆有此俗。《遼史國語解》："將帥有克敵功，上親執手慰勞。若將在軍，則遣人代行執手禮。優遇之意。"

[11]五年四月：原脱"五年"二字，從中華點校本補。

[12]宋二主：宋徽宗趙佶與宋欽宗趙桓。

[13]鐵券：以鐵爲之，狀如卷瓦。刻字畫欄，填之以金。外以御寶爲合，半留内府，以賞殊功。

宗翰奏河北、河東府鎮州縣，[1]請擇前資官良能者任之，以安新民。上遣耶律暉等從宗翰行，[2]詔黄龍府路、南路、東京路，[3]於所部各選如耶律暉者遣之。宗翰遂趨洛陽。[4]宋董植以兵至鄭州，[5]鄭州人復叛。宗翰使諸將擊董植軍，復取鄭州。遂遷洛陽、襄陽、潁昌、汝、鄭、均、房、唐、鄧、陳、蔡之民於河北，[6]而遣婁室平陝西州郡。[7]是時河東寇盜尚多，宗翰乃分留將士，夾河屯守，而還師山西。昏德公致書：[8]"請立趙氏，奉職修貢，民心必喜，萬世利也。"宗翰受其書而不答。

[1]河北、河東：指河北東西兩路與河東南北兩路，相當於今河北與山西兩省之地。

[2]耶律暉：契丹人。後於熙宗時嘗任行臺平章政事。

[3]黄龍府路：即天德間所稱的濟州路。治所在今吉林省農安縣城。　南路：即國初的咸州路，置都統司。治所在今遼寧省開原市老城鎮。　東京路：天會間東南路都統司嘗治於此。治所遼陽

府，在今遼寧省遼陽市。

[4]洛陽：河南府倚郭縣。治所在今河南省洛陽市。

[5]董植：宋人。本書僅見於本卷。　鄭州：治所在今河南省鄭州市。

[6]襄陽：府名。治所在今湖北省襄陽縣。　潁昌：府名。即許州，治所在今河南省許昌市。　汝：州名。治所在今河南省汝州市。　均：州名。治所在今湖北省鄖縣東。　房：州名。治所在今湖北省房縣。　唐：州名。治所在今河南省唐河縣。　鄧：州名。治所在今河南省鄧州市。　陳：州名。治所在今河南省淮陽縣。　蔡：州名。治所在今河南省汝南縣。

[7]陝西：陝原及其以西。宋爲永興路，金爲鄜延路與京兆府路。今陝西省一帶。

[8]昏德公致書：昏德公，指宋徽宗趙佶。1127 年爲金兵所俘，1128 年金太宗封其爲昏德公。此時宋徽宗尚未封昏德公，此稱呼不確。書載《太上道君北狩行録》，《建炎以來繫年要録》卷一六有引文。或謂經秦檜潤色，書詞彼此不同，徽宗無致書之事。《續資治通鑑》卷一〇二《考異》，據《金史》卷七四《宗翰傳》謂，“徽宗致意宗翰，實有其事”。

康王遣王師正奉表，[1]密以書招誘契丹、漢人。獲其書奏之，太宗下詔伐康王。河北諸將欲罷陝西兵，併力南伐。河東諸將不可，曰：“陝西與西夏爲鄰，事重體大，兵不可罷。”宗翰曰：“初與夏約夾攻宋人，而夏人弗應。而耶律大石在西北，[2]交通西夏。吾舍陝西而會師河北，彼必謂我有急難。河北不足虞，宜先事陝西，略定五路，[3]既弱西夏，然後取宋。”宗翰蓋有意于夏人也。議久不決，奏請于上。上曰：“康王構當窮其所往而追之。俟平宋，當立藩輔如張邦昌者。[4]陝右之地，亦未可置而不取。”於是婁室、蒲察帥師，[5]繩果、婆盧火監戰，[6]平陝西。銀朮可守太原，耶律余睹留西京。

[1]康王：宋高宗趙構。　王師正：宋人。本書僅此一見。《殿本考證》：“按《太宗紀》詔伐康王在天會六年七月，維時爲宋建炎二年。《交聘表》並未載有王師正奉表事。考《宋史》及《通鑑》《北盟會編》諸書，康王嗣位後即遣傅雱通問河東帥府，繼之者王倫、朱弁諸人，亦未有所謂王師正者。豈以王倫字正道而遂致訛耶？今闕疑。”

[2]耶律大石：遼太祖八代孫。嘗擢翰林，遼以翰林爲林牙，又稱大石林牙。遼末西遷自立爲王，後稱帝，世號西遼。本書卷一二一《粘割韓奴傳》有較詳記載，《遼史》卷三〇有紀。

[3]五路：指宋涇原、秦鳳、熙河等陝西五路。

[4]張邦昌：宋永静軍東光人。原爲宋太宰，金天會五年(1127)三月，金立爲大楚皇帝。本書卷七七、《宋史》卷四七五皆有傳。

[5]蒲察：即前文所見戰於西京的穆宗子蒲察。

[6]繩果：女真人。與金天會二年七月已逝的宗峻繩果同名。婆盧火：女真人。與安帝五代孫婆盧火同名。

宗翰會東軍于黎陽津，[1]遂會睿宗于濮。[2]進兵至東平，[3]宋知府權邦彦棄家宵遁，[4]降其城，駐軍東平東南五十里。復取徐州。[5]先是，宋人運江、淮金幣皆在徐州官庫，盡得之，分給諸軍。襲慶府來降。[6]宋知濟南府劉豫以城降于撻懶。[7]迺遣拔离速、烏林荅泰欲、馬五襲康王于揚州。[8]未至百五十里，馬五以五百騎先馳至揚州城下。康王聞兵來，已於前一夕渡江矣。於是，康王以書請存趙氏社稷。先是，康王嘗致書元帥府，稱“大宋皇帝構致書大金元帥帳前”。至是迺貶去大號，自稱“宋康王趙構謹致書元帥閤下”。其四月、七月兩書皆然。[9]元帥府答其書，招之使降。於是，撻懶、宗弼、拔离速、馬五等分道南伐。[10]宗弼之軍渡江取建康，[11]入于杭州。[12]康王入海，阿里、蒲盧渾等自明州行海三百里，[13]追之弗及。宗弼迺還。其後宗翰欲用徐文策伐江南，[14]睿宗、宗弼議不合，乃止。語在《劉豫傳》。[15]歸德叛，都統大纟, 里平之。[16]

[1]東軍：指山西之東的河北諸軍。　黎陽津：在今河南省濬縣。

[2]睿宗：廟號。名宗輔，時爲右副元帥。本書卷一九有紀。　濮：據本書卷三《太宗紀》會於濮之後十五日方取濮州。此濮當指濮水之濱，即今河南省濬縣以東之地。

[3]東平：府名。治所在山東省東平縣。

[4]權邦彦：宋人。時爲宋寶文閣直學士、京東西路安撫制置使、東平府知軍府事。

[5]徐州：治所在今江蘇省徐州市。

[6]襲慶府：治所在今山東省兖州市。

[7]濟南府：治所在今山東省濟南市。　劉豫：宋景州阜城人。金天會六年（1128）冬以濟南府降金，八年九月立其爲大齊皇帝。本書卷七七、《宋史》卷四七五皆有傳。

[8]拔离速：宗室子，銀术可弟。本書卷七二有傳。　烏林荅泰欲：女真人。鎮國上將軍衍慶亞次功臣。　馬五：契丹人。耶律

氏，金吾衛上將軍衍慶亞次功臣。　揚州：宋州名。治所在今江蘇省揚州市。

[9]四月、七月：指金天會七年（1129）的四月、七月。

[10]宗弼：本名兀朮。太祖第四子。本書卷七七有傳。

[11]建康：宋府名。治所江寧城，即今江蘇省南京市。

[12]杭州：宋州名。後改稱臨安府，治所在今浙江省杭州市。

[13]阿里、蒲盧渾：二人名。皆女真部將。　明州：宋州名。治所在今浙江省寧波市。

[14]徐文：宋人。官宋閤門宣贊舍人、御前忠鋭第七將，明州守將，金天會十一年（1133）叛宋奔劉齊。本書卷七九有傳。

[15]語在《劉豫傳》：本書卷七七《劉豫傳》載，宗翰以爲可伐，並責宗弼務偷安樂。睿宗亦不肯用劉豫策。撻懶率師至瓜洲而還。然《宋史》卷四七五《劉豫傳》却載，劉豫請師，"粘罕（宗翰）、希尹難之，獨宗輔（睿宗）以爲可"。兩書所載互異。

[16]歸德叛，都統大糺里平之：施國祁《金史詳校》卷七謂"'歸德叛都統大糺里平之'，十字當削。案此係宗弼傳文，非史官誤入，即胥手誤鈔。亦不詳其故"。然查之本書卷七七《宗弼傳》，事在渡江前歸德未降時，當海敗其城中出奔者，降歸德。此歸德，則爲宗弼還自江南後歸德復叛之時，大糺里平之。雖爲一地，但異時異事。施説失察。歸德，府名，治所在今河南省商丘市。大糺里，似本書卷五《海陵紀》、卷六三《后妃傳》、卷一三三《秉德傳》的宗翰孫秉德弟糺里。大爲别稱，糺里爲其人名。

初，太宗以斜也爲諳班勃極烈，天會八年，斜也薨，久虚此位。而熙宗宗峻子，[1]太祖嫡孫，宗幹等不以言太宗，而太宗亦無立熙宗意。宗翰朝京師，謂宗幹曰："儲嗣虚位頗久，合剌先帝嫡孫，當立，不早定之，恐授非其人。宗翰日夜未嘗忘此。"遂與宗幹、希尹定議，入言於太宗，請之再三。太宗以宗翰等皆大臣，義不可奪，乃從之，遂立熙宗爲諳班勃極烈。於是，宗翰爲國論右勃極烈，[2]兼都元帥。

[1]熙宗：廟號。本名合剌，漢名亶。1135 年至 1149 年在位。本書卷四有紀。

[2]國論右勃極烈：女真朝官。金天會十年（1132）始置國論左右勃極烈，相當於國之左右相。

熙宗即位，[1]拜太保、尚書令，[2]領三省事，[3]封晉國王。[4]乞致仕，詔不許。天會十四年薨，[5]年五十八。追封周宋國王。[6]正隆二年，[7]例封金源郡王。[8]大定間，[9]改贈秦王，[10]謚桓忠，[11]配享太祖廟廷。

[1]熙宗即位：施國祁《金史詳校》卷七謂“此下當加‘入朝’。案據《大金集禮》當在天會十三年二月”。

[2]太保：三師之一。師範一人，儀刑四海。正一品。　尚書令：尚書省最高長官。總領紀綱，儀刑端揆。正一品。按，宗翰未任此官，時任尚書令者爲宗磐。此爲衍文。

[3]領三省事：領中書、門下、尚書三省决策、審議、執行之事。

[4]晉國王：封國名。天眷格，大國封號《大金集禮》第六、《金史·百官志》第五爲晉。

[5]天會十四年薨：據本書卷四《熙宗紀》，“十四”爲“十五”之誤。

[6]周宋國王：封國名。周爲皇統間新增的大國封號，宋爲天眷格大國封號《大金集禮》第四、《金史·百官志》第三。

[7]正隆：金海陵王年號（1156—1161）。

[8]金源郡王：封爵名。正一品曰郡王，郡王封號之首爲金源。

[9]大定：金世宗年號（1161—1189）。

[10]秦王：封國名。天眷格，大國封號第五位，大定格，大國封號第四爲秦。

[11]桓忠：《大金國志》作“忠獻”，與此異。

孫秉德、斜哥。[1]秉德别有傳。

[1]孫秉德、斜哥：本書卷一三三《秉德傳》謂，秉德“弟特里、糺里”，本傳失載。

斜哥，累官同知曷蘇館節度使事。[1]大定初，除刑部侍郎，[2]充都統，[3]與副統完顏布輝自東京先赴中都，[4]輒署置官吏，私用官中財物。世宗至中都，事覺，斜哥當死，布輝當除名。[5]詔寬減，斜哥除名，布輝削兩階，[6]解職。

[1]同知曷蘇館節度使事：節度使佐貳，通判節度使事。正五品。曷蘇館，路名，金初曷蘇館治所在遼陽府鶴野縣的長宜鎮，即今遼寧省蓋州市東南。金天會七年（1129）徙治寧州，即今遼寧省瓦房店市永寧鎮。一説在今遼寧省大連市金州區南。

[2]刑部侍郎：刑部尚書佐貳。正三品。

[3]都統：當是大定初自東京赴中都的行軍臨時都統。

[4]完顏布輝：始祖兄阿古迺之後，余里也長子。海陵伐宋，半道亡歸，謁世宗於東京遼陽府。見本書卷六六《合住傳》。　中都：金京師。治所在今北京市。

［5］除名：除去名籍，取消原有身份。《唐律》，除名者須待六年後聽再録用。

［6］兩階：金代文武官資共分正從九品四十二階。

二年，起爲大宗正丞，[1]除祁州刺史。[2]坐贓枉法，當死，詔杖一百五十，除名。遣左衛將軍夾谷查刺諭斜哥曰：[3]“卿何面目至鄉中與宗族相見。今徙鄜州，[4]以家人自隨，俟汝身死，聽家人從便。”久之，起同知興中尹，[5]遷唐括部族節度使，[6]歷開遠、順義軍。[7]

［1］大宗正丞：大宗正府屬官。二員，分司上京長貳，兼管臨潢以東六司屬。從四品。

［2］祁州：治所在今河北省安國市。　刺史：掌同府尹兼治州事。正五品。

［3］左衛將軍：殿前都點檢司屬官。掌宫禁及行從宿衛警嚴，仍總領護衛。　夾谷查刺：本書卷八六有傳。

［4］鄜州：治所在今陝西省富縣。

［5］同知興中尹：即府的次長官，或佐貳官。正四品。興中，治所在今遼寧省朝陽市。

［6］唐括部族節度使：屬西京路。金承安三年（1198）改爲部羅火扎石合節度使。諸部族節度使，統制各部，鎮撫諸軍，餘同州節度使，從三品。

［7］開遠：節鎮名。置雲内州，《中國歷史地圖集》云置於今内蒙古自治區土默特左旗東南。《中國歷史地名大辭典》認爲在今内蒙古自治區托克托縣東北古城鄉白塔村古城（史爲樂《中國歷史地名大辭典》，中國社會科學出版社 2005 年版，第 318 頁）。　順義軍：節鎮名。置朔州，治所在今山西省朔州市。諸節鎮節度使，掌鎮撫諸軍防刺，總判本鎮兵馬之事，兼本州管内觀察使事，從

三品。

斜哥前在雲内受贓，[1]御史臺劾奏。上謂宰臣曰："斜哥今三犯矣，蓋其資質鄙惡如此。"令强幹吏鞫之。獄成，法當死。上曰："斜哥祖父秦王宗翰有大功，特免死，杖一百五十，除名。"久之，復起爲勸農副使。[2]

[1]前在雲内：指前任開遠軍節度使。

[2]勸農副使：勸農使佐貳，與使共掌勸課天下力田之事。正五品。

贊曰：宗翰内能謀國，外能謀敵，決策制勝，有古名將之風。臨潢既捷，諸將皆有怠忽之心，而請伐不已。越千里以襲遼主，諸將皆有畏顧之心，而請期不已。觀其欲置江、淮，專事陝服，當時無有能識其意者。甫釋干戈，斂衽歸朝，以定熙宗之位，精誠之發，孰可掩哉。

宗望本名斡魯補，[1]又作斡离不，太祖第二子也。[2]每從太祖征伐，常在左右。

[1]宗望：《大金國志》卷二七《斡离不傳》，誤認爲其漢名爲宗傑。

[2]太祖第二子：本書卷一九《世紀補》謂，太祖第二子爲宗峻。《大金國志》卷二七《斡离不傳》又謂，"乃武元第四子，江南誤呼作二太子"。

都統杲已克中京，[1]宗翰在北安州，獲遼護衛習泥烈，知遼主在鴛鴦濼，宗翰請襲之。杲出青嶺，遼兵三百餘掠降人家貲。宗望曰："若生致此輩，可審得遼主所在虛實。"遂與宗弼率百騎進。騎多罷乏，[2]獨與馬和尚逐越盧、孛古、野里斯等，[3]留一騎趣後軍，即馳擊敗之，生擒五人。因審遼主尚在鴛鴦濼未去無疑也，於是進兵。宗翰倍道兼行，追遼主于五院司，不及。婁室等追之至白水濼，[4]遼主走陰山。[5]遼秦晉國王捏里自立于燕京。[6]新降州部，人心不固，杲使宗望請太祖臨軍。

[1]中京：原作"中都"，從中華點校本改。

[2]罷乏：罷，通"疲"。

[3]馬和尚：奚人。猛安部將。　越盧、孛古：兩人名。　野里斯：人名。似即雅里斯。

[4]白水濼：今内蒙古自治區察哈爾右翼前旗東北的黄旗海。

[5]陰山：今河套以北大漠以南諸山，統稱陰山。《遼史》卷二九《天祚紀三》則作"夾山"，或謂夾山在今内蒙古自治區土默特右旗薩拉齊鎮西北。

[6]秦晉國王：遼封爵名。　捏里：即耶律淳，遼興宗第四孫。《遼史》卷三〇有紀。

宗望至京師，[1]百官入賀。上曰："宗望與十餘騎經涉兵寇數千里，可嘉也。"上宴群臣，歡甚。宗望奏曰："今雲中新定，諸路遼兵尚數萬，遼主尚在陰山、天德之間，[2]而捏里自立于燕京，新降之民，其心未固，是以諸將望陛下幸軍中也。"上曰："懸軍遠伐，授以成算，豈能盡合機事。朕以六月朔啓行。"[3]既次大濼西南，[4]杲使希尹奏請徙西南招討司諸部于内地。上顧謂群臣曰："徙諸部人當出何路?"宗望對曰："中京殘弊，芻粮不給，由上京爲宜。[5]然新降之人，遽爾騷動，未降者必皆疑懼。勞師害人，所失多矣。"上京謂臨潢府也。上迺下其議，命軍帥度宜行之。

[1]京師：初爲會寧州，太宗以建都升爲府，天眷元年（1138）號上京。治所在今黑龍江省阿城市白城子。

[2]天德：即天德軍，置豐州，治所在今内蒙古自治區呼和浩特市東南白塔村。

[3]六月：指天輔六年（1122）六月。

[4]大濼：即大水濼，在今内蒙古自治區克什克騰旗西達里諾爾。

[5]上京：指遼上京臨潢府。治所在今内蒙古自治區巴林左旗林東鎮南波羅城舊址。

上聞遼主在大魚濼，[1]自將精兵萬人襲之。蒲家奴、宗望率兵四千爲前鋒，晝夜兼行，馬多乏，追及遼主于石輦驛。[2]軍士至者才千人，遼軍餘二萬五千。方治營壘，蒲家奴與諸將議。余睹曰："我軍未集，人馬疲劇，未可戰。"宗望曰："今追及遼主而不亟戰，日入而遁，則無及。"遂戰。短兵接，遼兵圍之數重，士皆殊死戰。遼主謂宗望兵少必敗，遂與嬪御皆自高阜下平地觀戰。余睹示諸將曰："此遼主麾蓋也。[3]若萃而薄之，可以得志。"騎兵馳赴之，遼主望見大驚，即遁去，遼兵遂潰。

宗望等還。上曰："遼主去不遠，亟追之。"宗望以騎兵千餘追之，蒲家奴爲後繼。

［1］大魚濼：又作大漁濼。據本書卷二四《地理志上》，應在撫州柔遠境内。柔遠縣，治所在今河北省張北縣。

［2］石輦驛：地名。亦作"石輦鐸"，據本書卷二《太祖紀》與《遼史》卷二九《天祚紀三》，距居延北不甚遠，其地不可確指。

［3］遼主麾蓋：遼主儀仗中的旗幟傘蓋。《遼史》卷一一四《蕭特烈傳》："金兵望日月旗，知天祚在其下，以勁兵直趨奮擊，無敢當者。"

太祖已定燕京，斡魯爲都統，宗望副之，襲遼主于陰山、青冢之間。[1]宗望、婁室、銀术可以三千軍分路襲之。將至青冢，遇泥濘，衆不能進。宗望與當海四騎以繩繫遼都統林牙大石，[2]使爲鄉導，直至遼主營。時遼主往應州，[3]其嬪御諸女見敵兵奄至驚駭欲奔，命騎下執之。有頃，後軍至。遼太叔胡盧瓦妃，[4]國王捏里次妃，[5]遼漢夫人，[6]并其子秦王、許王，[7]女骨欲、餘里衍、斡里衍、大奥野、次奥野，[8]趙王妃斡里衍，[9]招討迪六，[10]詳穩六斤，[11]節度使孛迭、赤狗兒皆降。[12]得車萬餘乘。惟梁王雅里及其長女乘軍亂亡去，[13]婁室、銀术可獲其左右輿帳，進至掃里門，[14]爲書以招遼主。

［1］青冢：指漢王昭君墓，在今内蒙古自治區呼和浩特市。

［2］當海：女真人。嘗先後在宗望與宗弼麾下爲軍帥。

[3]應州：治所在今山西省應縣。

[4]胡盧瓦：又作和魯斡，遼興宗第二子，秦晋國王耶律淳父，遼乾統三年（1103）册爲皇太叔。

[5]捏里：即秦晋國王耶律淳，興宗第四孫。《遼史》卷三〇有紀。

[6]遼漢夫人：不詳。

[7]秦王、許王：即天祚第五子秦王定與第六子許王寧。

[8]骨欲、餘里衍、斡里衍、大奥野、次奥野：皆爲遼天祚帝之女。天祚共六女，先後爲金所獲。餘里衍，即賜於宗望的遼蜀國公主。

[9]趙王妃：即遼天祚帝第四子習泥列之妃。

[10]招討：遼邊區部族軍長官。

[11]詳穩：遼諸官府監治長官。

[12]節度使：遼諸節鎮長官。總領兵馬之事，兼行政長官。赤狗兒：耶律赤狗兒。

[13]梁王雅里：天祚帝第二子。封梁王。天祚帝奔夏，衆推雅里爲帝，改元神曆。《遼史》卷三〇有紀。“梁王”，原作“寧王”，從中華點校本改。

[14]掃里門：地名。《遼史》作掃里闕。時天祚帝已由青冢往應州，掃里門應在今内蒙古自治區呼和浩特市東南，山西省應縣西北，具體地點待考。

遼主自金城來，[1]知其族屬皆見俘，率兵五千餘决戰。宗望以千兵擊敗之。遼主相去百步，遁去。獲其子趙王習泥烈及傳國璽。追二十餘里，盡得其從馬，而照里、特末、胡巴魯、背荅别獲牧馬萬四千匹、車八千乘。[2]及獻傳國璽于行在，太祖曰：“此群臣之功也。”遂置璽于懷中，東面恭謝天地，乃大録諸帥功，加賞焉。

[1]金城：縣名。治所在今山西省應縣。

[2]照里：女真人。紇石烈氏，斡魯麾下部將。　特末：契丹人。天輔二年（1118）降金，原作"特未"，從中華點校本改。　胡巴魯：人名。又作鶻巴魯，天會九年（1131）正月討張萬敵，陷於敵。　背荅：人名。斡魯麾下部將。

遼主乃使謀盧瓦持兔鈕金印請降。[1]宗望受之，視其文，迺"元帥燕國王之印"也。宗望復以書招之，諭以石晋北遷事。[2]遂使使諭夏國，示以和好，所以沮疑其救遼之心也。宗望趨天德，遼耶律慎思降。[3]及候人吴十回，[4]皆言夏國迎護遼主度大河矣。宗望迺傳檄夏國曰："果欲附我，當如前諭，執送遼主。若猶疑貳，恐有後悔。"及遼秦王等以俘見太祖，太祖嘉宗望功，以遼蜀國公主餘里衍賜之。

[1]謀盧瓦：遼牌印郎君。

[2]石晋北遷事：後晋出帝石重貴降遼，由開封遷往建州境内安置一事。石晋，五代時沙陀部人石敬瑭所建的後晋。

[3]耶律慎思：契丹人。完顔元宜父，原爲遼知北院樞密使事，天輔七年（1123）降金，賜姓完顔，官至儀同三司。

[4]候人：也稱候吏，迎送敵國賓客的官吏。　吴十：遼人。降金後於天眷二年（1139）六月，以謀反罪伏誅。

闍母與張覺戰，[1]大敗於兔耳山。[2]上使宗望問狀，就以闍母軍討張覺，降瀕海郡縣。遂與覺戰于南京城東。[3]覺敗，宵遁奔宋，語在《覺傳》。城中人執覺父及其二子來獻，宗望殺之。使以詔書宣諭城中張敦固等出降。[4]使使與敦固俱入城收兵仗，城中人殺使者，立敦固爲都統，劫府庫，掠居民，乘城拒守。太宗賞破張覺功及有功將士，各有差。

[1]張覺：遼平州義豐人。又作張㲄，降金後爲南京留守，後叛金入宋。本書卷一三三有傳。

[2]兔耳山：本書卷二四《地理志上》"中都路順州温陽"條謂，舊名懷柔，有兔耳山，此山當在今北京市順義區境。

[3]南京：金天輔七年（1123）以燕京地與宋，遂以平州爲南京。治所在今河北省盧龍縣。

[4]張敦固：張覺部將。金天會二年（1124）五月，克南京，爲闍母所殺。

初，張覺奔宋，入于燕京，宗望責宋人納叛人，且徵軍粮。久不聞問，宗望欲移書督之，請空名宣頭千道，增信牌，安撫新降之民。詔以"新附長吏職員仍舊。已命諸路轉輸軍粮，勿督於宋。給銀牌十、空名宣頭五十道。及遷、潤、來、隰四州人徙于瀋州者，[1]俟畢農各復其業"。乃詔咸州輸粟宗望軍。[2]

[1]遷：州名。治所在今河北省秦皇島市東北。　潤：州名。治所在今河北省秦皇島市西。　來：州名。治所在今遼寧省綏中縣西南。　隰：州名。治所在今遼寧省綏中縣東北。　瀋州：治所在今遼寧省瀋陽市。

[2]咸州：金初咸州路置都統司，治所在今遼寧省開原市老

城鎮。

張敦固以兵八千分四隊出戰，大敗。宗望再三開諭，敦固等曰："屢嘗拒戰，不敢遽降。"宗望許其望闕遥拜，敦固乃開其一門。宗望使闍母奏其事，乃下詔赦南京官民，大小罪皆釋之，官職如舊。别勅有司輕徭賦，勸稼穡，疆埸之事一决於宗望。又曰："議索張覺及逋亡户口於宋。聞比歲不登，若如舊徵斂，恐民匱乏，度其粮數賦之。射粮軍願爲民者，[1]使復田里。小大之事關白軍帥，無得專達朝廷。"詔宗望曰："選勳賢及有民望者爲南京留守及諸闕員，仍具姓名官階以聞。"是時，遷、潤、來、隰四州之民保山砦者甚衆，宗望乞選良吏招撫。上從之。

[1]射粮軍：諸路所募地方軍。應募者爲年十七以上，三十以下，身體强壯者。兼充雜役，月給例物。

上召宗望赴闕，而闍母克南京，兵執僞都統張敦固，殺之。南京平，赴京師。於是，宗翰請無割山西地與宋，斡魯亦言之。闍母論奏宋渝盟有驗，不可不備。及宗望還軍，上曰："徵歲幣於宋，以銀二十萬兩、絹三十萬匹分賜爾軍及六部、東京諸軍。"[1]宗望至軍，宋兵三千自海道來，破九寨，殺馬城縣戍將節度使度盧斡，[2]取其銀牌兵仗及馬而去。宗望索户口，宋人弗遣，且聞童貫、郭藥師治軍燕山。[3]宗望奏請伐宋曰："苟不先之，恐爲後患。"宗翰亦以爲言。故伐宋之策，宗望實啓之。

[1]爾軍：指南京路或燕山路宗望軍。　六部：指六部路撻懶軍。平奚時嘗置奚路都統司，後改爲六部路都統司，以撻懶爲軍帥，總領此前六部奚衆。　東京：指東京路諸軍。

[2]馬城縣：灤州屬縣。治所在今河北省灤南縣東北三十五里馬城鎮。　度盧斡：人名。僅此一見。

[3]郭藥師：鐵州渤海人。本書卷八二有傳。

宗望爲南京路都統，闍母副之，自燕山路伐宋。宗望奏曰："闍母於臣爲叔父，請以闍母爲都統，臣監戰事。"上從之。以宗望監闍母、劉彥宗兩軍戰事。[1]宗望至三河，[2]破郭藥師兵四萬五千于白河，[3]蒲莧敗宋兵三千于古北口，[4]郭藥師降。遂取燕山府，盡收其軍實，馬萬匹、甲胄五萬、兵七萬，州縣悉平。宋中山戍將王彥、劉璧率兵二千來降。[5]蒲察、繩果以三百騎遇中山三萬人於阨隘之地，力戰，死之。[6]术烈速、活里改軍繼至，[7]殺二萬餘人。宗望破宋真定兵五千人，[8]遂克信德府，[9]次邯鄲。[10]宋李鄴請修舊好，[11]宗望留軍中不遣。

[1]劉彥宗：大興宛平人。時爲知樞密院事，兼領漢軍都統。本書卷七八有傳。

[2]三河：縣名。治所在今河北省三河市。

[3]白河：即今河北省三河市西的潮白河。

[4]蒲莧：女真部將。　古北口：今北京市密雲縣東北長城關隘。

[5]中山：府名。治所在今河北省定州市。　王彦：宋人。本書僅此一見。　劉璧：宋人。本書僅此一見。

[6]力戰，死之：此句有錯落。燕山州縣悉平與中山降，皆在金天會三年（1125）十二月。天會六年，繩果仍在陝西監戰。天會九年正月，蒲察陷於白馬湖。此"力戰死之"，當爲"力死戰之"（王可賓《穆宗子蒲察事迹考略》，《北方文物》1998年第3期）。

[7]术烈速、活里改軍：术烈速，女真部將。見於本書卷七一《闍母傳》、卷七七《宗弼傳》、卷八〇《斜卯阿里傳》。活里改，本書僅此一見，似爲人名。

[8]真定：府名。治所在今河北省正定縣。

[9]信德府：金天會七年（1129）降爲邢州。治所在今河北省邢臺市。

[10]邯鄲：縣名。治所在今河北省邯鄲市。

[11]李鄴：宋人。官給事中，天會三年（1125）十二月，來金請復修好，留而不遣，後仕劉齊爲官。

自郭藥師降，益知宋之虚實，宗望請以爲燕京留守。及董才降，[1]益知宋之地里，宗望請任以軍事。太宗俱賜姓完顏氏，皆給以金牌。

[1]董才：宋降臣。天會四年（1126）正月，太宗賜姓完顏氏。

四年正月己巳，諸軍渡河，取滑州。[1]使吴孝民入汴，[2]以詔書問納平州張覺事，令執送童貫、譚稹、詹度，[3]以黄河爲界，納質奉貢。癸酉，諸軍圍汴。宋少帝請爲伯姪國，効質納地，增歲幣請和。遂割太原、中山、河間三鎮，[4]書用伯姪禮，以康王構、太宰張邦昌爲質。[5]沈晦以誓書、三鎮地圖至軍中，[6]歲幣割地一依定約，語在宋事中。

[1]滑州：治所在今河南省滑縣。

[2]吴孝民：燕人。《三朝北盟會編》卷二八引鄭望之《靖康城下奉使録》，載有吴孝民入汴事。

[3]譚稹：宋首謀平山者。　詹度：亦爲宋首謀平山者，嘗爲宋知中山府事。

[4]河間：府名。治所在今河北省河間市。

[5]太宰張邦昌：太宰，宋宰相之稱。張邦昌，金天會五年（1127）三月，金立爲大楚皇帝。本書卷七七、《宋史》卷二三四，皆有傳。

[6]沈晦：宋著作佐郎，北宋靖康元年（1126，金天會四年）正月爲宋使至金軍中。

二月丁酉朔，與宋平，退軍孟陽。[1]是夜，姚平仲兵四十萬來襲。[2]候騎覺之，分遣諸將迎擊，大破平仲軍。復進攻汴城，問舉兵之狀。少帝大恐，使宇文虚中來辨曰：[3]"初不知其事，且將加罪其人。"宗望輟弗攻，改肅王樞爲質，[4]康王構遣歸。師還，河北兩鎮不下，[5]遂分兵討之。

[1]孟陽：孟州倚郭縣河陽。治所在今河南省孟縣。

[2]姚平仲：宋人。時爲宋京畿宣撫司都統制，佐宣撫使种師道節制四方勤王之兵。　兵四十萬：《續通鑑考異》謂，"此誇大之辭耳。趙甡之《遺史》作兵七千，《東都事略》作步騎萬人"。

[3]宇文虛中：蜀人。時爲宋資政殿大學士。後出使金朝被留，仕金。本書卷七八、《宋史》卷三七一皆有傳。

[4]肅王樞：宋徽宗第五子，質於金，後被挾北去。《宋史》卷二四六有傳。

[5]河北兩鎮：指河北的中山與河間兩鎮。

宗望罷常勝軍，[1]給還燕人田業，命將士分屯安肅、雄、霸、廣信之境。[2]宗望還山西。[3]未幾，爲右副元帥，[4]有功將士遷賞有差。

[1]常勝軍：遼末，募遼東人爲兵，號怨軍。耶律捏里自立，改名常勝軍。後其帥郭藥師率衆降宋，守燕山。金軍攻宋，又降金，宗望乃令罷還。《大金國志》卷二七《斡离不傳》謂，既行，宗望又"遣四千騎以搜檢器械爲名，于松亭關皆殺之"。

[2]安肅：州名。治所在今河北省徐水縣安肅鎮。　雄：州名。治所在今河北省雄縣。　霸：州名。治所在今河北省霸州市。　廣信：宋廣信軍，金天會七年（1129）改爲遂州。治所在今河北省徐水縣西遂城。

[3]宗望還山西：本書卷七一《闍母傳》亦謂"宗望還山西"，然山西與宗望無涉，《大金國志》卷四謂是時宗望"會於山後避暑議事"。疑"山西"爲"山後"之誤。

[4]右副元帥：位在都元帥與左副元帥之下。正二品。

頃之，宋少帝以書誘余睹，蕭仲恭獻其書，詔復伐宋。八月，宗望會諸將，發自保州。[1]耶律鐸破敵兵三萬于雄州，[2]殺萬餘人。那野敗宋軍七千於中山。[3]高六、董才破宋兵三千於廣信。[4]宋种師閔軍四萬人駐井陘，[5]宗望大破之，遂取天威軍。[6]東還，遂克真定，殺知府李邈，[7]得户三萬，降五縣。遂自真定趨汴。

[1]保州：治所在今河北省保定市。

[2]耶律鐸：契丹降將。

[3]那野：奚楚里迪部人。攻取中京時降金，天德四年（1152）爲海陵所殺。

[4]高六：遼統軍都監。天輔六年（1122）十二月，太祖伐燕京時降金。

[5]种師閔：《續通鑑考異》謂，《金史》以師道作師閔，“蓋傳聞之誤”。种師道，時爲宋兩河宣撫使。　井陘：縣名。治所在今河北省井陘縣北。

[6]天威軍：宋真定府井陘縣三寨之一。

[7]李邈：宋臨江軍清江人。時爲宋觀察使，知真定府事。《宋史》卷四四七有傳。

十一月戊辰，宗望至河上，降魏縣。[1]諸軍渡河，留諸將分出大名之境。降臨河縣，[2]至大名縣，[3]德清軍、開德府，[4]皆克之。阿里刮以騎兵三千先趨汴，[5]破宋軍六千于路。取胙城，[6]抵汴城下，覆宋兵千人，擒數將。宗望至汴，分遣諸將遏宋援兵，奔睹、那野、賽剌、臺實連破宋援兵。[7]閏月壬辰朔，宋兵一萬出自汴城來戰。宗望選勁勇五千，使當海、忽魯、雛鶻失擊敗之。[8]癸巳，宗翰自太原會軍于汴。丙辰，克汴州。辛酉，宋少帝詣軍前。十二月癸亥，宋帝奉表降。上使勗就軍中勞賜宗翰、宗望，使皆執其手以勞之。五年四月，[9]以宋二主及其宗族四百七十餘人，及珪璋、寶印、衮冕、車輅、祭器、大樂、靈臺、圖書，與大軍北還。

［1］魏縣：治所在今河北省魏縣。

［2］臨河縣：治所在今河南省内黄縣南。

［3］大名縣：治所在今河北省大名縣。

［4］德清軍：治所在今河南省清豐縣。　開德府：治所在今河南省濮陽市。

［5］阿里刮：宗望麾下軍帥。

［6］胙城：今河南省滑縣西南胙城。

［7］奔睹：漢名昂。景祖弟孛黑孫，斜葛子。本書卷八四有傳。賽剌：金將。與行人賽剌同名。　臺實：金將。本書僅此一見。

［8］忽魯：宗望子。漢名京。本卷有傳。　雛鶻失：遼天慶四年（1114）來降的兀惹人雛鶻室。

［9］五年四月：原脱“五年”，從中華點校本補。

宗望迺分諸將鎮守河北。董才降廣信軍及旁近縣鎮。宗望迺西上凉陘。[1]詔宗望曰：“自河之北，今既分畫。重念其民見城邑有被殘者，遂阻命堅守，其申諭招輯安全之。儻堅執不移，自當致討。若諸軍敢利於俘掠，輒肆毁蕩者，當底於罰。”

［1］凉陘：地名。在西京路桓州南。桓州治所最初在今内蒙古自治區正藍旗南黑城子。後北遷三十里建新桓州城，在今内蒙古自治區正藍旗北四郎城。

是月，[1]宗望薨。天會十三年，封魏王。[2]皇統三年，[3]進許國王，又徙封晋國王。[4]天德二年，[5]贈太師，[6]加遼燕國王，[7]配享太宗廟廷。正隆二年，例降封。大定三年，改封宋王，[8]謚桓肅。[9]子齊、京、文。[10]

[1]是月，宗望薨：施國祁《金史詳校》卷七謂“是當作六”。《建炎以來繫年要録》卷六引趙子砥《燕雲録》謂，死於七月，當是誤傳。

[2]魏王：封國名。天眷格，大國封號第九爲魏。

[3]皇統：金熙宗年號（1141—1149）。

[4]進許國王，又徙封晋國王：封國名。天眷格，大國封號第十二爲許，第九爲魏。《大金集禮》天眷格第六、《金史·百官志》第五爲晋。宗望由魏進封，應在魏、晋之間，或爲齊，或爲漢，不應降爲第十二位的許。

[5]天德：金海陵王年號（1149—1153）。

[6]太師：三師之首。師範一人，儀刑四海。正一品。

[7]遼燕國王：封國名。天眷格，大國封號第一爲遼，第二爲燕。

[8]宋王：封國名。天眷格，大國封號第四位，大定格，大國封號第三爲宋。

[9]桓肅：《大金國志》作“忠武”。又本書卷三一《禮志四》謂大定八年（1168）著勳衍慶功臣，圖畫太祖廟。

[10]子齊、京、文：據本卷《京傳》，文爲京之兄。其所以如此排序，施國祁《金史詳校》卷七謂，文“殆以所生母爲次”。

初，遼帝之奔陰山也，遼節度使和尚與林牙馬哥男慎思俱被擒，[1]都統杲使阿鄰護送得里底、和尚、雅里斯等入京師。[2]得里底道亡，太祖誅阿鄰。和尚弟道温爲興中尹，太祖使謾都本以兵千人與和尚往招之。[3]和尚欲亡去，不克，至興中城下，以矢繫書射城中，教道温毋降。事泄，謾都本責之曰：“汝何反覆如此?”對曰：“以忠報國，何反覆之有，雖死不恨。”迺殺之。既而宗望軍遇遼都統孛迭等，[4]道温在其中，相與隔水而語。宗望承制招之，孛迭唯諾，無降意。宗望謂道温曰：“汝兄和尚因戰而獲，未嘗加罪，後以叛誅，能無痛悼。”道温曰：“吾兄辱於見獲，榮於死國。”宗望顧馬和尚曰：“能爲我取此乎?”對曰：“能。”遂以所部渡水擊敗其衆，直趨道温，射中其臂，獲而殺之。

[1]遼節度使和尚：即本書卷七二《婁室傳》與卷七三《希尹傳》，金天輔六年（1122）棄中京而走的遼將。　林牙馬哥男慎思：慎思，林牙馬哥之子。據《遼史》卷二九《天祚紀三》，馬哥被執是在金太宗天會二年（1124）。太祖時被擒者，衹是其子慎思，即前文所見的耶律慎思。中華點校本誤以爲馬哥、慎思父子兩人，於太祖時俱被擒。

[2]阿鄰：女真人。本書有七、八人以阿鄰爲名。此阿鄰即本書卷二《太祖紀》天輔六年六月，以罪伏誅的阿鄰。　得里底：契丹人。即遼樞密使蕭得里底。原脱“里”字，從中華點校本補。　雅里斯：契丹人。即與節度使和尚棄中京而走的遼將雅里斯。

[3]謾都本：景祖孫，麻頗子。本書卷六五有傳。

[4]遼都統孛迭：遼人多有以孛迭爲名者。此都統孛迭，與前降金的節度使孛迭當爲二人。

齊本名受速，長身美髯。天眷三年，以宗室子授鎮國上將軍。[1]皇統元年，遷光禄大夫。[2]正隆六年，遷銀青榮禄大夫。[3]大定初，遷特進，[4]加安武軍節度使，[5]

留京師奉朝請。齊以近屬，上所寵遇，而性庸滯無材能。大定三年，罷節度官，給隨朝三品俸，累官特進。卒。

［1］鎮國上將軍：武散官。從三品下階。

［2］光禄大夫：文散官。從二品上階。

［3］銀青榮禄大夫：文散官。正二品下階。

［4］特進：文散官。從一品中次階。

［5］加安武軍節度使：冀州安武軍節度使。治所在今河北省冀州市。此當爲遥領之官銜。

弟京、弟文皆以謀反誅，[1]世宗盡以其家財産與齊之子斂住。[2]詔齊妻曰："汝等皆當緣坐，有至大辟及流竄者。朕念宋王，故置而不問，且以其家産賜汝子。宜悉朕意。"十五年，上召英王爽謂曰：[3]"卿於諸公主女子中爲斂住擇婚，其禮幣命有司給之。"俄襲叔父京山東西路徒毋堅猛安。[4]

［1］弟京、弟文皆以謀反誅：此句有脱訛。據本卷《京傳》與《文傳》，文謀反伏誅，京免緣坐。世宗以文家財産並京没入家産盡賜斂住。

［2］世宗：廟號。本名烏禄，漢名雍。1161 年至 1189 年在位。本書卷六至卷八有紀。

［3］英王：封國名。天眷格，次國封號第二十九位，《金史·百官志》，次國封號第二十八爲英。　爽：宗强子，時爲判大宗正事。本書卷六九有傳。

［4］山東西路徒毋堅猛安：猛安名。山東西路，治所在東平府，

即今山東省東平縣。徒毋堅猛安，日本學者三上次男認爲與本書卷一二〇《烏古論元忠傳》的“上京獨拔古”有關。待考。

京本名忽魯，以宗室子累遷特進。天德二年，除翰林學士承旨，[1]兼修國史，[2]加開府儀同三司。[3]遷工部尚書，[4]改禮部、兵部，判大宗正事，[5]封曹王，[6]除河間尹。正隆二年，例封瀋國公，[7]北京留守，[8]以喪去官。起復益都尹。[9]六年，坐違制，[10]立春日與徒單貞飲酒，[11]降灤州刺史。[12]未幾，改絳陽軍節度使。[13]海陵遣護衛忽魯往絳州殺之，[14]京由間道走入汾州境得免。[15]

[1]翰林學士承旨：翰林學士院長官。掌制撰詞令。正三品。

[2]修國史：爲國史院佐貳，掌修國史，判國史院事。

[3]開府儀同三司：文散官。從一品上階。

[4]工部尚書：尚書工部長官。正三品。

[5]判大宗正事：大宗正府長官。以皇族中屬親者充任，掌敦睦糾率宗屬，欽奉王命。從一品。《海陵紀》謂，貞元三年(1155)五月“命判大宗正事京等如上京，奉遷太祖、太宗梓宮。”本傳從略。

[6]曹王：封國名。天眷格、大定格、《金史・百官志》，大國封號第二十均爲曹。

[7]瀋國公：封爵名。從一品曰國公。天眷格，次國封號《大金集禮》第九、《金史・百官志》第七爲瀋。

[8]北京：置大定府，治所在今内蒙古自治區寧城縣西大明城。留守：帶本府尹兼治本路兵馬都總管。正三品。

[9]益都：府名。治所在今山東省青州市。

［10］違制：本書卷五《海陵紀》："禁朝官飲酒，犯者死。三國人使燕飲者罪。"

［11］徒單貞：女真人。本書卷一三二有傳。

［12］灤州：治所在今河北省灤縣。　刺史：掌同府尹兼治州事。正五品。

［13］絳陽軍節度使：置絳州，治所在今山西省新絳縣。

［14］海陵：封號。本名迪古迺，漢名亮。1149 年至 1161 年在位。本書卷五有紀。　護衛：天子衛士稱護衛。

［15］汾州：治所在今山西省汾陽縣。

世宗即位，來見于桃花塢。[1]復判大宗正事，封壽王。[2]二年正月戊辰朔，日食，伐鼓用幣，上不視朝，減膳徹樂。[3]詔京代拜行禮。世宗懲創海陵疏忌宗室，加禮京兄弟，情若同生。謂京等曰："朕每見天象變異，輒思政事之闕，寤寐自責不遑。凡事必審思而後行，猶懼獨見未能盡善，每令群臣集議，庶幾無過舉也。"是時，伐宋未罷兵，用度不足，百官未給全俸。京家人數百口，財用少。上聞之，賜金一百五十兩、重綵百端、絹五百匹。改西京留守，賜佩刀、厩馬。

［1］桃花塢：似在東京城。待考。

［2］壽王：封國名。大定格、《金史·百官志》，次國封號第二十九爲壽。

［3］徹：通"撤"。

京到西京，京妻嘗召日者孫邦榮推京禄命。[1]邦榮言留守官至太師，爵封王。京問："此上更無否？"邦榮曰：“止於此。”京曰：“若止於此，所官何爲。”邦榮察其意，乃詐爲圖讖，[2]作詩，中有“鶻魯爲”之語，[3]以獻於京。京曰：“後誠如此乎。”遂受其詩，再使卜之。邦榮稱所得卦有獨權之兆。京復使邦榮推世宗當生年月。家人孫小哥妄作謡言誑惑京，[4]如邦榮指，京信之。京妻公壽具知其事。[5]大定五年三月，孫邦榮上變。詔刑部侍郎高德基、户部員外郎完顔兀古出往鞫之。[6]京等皆款伏，獄成，還奏。上曰：“海陵無道，使光英在，[7]朕亦保全之，況京等哉。”於是，京夫婦特免死，杖一百，除名，嵐州樓煩縣安置，[8]以奴婢百口自隨，官給上田。[9]遣兀古出、劉珫宣諭京，[10]詔曰：“朕與汝皆太祖之孫。海陵失道，翦滅宗支，朕念兄弟無幾，於汝尤爲親愛，汝亦自知之，何爲而懷此心。朕念骨肉，不忍盡法。汝若尚不思過，朕雖不加誅，天地豈能容汝也。”十年四月，詔于樓煩縣，爲京作第一區，月給節度廩俸。[11]

[1]日者：以占候卜筮爲業的人。　孫邦榮：僅見本傳。　禄命：人生運數，這里指注定的福氣。禄指盛衰興廢，命指富貴貧賤。

[2]圖讖：讖是隱語，一般多附有圖，故稱“圖讖”，以推測未來，下文的“鶻魯爲”即此類隱語。

[3]鶻魯爲：鶻魯與忽魯同音，是京的本名。爲，有所作爲，或作“替代”解。意謂京當應上天符命，即下文所説的“獨權之兆”。

[4]家人孫小哥：家人，奴僕的通稱。

［5］京妻公壽：公壽，人名。僅此一見。

［6］刑部侍郎：正四品。 高德基：渤海人。本書卷九〇有傳。户部員外郎：從六品。 完顔兀古出：女真人。本書凡五見，金大定元年（1161）十二月，嘗以尚書右司員外郎爲詔諭高麗使。三年，以户部員外郎分道勸農，廉問職官臧否。

［7］光英：海陵子。本書卷八二有傳。

［8］嵐州樓煩縣：治所在今山西省婁煩縣。

［9］官給上田：中華點校本謂，《永樂大典》卷六七六五，“上”作“土”。

［10］劉琉：益都人。本書卷九七有傳。

［11］月給節度廩俸：節度使從三品，從三品外官俸給，錢粟六十貫石，曲米麥各十稱石，絹二十五匹，綿一百二十兩，公田二十一頃。

十二年，兄德州防禦使文謀反。[1]上問皇太子、趙王允中及宰臣曰：[2]“京謀不軌，朕特免死，今復當緣坐，何如。”宰臣或言京圖逆，今不除之，恐爲後患。上曰：“天下大器歸於有德，海陵失道，朕乃得之。但務修德，餘何足慮。”太子曰：“誠如聖訓。”乃遣使宣諭京，詔曰：“卿兄文，舊封國公，不任職事，朕進封王爵，委以大藩。頃在大名，以贓得罪，止削左遷，不知恩幸，乃蓄怨心，謀不軌，罪及兄弟。朕念宋王，皆免緣坐。文之家産應没入者，盡與卿兄子齔住。卿宜悉此意。”

［1］德州防禦使：州長官。掌防捍不虞，禦制盗賊，餘同府尹。從四品。德州，治所在今山東省陵縣，曾一度遷治於今山東省臨

邑縣。

[2]皇太子：此指世宗嫡長子允恭。本書卷一九有紀。　趙王：封國名。天眷格，大國封號第十位，大定格、《金史·百官志》，大國封號第八爲趙。　允中：世宗庶子。本書卷八五有傳。

二十年十一月，上問宰臣曰："京之罪始於其妻，妄卜休咎。太祖諸孫存者無幾，朕欲召置左右，不使任職，但廩給之，卿等以爲何如？"皆曰："置之近密，臣等以爲非宜。"上曰："朕若修德，何必豫懷疑忌。"久之，上復欲召京，宰臣曰："京，不赦之罪也，赦之以爲至幸矣，豈可復。"上默良久，迺止。

文本名胡剌。皇統間，授世襲謀克，加奉國上將軍，[1]居中京。

[1]奉國上將軍：武散官。從三品上階。

海陵篡立，賜錢二萬貫。[1]是時，左淵爲中京轉運使，[2]市中有穢術敲仙者，[3]文與淵皆與之游。海陵還中京，聞，[4]召敲仙詰問，窮竟本末。既而殺之于市，責讓文、淵。貞元元年，[5]除祕書，[6]坐與靈壽縣主阿里虎有姦，[7]杖二百，除名。俄復爲祕書監，封王。正隆例封鄖國公，[8]以喪去官。起復翰林學士承旨、同判大宗正事、昌武軍節度使。[9]

[1]海陵篡立，賜錢二萬貫：施國祁《金史詳校》卷七謂，

“即石哥事”。詳見本書卷六三《海陵諸嬖傳》。

[2]左淵：薊州人。宰相左企弓子。本書卷七五有傳。　轉運使：掌稅賦錢穀，倉庫出納，權衡度量之制。正三品。

[3]穢術：淫亂之术。　敲仙：术士名號。金天德四年(1152)十二月，斬於中京市井。

[4]聞：施國祁《金史詳校》卷七謂“‘聞’下當加‘之’”。

[5]貞元：金海陵年號(1153—1156)。

[6]祕書：據下文與本書卷六三《海陵諸嬖傳》，應爲秘書監，這里乃省稱。秘書監，秘書監長官，通掌經籍圖書，從三品。

[7]靈壽縣主阿里虎：見於本書卷六三《海陵諸嬖傳》。依例，王之女封縣主。

[8]鄖國公：封國名。天眷格、大定格、《金史·百官志》，小國封號第十七均爲鄖。

[9]同判大宗正事：判大宗正事佐貳。從二品。　昌武軍節度使：置許州，治所在今河南省許昌市。

大定初，改武定軍，[1]留京師，奉朝請。三年，賜上常御絛服佩刀而遣之。謂文曰：“朕無兄弟，見卿往外郡，惻然傷懷。卿頗自放，宜加檢束。”除廣寧尹。[2]召爲判大宗正事，封英王。是時，弟京得罪，上謂文曰：“朕待京不薄，迺包藏禍心，圖不軌，不忍刑及骨肉，遂從輕典。卿亦驕縱無度。宋王有社稷功，武靈封太祖諸孫爲王，[3]卿獨不封。朕即位，封卿兄弟爲王。自今懲咎悔過，赤心事朕，無患朕不知也。”除真定尹，賜以衣帶。改大名尹，徙封荆王。[4]

[1]武定軍：遼奉聖州武定軍節度，金初因之，治所在今河北

省涿鹿縣。此當爲遥領的官銜，故留京師奉朝請。

[2]廣寧：府名。治所在今遼寧省北寧市。

[3]武靈：謚號。大定初追謚熙宗爲武靈皇帝。

[4]荆王：封國名。大定格，《金史·百官志》次國封號第二十六爲荆。

文到大名，多取猛安謀克良馬，或以駑馬易之，買民物與價不盡其直。尋常占役弓手四十餘人，詭納税草十六萬束。公用闕，取民錢一萬九千餘貫。坐是奪爵，降德州防禦使，[1]僚佐皆坐不矯正解職。監察御史董師中按文事失糾察，[2]已除尚書省都事，[3]降沁南軍節度副使。[4]詔曰："自今長官不法，僚佐不矯正，又不言上，並嚴行懲斷。"

[1]坐是奪爵，降德州防禦使：本書卷七《世宗紀》謂，大定十二年（1172）四月，"大名尹荆王文以贓罪奪爵，降授德州防禦使"。

[2]監察御史：御史臺屬官。掌糾察内外非違，刷磨諸司察帳，並監祭禮及出使之事。正七品。　董師中：鄘州人。本書卷九五有傳。

[3]尚書省都事：正七品。

[4]沁南軍：置懷州，治所在今河南省沁陽市。　節度副使：從五品。

文既失職，居常怏怏，日與家奴石抹合住、忽里者爲怨言。[1]合住揣知其意，因言南京路猛安阿古、合住，[2]謀克頗里、銀术可與大王厚善，[3]果欲舉大事，彼皆願從。文信其言。乃召日者康洪占休咎，[4]密以謀告洪。洪言來歲甚吉。文厚謝洪，使家僮剛哥等往南京以書幣遺阿古等。[5]剛哥問合住何以知阿古等必從，合住曰："阿古等與大王善，以此意其必從耳。"剛哥到南京，見阿古等，不言其本來之事。及還，紿文曰："阿古從大王矣。"文乃造兵仗，使家奴斡敵畫陣圖。[6]家奴重喜詣河北東路上變，[7]府遣總管判官孛特馳往德州捕文。[8]孛特至德州，日已晚。會文出獵，召防禦判官酬越，[9]謀就獵所執之。酬越言："文兵衛甚衆，且暮夜，明日文生日，可就會上執之。"孛特乃止。是夜，文知本府使至，[10]意其事覺，迺與合住、忽里者等俱亡去。河間府使奏文事，詔遣右司郎中紇石烈哲典、翰林修撰阿不罕訛里也往德州鞫問。[11]

[1]石抹合住、忽里者：二人名。僅見本傳。

[2]南京路：路名。治所南京，在今河南省開封市。　阿古合住：據下文言"阿古等"，知阿古與合住爲兩人。此合住爲猛安合住，與前文"家奴石抹合住"同名。

[3]頗里、銀术可：兩人名。

[4]康洪：人名。僅見於本傳。

[5]剛哥：人名。僅見於本傳。　遺：原作"遣"，從中華點校本改。

[6]斡敵：人名。僅見於本傳。

[7]重喜：人名。僅見於本傳。　河北東路：治所河間府，在今河北省河間市。

[8]總管判官：掌紀綱，總府衆務，分判兵案之事。從六品。孛特：河北東路河間府總管判官，僅見於本傳。

[9]防禦判官：掌簽判州事，專掌通檢推排簿籍。正八品。　酬越：德州防禦判官，僅見於本傳。

[10]本府：指河北東路河間府。此稱本府，時德州應屬河北東路。但本書卷二五《地理志中》載，德州屬山東西路。施國祁《金史詳校》卷七謂，"當時必有割據事。《地志》失詳"。

[11]右司郎中：掌本司奏事，總察兵、刑、工三部受事付事，兼帶修注官回避其間記述之事。正五品。　紇石烈哲典：女真人。僅見於本傳。　翰林修撰：掌詞命文字，分判院事。從六品。　阿不罕訛里也：女真人。僅見於本傳。

上聞文亡命，謂宰臣曰："海陵翦滅宗室殆盡，朕念太祖孫存者無幾人，曲爲寬假，而文曾不知幸，尚懷異圖，何狂悖如此。"上恐文久不獲，詿誤者多，督所在捕之。詔募獲文者遷官五階，賜錢三千貫。文以大定十二年九月事覺，亡命凡四月，至十二月被獲，伏誅。康洪論死，餘皆坐如律。詔釋其妻术實懶。[1]孛特、酬越不即捕，致文亡去，孛特杖二百，除名，酬越杖一百，削兩階。詔曰："德州防禦使文、北京曹貴、鄜州李方皆因術士妄談禄命，[2]陷于大戮。凡術士多務苟得，肆爲異説。自今宗室、宗女有屬籍者及官職三品者，除占問嫁娶、修造、葬事，不得推算相命，違者徒二年，重者從重。"上以文家財産賜其故兄特進齊之子斂住，并以西京留守京没入家産賜之。

[1]术實懶：疑爲本書卷六三《海陵諸嬖傳》的"擇特懶"。契丹人，耶律氏。

[2]曹貴：人名。不詳。　李方：人名。不詳。

贊曰：宗望啓行平州，戰勝白河，席卷而南，風行電舉，兵無留難，再閲月而汴京圍矣。所謂敵不能與校者耶。既取信德，留兵守之，以爲後距，此豈輕者耶。《管子》曰："徑於絶地，攻於恃固，獨出獨入，而莫之能止。"[1]其宗望之謂乎。

[1]管子：書名。世稱齊管仲撰。引文乃擇《管子》卷二三《輕重甲》原文之義。"絶地"，原爲"絶域"；"能止"，原爲"能圉"。

金史　卷七五

列傳第十三

盧彦倫 子璣 孫亨嗣 毛子廉 李三錫 孔敬宗 李師夔 沈璋 左企弓 虞仲文 曹勇義 康公弼附 左泌 弟淵 姪光慶

盧彦倫，臨潢人。[1]遼天慶初，[2]蕭貞一留守上京，[3]置爲吏，以材幹稱。是時，臨潢之境多盜，而城中兵無統屬者，府以彦倫爲材，薦之於朝，即授殿直，[4]勾當兵馬公事。[5]

[1]臨潢：遼上京府名。治所在今内蒙古自治區巴林左旗林東鎮南波羅城。

[2]天慶：遼天祚帝年號（1111—1120）。

[3]蕭貞一：奚人。本書僅此一見。　留守上京：遼上京留守，兼行臨潢府尹事。

[4]殿直：遼南面官，殿前都點檢司屬官。此爲所授之官銜。

[5]勾當兵馬公事：職掌兵馬公事。

遼兵敗於出河店，[1]還至臨潢，散居民家，令給養之。而軍士縱恣侵擾，無所不至，百姓殊厭苦之。留守耶律赤狗兒不能禁戢，[2]乃召軍民諭之曰："契丹、漢人久爲一家，今邊方有警，國用不足，致使兵士久溷父老間，有侵擾亦當相容。"衆皆無敢言者。彥倫獨曰："兵興以來，民間財力困竭，今復使之養士，以國家多故，義固不敢辭。而此輩恣爲强暴，人不能堪。且番、漢之民皆赤子也，奪此與彼，謂何。"

[1]出河店：金爲肇州。治所主要有三説，其一在今黑龍江省肇源縣茂興站南吐什吐，其二在今黑龍江省肇源縣望海屯古城，其三在今黑龍江省肇東市八里城。

[2]耶律赤狗兒：契丹人。時爲遼上京留守，後於天輔七年（1123）降金。

初取臨潢，軍中有辛訛特剌者，[1]舊爲臨潢驛吏，與彥倫善，使往招諭，彥倫殺之。遼授彥倫團練使，勾當留守司公事。[2]

[1]辛訛特剌：即本卷《毛子廉傳》的"辛斡特剌"。原是遼臨潢驛站官吏，降金，授以謀克。

[2]團練使，勾當留守司公事：遼南面各州置有團練使，掌本州軍事。此爲授團練使官銜，以掌上京留守司公務。

天輔四年，[1]彥倫從留守撻不野出降。[2]授夏州觀察使，權發遣上京留守事。[3]師還，撻不野以城叛，彥倫乃率所部逐撻不野，盡殺城中契丹，遣使來報。[4]未幾，遼將耶律馬哥以兵取臨潢,[5]彥倫拒守者七月。會援兵至，敵解圍去，因赴闕。

[1]天輔：金太祖年號（1117—1123）。

[2]撻不野：蕭氏，遼上京留守。

[3]授夏州觀察使，權發遣上京留守事：以夏州觀察使的官銜，代行上京留守司的公務。夏州，本西夏地，治所在今陝西省橫山縣北，長城外紅柳河北岸。觀察使，唐制掌考察州縣官吏，兼理民政，宋以後僅爲武官遷轉的職銜。

[4]“師還”至“遣使來報”：本書卷二《太祖紀》未載此事。施國祁《金史詳校》卷七謂，“盡殺城中契丹”，與蕭乙薛被執，當爲一事。查《遼史》卷一〇一《蕭乙薛傳》謂，遼天慶十年（1120，金天輔四年）金兵陷上京。遼保大二年（1122，金天輔六年）“諸營敗卒復聚上京，遣乙薛爲上京留守以安撫之。明年盧彥倫以城叛，乙薛被執數月，以居官無過，得釋”。

[5]耶律馬哥：《遼史》謂，遼保大二年（1122，金天輔六年）二月以知北院大王事爲都統，五月又以知北院樞密使事兼都統，四年（金天會二年）正月被執。

天會二年,[1]知新城事。[2]城邑初建，彥倫爲經畫，民居、公宇皆有法。改静江軍節度留後,[3]知咸州煙火事,[4]未幾，遷静江軍節度使。天眷初,[5]行少府監兼都水使者,[6]充提點京城大内所。[7]改利涉軍節度使,[8]未閱月，還，復爲提點大内所。彥倫性機巧，能迎合悼后意,[9]由是頗見寵用。歲餘，遷侍衛親軍馬步軍都指揮使,[10]爲宋國歲元使。[11]改禮部尚書,[12]加特進,[13]封郇國公。[14]天德二年,[15]出爲大名尹。[16]明年，詔彥倫營造燕京宫室，[17]以疾卒，年六十九。子璣。

［1］天會：金太宗與金熙宗初年號（1123—1135，1135—1137）。

［2］知新城事：本書卷三《太宗紀》天會二年（1124）四月，“以實古迺所築上京新城名會平州”。知新城事即主管新城經畫之事。又上京新城在遼上京臨潢府境内，金天眷元年（1138）前，仍以臨潢爲上京稱，故稱新城爲上京新城。本書卷二四《地理志上》又誤將新城載入金上京路（王可賓《金上京新證》，《北方文物》2000年第2期）。

［3］静江軍：《遼史》凡六見静江軍節度使，其前或有“加”字，或有“遥授”二字。本書稱静江軍節度使或静江軍節度留後，凡十餘見。卷八三《張玄素傳》，“天眷元年，以静江軍節度使知涿州”。涿州爲刺史州，遼爲永泰軍。遼金皆以静江軍節度留後或静江軍節度使爲遥授的官銜。其稱節度使者，相當於後來的從三品官。

［4］知咸州煙火事：遼咸州，金初爲咸州路，置都統司，天德二年（1150）升爲咸平府，治所在今遼寧省開原市老城鎮。知咸州煙火事，爲咸州路都統司屬官，職掌咸州路諸色人户籍之事。

［5］天眷：金熙宗年號（1138—1140）。

［6］行少府監：少府監長官。掌邦國百工營造之事。正四品。散官高於職事者帶“行”字。　都水使者：即後來的都水監，掌川澤、津梁、舟楫、河渠之事。正四品。

［7］充提點京城大内所：擔任京城與皇宫設計、建築與繕修事的總管。

［8］利涉軍節度使：掌鎮撫諸軍防刺，總判本鎮兵馬之事，兼本州管内觀察使事。從三品。天眷間改遼黄龍府爲濟州，置利涉軍，治所在今吉林省農安縣。

[9]悼后：熙宗悼平皇后裴滿氏。本書卷六三有傳。

[10]侍衛親軍馬步軍都指揮使：總領侍衛馬步親軍。經海陵與世宗幾次變動後，侍衛親軍都指揮使改由殿前都點檢兼領。

[11]宋國歲元使：《建炎以來繫年要録》卷一五五，宋紹興十六年（1146，金皇統六年）十二月“金主使龍虎衛上將軍會寧尹盧彦倫”，“來賀來年正旦”。本書《紀》及《表》皆失載。

[12]禮部尚書：禮部長官。正三品。

[13]特進：文散官。從一品中次階。

[14]郇國公：封國名。從一品曰國公。天眷格、大定格，小國封號第二十一爲郇。

[15]天德：金海陵王年號（1149—1153）。

[16]大名尹：府長官，即府尹。掌宣風導俗，肅清所部，總判府事。正三品。大名府治所在今河北省大名縣。按，《大金集禮》“時享”條，金天德二年（1150）四月，盧彦倫攝光禄卿終獻。本傳未載。

[17]燕京：海陵遷都後改號中都。治所在今北京市。

璣字正甫，以蔭補閤門祗候。[1]累遷客省使，[2]兼東上閤門使。[3]改提點太醫、教坊、司天。[4]充大定十五年宋主生日副使。[5]遷同知宣徽院事。[6]丁母憂，起復太府監。[7]改開遠軍節度使，[8]入爲右宣徽使。[9]章宗即位，[10]轉左宣徽使，致仕。明昌四年，[11]起復左宣徽使。改定武軍節度使，[12]復爲左宣徽使。

[1]閤門祗候：宣徽院閤門承應人。

[2]客省使：宣徽院客省長官。掌接伴人使見辭之事。正五品。

[3]東上閤門使：宣徽院閤門長官。掌簽判閤門事。正五品。

[4]提點太醫：即太醫院提點，宣徽院太醫院長官。掌諸醫藥，

總判院事。正五品。　教坊：即教坊提點，宣徽院教坊長官。掌殿庭音樂，總判院事。正五品。　司天：即司天臺提點，秘書監司天臺長官。掌天文曆數，風雲氣色，密以奏聞。正五品。

[5]大定：金世宗年號（1161—1189）。　宋主：指宋孝宗趙昚。按，本書卷六一《交聘表中》，金大定十五年（1175）"閏九月，以歸德尹完顏王祥、客省使兼東上閤門使盧璣爲賀宋生日使"，其記盧璣出使的官銜爲"客省使兼東上閤門使"，應在本文"改提點太醫、教坊、司天"之前。

[6]同知宣徽院事：宣徽院佐貳。正四品。本卷《亨嗣傳》，謂璣爲同知宣徽院事，在大定十六年。

[7]太府監：太府監長官。掌出納邦國財用錢穀之事。正四品。

[8]開遠軍節度使：置雲内州，治所在今内蒙古自治區呼和浩特市西。

[9]右宣徽使：宣徽院長官。掌朝會燕享，凡殿庭禮儀及監知御膳。左右宣徽使皆正三品。

[10]章宗：廟號。名璟。1189 年至 1208 年在位。本書卷九至卷一二有紀。

[11]明昌：金章宗年號（1190—1196）。

[12]定武軍節度使：置定州，治所在今河北省定州市。

是時，璣年已七十，詔許朝參得坐於廊下。復致仕。泰和初，[1]詔璣天壽節預宴。[2]二年，元妃李氏生皇子，[3]滿三月，章宗以璣老而康强，命以所策杖爲洗兒禮物。章宗幸玉泉山，[4]詔璣與致仕宰相俱會食，許策杖給扶。後預天壽節，上命璣與大臣握槊戲，[5]璣獲勝焉。從上秋山，[6]賜名馬。上曰："酬卿博直。"其眷遇如此。泰和六年卒，年八十。子亨嗣。[7]

[1]泰和：金章宗年號（1201—1208）。

[2]天壽節：章宗生辰。

[3]元妃李氏：李師兒。本書卷六四有傳。　皇子：葛王忒鄰。本書卷九三有傳。

[4]玉泉山：在今北京市西北。

[5]握槊戲：古代一種博戲，類似雙陸。唐《劉禹錫集》卷二〇《觀博》謂："其制用骨，觚棱四均，鏤以朱墨，耦而合數，取應期月，視其轉止，依以争道。"

[6]秋山：遼金皇室依然有春秋漁獵舊俗，習稱春水秋山。

[7]子亨嗣：據本卷《亨嗣傳》，此下當補"亨益"二字。

亨嗣字繼祖，以蔭補閤門祇候，内供奉。[1]調同監平凉府醋務，[2]改同監天山鹽場。[3]丁母憂，服闋，監萊州酒課，[4]累調監豐州、任丘、汲縣、東平酒務。[5]課最，遷白登縣令。[6]明昌四年，行六部差規措軍前粮料。[7]入爲典給直長。[8]改西京户籍判官。[9]歷官西京、中都太倉使，[10]中都户籍判官，尚醖署丞。[11]丁父憂。大安初，[12]復爲典給署丞兼太子家令。[13]崇慶元年，[14]遷同知順天軍節度使事。[15]是時，兵興，徵調煩急，亨嗣以辦最，遷定遠大將軍，[16]入爲户部員外郎。[17]貞祐二年，[18]遷莒州刺史。[19]三年，山東宣撫司討楊安兒，[20]亨嗣行六部。兵罷，還州。興定二年，[21]卒，年六十一。

[1]内供奉：宣徽院閤門内承奉班的承應人。

[2]同監平凉府醋務：爲陝西西路轉運司所屬税醋使司的低級官吏，位在使、都監、及監之下。陝西西路治所在今甘肅省平

凉市。

［3］同監天山鹽場：西京路轉運司西京鹽使司派往天山鹽場的低級官吏。天山，縣名，隸西京路净州，舊爲榷場，治所在今内蒙古自治區四子王旗東北庫倫圖鄉城卜子村古城。

［4］萊州：隸山東東路，治所在今山東省萊州市。

［5］監豐州、任丘、汲縣、東平酒務：所列職稱監酒課、監酒務，爲路轉運司所屬設在該地酒使司官吏的職事，其地位略高於同監。豐州，隸西京路，治所在今内蒙古自治區呼和浩特市東南白塔村。任丘，縣名，隸河北東路莫州，治所在今河北省任丘市。汲縣，隸河北西路衛州，治所在今河南省衛輝市。東平，府名。隸山東西路，治所在今山東省東平縣。

［6］白登縣令：縣官名。白登縣，屬西京路大同府，治所在今山西省陽高縣東南。縣令，縣官之長，宣導風化，勸課農桑，平理獄訟，捕除盗賊，總判縣事。依所轄人户多寡，有從六品，正七品，從七品之别。

［7］行六部差：行六部屬官。行六部又作行部官、諸路行部官、行部等。與行省不同，是朝中臨時派往某路或某幾路，代六部處理某一專項緊急事務的官吏。

［8］典給直長：太府監典給署屬官。位在令、丞之下，掌宫中所用薪炭冰燭，並管官户。正八品。

［9］西京户籍判官：西京轉運司屬官。專管拘收征克等事。從六品。西京，治所大同府，在今山西省大同市。

［10］中都太倉使：中都路都轉運司屬官。掌九谷廪藏、出納之事。從六品。中都，治所大興府，在今北京市。

［11］尚醖署丞：宣徽院尚醖署副貳。掌進御酒醴。從七品。

［12］大安：金衛紹王年號（1209—1211）。

［13］典給署丞：典給署副貳。從七品。　太子家令：東宫宫師府屬官。與家丞共掌東宫營繕栽植鋪設及燈燭之事。正八品。

［14］崇慶：金衛紹王年號（1212—1213）。

[15]同知順天軍節度使事：順天軍節度使，置保州，治所在今河北省保定市。同知節度使事，位於節度使之下，副使之上，通判節度使事，兼州事者仍帶同知管内觀察使。正五品。

[16]定遠大將軍：武散官。從四品中階。

[17]户部員外郎：户部屬官。從六品。

[18]貞祐：金宣宗年號（1213—1217）。

[19]莒州刺史：掌同府尹，兼治州事。正五品。莒州，治所在今山東省莒縣。

[20]山東宣撫司：節制山東東西兩路兵馬公事，置益都府，即今山東省青州市。　楊安兒：益都人。金末紅襖軍首領。

[21]興定：金宣宗年號（1217—1222）。

亨嗣與弟亨益，盡友愛之道。亨嗣初以祖蔭得官，大定十六年，父璣爲同知宣徽院事，當蔭子，亨嗣以讓弟亨益。亨益早卒，子恍。恍幼稚，亨嗣盡以舊業田宅奴畜財物與之。

毛子廉本名八十，臨潢長泰人，[1]材勇善射。遼季群盜起，募勇士，子廉應募。遼主召見，[2]賜甲仗，率百人，會所在官兵捕盜。以功授東頭供奉官，[3]賜良馬。

[1]長泰：縣名。隸臨潢府。治所在今内蒙古自治區巴林左旗西北。

[2]遼主：遼天祚帝耶律延禧。

[3]東頭供奉官：遼武職階官。屬門下省東頭供奉班。

天輔四年，[1]遣謀克辛斡特剌、移剌窟斜招諭臨潢，[2]子廉率户二千六百來歸。令就領其衆，佩銀牌，[3]

招未降軍民。盧彦倫怒子廉先降，殺子廉妻及二子，使騎兵二千伺取子廉。子廉與窟斜經險阻中，騎兵圍之，兩騎突出直犯子廉。子廉引弓斃其一人，其一人挺槍幾中子廉腋。子廉避其槍，與搏戰，生擒之，乃彦倫健將孫延壽也。[4]餘衆潰去。

[1]天輔四年：本書卷二《太祖紀》、《遼史》卷二九《天祚紀三》皆作金天輔六年（1122），考之本卷《盧彦倫傳》則爲天輔四年。其記載不一，係將復取臨潢與初取臨潢相混所致。

[2]辛斡特剌：即本卷前《盧彦倫傳》中的辛訛特剌。　移剌窟斜：即本書卷二《太祖紀》的忽薛。

[3]佩銀牌：金制，金牌以授萬户，銀牌以授猛安。毛子廉歸金後，佩銀牌，當是授以猛安。

[4]孫延壽：本書僅此一見。

天會三年，除上京副留守。[1]久之，兼鹽鐵事。[2]天眷中，除燕京麯院都監。[3]遼王宗幹問宰相曰：[4]"子廉有功，何爲下遷。"宰相以例對。宗幹曰："盧彦倫何不除此職？子廉之功十倍彦倫，在臨潢十餘年，吏民畏愛如一日，誰能及此。"是時盧彦倫已以少府監除節度使，故宗幹引以爲比。除寧昌軍節度使。[5]海陵弑熙宗，[6]子廉聞之，歎曰："曾不念國王定策之功耶。"[7]乃致仕。大定二年，卒。

[1]上京：指上京臨潢府。　副留守：帶本府少尹兼本路兵馬副都總管。從四品。

[2]鹽鐵事：本屬轉運司之事。

[3]燕京麯院都監：燕京麯院，海陵遷都後，改名爲中都都麯使司。都監，掌簽書文簿、檢視醖造，正八品。

[4]遼王宗幹：太祖庶長子。大定間改封遼王。時爲太師，領三省事。本書卷七六有傳。

[5]寧昌軍節度使：置懿州，治所在今遼寧省阜新縣北，繞陽河南岸塔營子古城。

[6]海陵：封號。名亮。1149 年至 1161 年在位。本書卷五有紀。　熙宗：廟號。名亶。1135 年至 1149 年在位。本書卷四有紀。

[7]國王定策之功：指海陵父梁宋國王宗幹在金天會十年(1132) 立熙宗爲儲嗣事。

李三錫字懷邦，錦州安昌人，[1]以貲得官。遼季，盜攻錦州，州人推三錫主兵事，設機應變，城賴以完。録功授左承制。[2]遼主走天德，[3]劉彦宗辟三錫將兵保白雲山。[4]

[1]錦州安昌：遼屬中京道，金屬北京路。治所在今遼寧省葫蘆島市北虹螺峴古城。

[2]左承制：遼官名。遼帝身邊左右侍從。

[3]天德：豐州天德軍。治所在今内蒙古自治區呼和浩特市東南白塔村。

[4]劉彦宗：遼大興宛平人。本書卷七八有傳。　白雲山：本書僅此一見，當距來州不遠，不可確指。

金兵次來州，[1]三錫以其衆降。攝臨海軍節度副使，[2]參預元帥府軍事，改知嚴州。[3]宗望伐宋，[4]三錫領行軍猛安，[5]敗郭藥師軍於白河。[6]進官安州防禦使。[7]再克汴京，[8]三錫從闍母護宋二主北歸。[9]復知嚴州，改歸德軍節度副使。詔廢齊國，[10]擇吏三十人與俱行，三錫在選中。還爲慶州刺史，[11]三遷武勝軍節度使。[12]察廉第一，遷三階，[13]改安國軍節度使。[14]除河北西路轉運使，[15]致仕。

[1]來州：遼州名。金爲瑞州，歸德軍節度使。治所在今遼寧省綏中縣西南前衛鎮。“來”，原作“萊”，從中華點校本改。

[2]臨海軍節度副使：臨海軍節度使治所在錦州，即今遼寧省錦州市。節度副使，從五品。

[3]嚴州：遼州名。金初因之，金皇統三年（1143）廢州爲縣，名興城，治所在今遼寧省興城市。

[4]宗望：太祖第二子。本書卷七四有傳。

[5]行軍猛安：女真官名。指戰時專門授予掌管軍務的猛安，亦稱押軍猛安（千户）。不管原來是否爲猛安，均可授予。

[6]郭藥師：鐵州渤海人。本書卷八二有傳。　白河：即今河北省的潮白河。

[7]安州防禦使：掌防捍不虞，禦制盜賊，餘同府尹。從四品。安州，治所高陽，即今河北省高陽縣東舊城。按，本書卷二四《地理志上》謂，“安州，下刺史”，則或此處州名有誤，或安州初曾爲防禦州，《地理志》失載。

[8]汴京：北宋京城。治所在今河南省開封市。

[9]闍母：太祖異母弟。本書卷七一有傳。　宋二主：宋徽宗趙佶與欽宗趙桓。

[10]廢齊國：熙宗天會十五年（1137）十一月，詔廢齊國，降封劉豫爲蜀王。

[11]慶州：治所在今内蒙古自治區巴林右旗白塔子古城，又名插漢城。

[12]武勝軍節度使：置鄧州，治所在今河南省鄧州市。

[13]三階：金文武散官，共分正從九品四十二階。

[14]安國軍節度使：置同州，治所在今陝西省大荔縣。

[15]河北西路轉運使：轉運司置真定府，在今河北省正定縣。轉運使，掌税賦錢穀，倉庫出納、權衡度量之制，正三品。

三錫政事强明，所至稱治。世宗舊聞其名，[1]大定初，起爲北京路都轉運使。[2]制下，而三錫已卒。

[1]世宗：廟號。名雍。1161年至1189年在位。本書卷六至卷八有紀。

[2]北京路都轉運使：大定府，遼爲中京，金初因之。海陵貞元元年（1153）更爲北京，置都轉運司，治所在今内蒙古自治區寧城縣西大明城。

孔敬宗字仲先，其先東垣人，[1]石晋末，[2]徙遼陽。[3]遼季，敬宗爲寧昌劉宏幕官。[4]斡魯古兵至境上，[5]敬宗勸劉宏迎降。遂以敬宗爲鄉導，拔顯州，[6]以功補順安令。[7]天輔二年，詔敬宗與劉宏率懿州民徙内地，授世襲猛安。[8]知安州事，[9]將兵千人從宗望伐宋。汴京平，宗望命敬宗守汴。嘗自汴馳驛至河北，還至河上，會日暮無舟，敬宗策馬亂流，遂達南岸。遷静江軍節度使，歷石、辰、信、磁四州刺史，[10]階光禄大夫。[11]

[1]東垣：縣名。歷史上東垣有三處，此指唐武德元年（618）復置的東垣，故城在今河南省新安縣東。

［2］石晋：五代十國時石敬瑭所建後晋。

［3］遼陽：今遼寧省遼陽市。

［4］劉宏：時爲遼懿州寧昌軍節度使，以户三千降金，金以爲千户。

［5］斡魯古：宗室子。時爲咸州軍帥。本書卷七一有傳。

［6］顯州：治所在今遼寧省北寧市西南五里北鎮廟。

［7］順安：懿州倚郭縣。

［8］授世襲猛安：金初也曾以世襲猛安授予有軍功的非女真人，受封者亦同女真人一樣，領有猛安的人口和封地。這裏稱其所領的猛安人户當係徙内地的懿州民户。

［9］知安州事：金天會四年（1126）十一月宗望自真定趨汴，五年九月宋順安軍降，七年升順安軍爲安州。以此史實度之，"知安州事"並非於安州降後爲安州長官，乃是主安州方面的戰事。

［10］石：州名。治所在今山西省吕梁市离石區。　辰：州名。治所在今遼寧省蓋州市。　信：州名。治所在今吉林省公主嶺市西北秦家屯古城。　磁：州名。治所在今河北省磁縣。

［11］光禄大夫：文散官。從二品上階。

海陵問張浩曰：[1]"卿識孔敬宗否，何階高職下也。"浩對曰："國初，敬宗勸劉宏以懿州効順，其後從軍積勞，有司不知，故一概常調耳。"明日，除寧昌軍節度使。徙歸德軍，致仕。大定二年，卒。

［1］張浩：遼陽渤海人。本書卷八三有傳。

李師夔字賢佐，奉聖永興人。[1]少倜儻有大志。以蔭入仕，爲本州麯監。[2]天輔六年，太祖襲遼主于鴛鴦濼，[3]郡守委城遁去，衆無所屬，相與叩門請師夔主郡事。師夔許之，迺搜卒治兵。

[1]奉聖：遼州名。金初因之，金大安元年（1209）升爲府，名德興，治所在今河北省涿鹿縣。　永興：奉聖州倚郭縣，後更名爲德興縣。

[2]州麯監：遼南面財賦官，奉聖州轉運司麯監，也稱酒監。

[3]太祖：廟號。本名阿骨打，漢名旻。1113 年至 1123 年在位。本書卷二有紀。　鴛鴦濼：今河北省張北縣西北安固里淖。

迪古迺兵至奉聖州，[1]師夔與其故人沈璋密謀出降，[2]曰："一城之命懸於此舉。"璋曰："君言是矣。如軍民不從，奈何。"師夔即率親信十數輩詰旦出城，見余睹，[3]與之約曰："今已服從，願無以兵入城及俘掠境内。"余睹許諾。詔以師夔領節度，[4]以璋佐之。賜師夔駿馬二，俾招未附者，許以便宜從事。明年，加左監門衛大將軍。[5]

[1]迪古迺：即完顔忠，石土門弟。本書卷七〇有傳。

[2]沈璋：本卷有傳。

[3]余睹：契丹人。即耶律余睹，遼宗室子。本書卷一三三、《遼史》卷一〇二有傳。

[4]領節度：領奉聖州武定軍節度使。

[5]左監門衛大將軍：遼南面官諸衛武官。有左、右監門衛上將軍與大將軍之分。金初因之，其大將軍品階，相當於後來武散官的正、從四品。

劇賊張勝以萬人逼城，[1]師夔度衆寡不敵，乃僞與之和，日致饋給，勝信之。師夔乘其不備，使人刺勝，殺之。以其首徇曰："汝輩皆良民，脅從至此，今元惡已誅，可棄兵歸復其所。"賊衆大驚，皆散去。別賊焦望天、尹智穆率兵數千來寇。[2]師夔以兵臨之，設伏歸路，使人反間之。智穆果疑，望天先引去。智穆勢孤，亦還，遇伏而敗，遂執斬之。是後賊衆不敢入境。以勞遷静江軍節度留後，累遷武平軍節度使，[3]改東京路轉運使，[4]徙陝西東路轉運使。[5]致仕，封任國公。[6]卒，年八十五。

[1]張勝：與章宗時的張勝同姓名，僅見本傳。

[2]焦望天、尹智穆：兩人僅見於本傳。

[3]武平軍節度使：本書僅此一見，似與静江軍節度留後同爲虛職官銜。

[4]東京路轉運使：亦稱遼東路轉運使，司置咸平府。

[5]陝西東路轉運使：司置平凉府，在今甘肅省平凉市。

[6]任國公：封國名。天眷格、大定格、《金史·百官志》，小國封號第二十四爲任。

沈璋字之達，奉聖州永興人也。學進士業。迪古迺軍至上谷，[1]璋與李師夔謀，開門迎降。明日，擇可爲守者，衆皆推璋，璋固稱李師夔，於是授師夔武定軍節度使，以璋副之。授太常少卿，[2]遷鴻臚卿。[3]丁母憂，起復山西路都轉運副使，[4]加衛尉卿。[5]從伐宋。汴京平，衆爭趨貲貨，璋獨無所取，惟載書數千卷而還。

[1]上谷：地區名。此指本卷前傳所云的奉聖州。上谷，戰國時爲燕地，秦漢乃至隋唐爲上谷郡，一般泛指今河北省中、西部與西北部一帶。

[2]太常少卿：據本書卷一三三《余睹傳》，當是虚領的官銜。

[3]鴻臚卿：遼、宋有此官名，本書僅此一見，亦是虚領的官銜。

[4]山西路都轉運副使：司置大同府，亦稱西京路轉運司。轉運副使，正五品。

[5]衛尉卿：唐制掌宮廷儀仗帳幕等事。在金僅見於天會年間，加衛尉卿，爲虚領官銜。

太行賊陷潞州，[1]殺其守姚璠，[2]官軍討平之，命璋權知州事。璋至，招復逋逃，賑養困餓，收其横屍葬之。未幾，民頗安輯。初，賊黨據城，潞之軍卒當緣坐者七百人，帥府牒璋盡誅之，璋不從。帥府聞之，大怒，召璋呵責，且欲殺璋。左右震恐，璋顏色不動，從容對曰："招亡撫存，璋之職也。此輩初無叛心，蓋爲賊所脅，有不得已者，故招之復來。今欲殺之，是殺降也。苟利於衆，璋死何憾。"少頃，怒解。因召潞軍曰："吾始命戮汝，今汝使君活爾矣。"皆感泣而去。朝廷聞而嘉之，拜左諫議大夫，[3]知潞州事。百姓爲之立祠。移知忻州，[4]改同知太原尹，[5]加尚書禮部侍郎。[6]

[1]潞州：治所在今山西省長治縣。

[2]姚璠：本書僅此一見，應是潞州節度使，或知潞州事。

[3]左諫議大夫：官名。虚領官銜。

[4]忻州：刺史州。治所在今山西省忻州市。

［5］同知太原尹：府屬官。爲府尹佐貳。正四品。太原府，治所在今山西省太原市。

［6］加尚書禮部侍郎：虚領官銜。

時介休人張覺聚黨亡命山谷，[1]鈔掠邑縣，招之不肯降，曰："前嘗有降者，皆殺之。今以好言誘我，是欲殺我耳。獨得侍郎沈公一言，我乃無疑。"於是，命璋往招之，覺即日降。

［1］介休：縣名。治所在今山西省介休市。　張覺：與金初平州人張覺爲兩人。

轉尚書吏部侍郎、西京副留守、同知平陽尹，[1]遷利涉軍節度使，爲東京路都轉運使，改鎮西軍節度使。[2]天德元年，以病致仕。卒，年六十。[3]

［1］尚書吏部侍郎：尚書省吏部佐貳。正四品。　西京副留守：本書卷二四《地理志上》"西京路大同府"條，"舊置兵馬都部署司，天德二年改置本路都總管府，後更置留守司"。沈璋於金天德元年（1149）已"以病致仕"。西京留守司，於其時當名爲"西京兵馬都部署司"。　平陽：府名。治所在今山西省臨汾市。

［2］鎮西軍節度使：置嵐州。治所在今山西省嵐縣東北的嵐城。

［3］卒年六十：本書卷八二《光英傳》謂，"故崇德大夫沈璋妻張氏，嘗爲光英保母，於是贈璋銀青光禄大夫"。本傳不載。

子宜中，天德三年，賜楊建中牓及第。[1]

［1］楊建中牓及第：金制，以中進士第一名，名該年進士榜，未應試而賜以進士者，依例皆冠某某榜及第。

贊曰：危難之際，兩軍方争，專城之將，國家之輕重繫焉。李師夔非有君命，爲衆所推，又能全活其人，猶有説也。盧彦倫之降，雖云城潰，初志不確，何尤乎毛子廉。至如子廉不仕海陵，沈璋以片言降張覺，一善足稱，何可掩也。

左企弓字君材。八世祖皓，後唐棣州刺史，[1]以行軍司馬戍燕，[2]遼取燕，[3]使守薊，[4]因家焉。企弓讀書，通《左氏春秋》。[5]中進士，再遷來州觀察判官。[6]蕭英弼賊昭懷太子，[7]窮治黨與，多連引。企弓辨析其冤，免者甚衆。自御史知雜事，出爲中京副留守。[8]按刑遼陽，[9]有獄本輕而入之重者，已奏待報，企弓釋之以聞。累遷知三司使事。[10]天慶末，拜廣陵軍節度使，[11]同中書門下平章事、知樞密院事。[12]

［1］後唐：朝代名。沙陀部李存勗建，歷四帝，凡十四年（923—936）。　棣州：治厭次，故址在今山東省惠民縣。

［2］行軍司馬：官名。始於曹魏，諸節鎮置有節度使、副及行軍司馬。

［3］燕：指周時北燕故地，在今河北省北部一帶。

［4］薊：州名。治所在今天津市薊縣。

［5］左氏春秋：即《左傳》，傳爲春秋時左丘明撰。

［6］來州觀察判官：遼州官名。遼南面州軍置觀察使司，有使、副及觀察判官。觀察判官，掌紀綱觀察衆務。“來”，原作“萊”，

從中華點校本改。

[7]蕭英弼：據《遼史》卷七二《順宗濬傳》與卷一一〇《蕭十三傳》，蕭英弼，即蔑古迺部人遼殿前副點檢蕭十三。　賊：這裏指構陷。　昭懷太子：遼道宗長子。天祚父，謚曰昭懷太子。《遼史》卷七二有傳。

[8]中京副留守：遼中京，治所在今内蒙古自治區寧城縣西大明城。副留守，爲留守佐貳。

[9]按刑遼陽：遼陽在東京道，"按刑遼陽"似臨時差遣，當在其爲御史之時。

[10]知三司使事：遼用唐制，置三司使司，分判户部、度支、轉運使事務。掌錢穀出納，均衡財政收支，置有使、副使及知三司使事、同知三司使事等官。

[11]廣陵軍節度使：廣陵軍不見《遼史·地理志》，本書僅此一見，當爲虚領官銜。

[12]同中書門下平章事：遼南面朝官中書省有同中書門下平章事。　知樞密院事：遼南面朝官漢人樞密院設有樞密使、知樞密使事或知樞密院事等官，掌漢人兵馬之政。

金兵已拔上京，北樞密院恐忤旨，[1]不以時奏。遼故事，軍政皆關決北樞密院，然後奏御。企弓以聞，遼主曰："兵事無乃非卿職邪？"對曰："國勢如此，豈敢循例爲自容計。"因陳守備之策。拜中書侍郎平章事，[2]監修國史。[3]時遼主聞金已克中京，將西幸以避之，企弓諫不聽。

[1]北樞密院：遼北面朝官契丹北樞密院，簡稱北院。掌兵機、武銓、群牧之政，凡契丹軍馬皆屬焉。

[2]中書侍郎平章事：遼官名。又稱中書侍郎，位在同中書門

下平章事之上。

［3］監修國史：國史院長官。

遼主自鴛鴦濼亡保陰山。[1]秦晋國王耶律捏里自立于燕，[2]廢遼主爲湘陰王，改元德興。[3]企弓守司徒，[4]封燕國公。[5]虞仲文參知政事，[6]領西京留守、同中書門下平章事、内外諸軍都統。曹勇義中書侍郎平章事、樞密使、燕國公。[7]康公弼參知政事、簽樞密院事。[8]賜號"忠烈翊聖功臣"。[9]德妃攝政，[10]企弓加侍中。[11]宋兵襲燕，奄至城中，已而敗走。或疑有内應者，欲根株之，企弓爭之，乃止。

［1］陰山：今河套以北大漠以南諸山，統稱陰山。

［2］耶律捏里：即耶律淳，遼興宗第四孫，進封秦晋國王。遼保大二年（1122）自立於燕，世號"北遼"。《遼史》卷三〇有紀。

［3］德興：據《遼史》卷三〇，耶律淳年號爲"建福"，"德興"爲其妻德妃稱制後改元的年號。此誤。

［4］司徒：遼南面朝官三公府，置有太尉、司徒、司空。

［5］燕國公：遼封爵名。按，本段所言諸官及封爵雖與遼制相同，但皆爲耶律淳所建北遼的諸官與封爵。

［6］虞仲文：本卷有傳。　參知政事：位在同中書門下平章事之下。

［7］曹勇義：本卷有傳。　樞密使：《遼史》卷二九保大二年（1122）三月作"知樞密院事"。

［8］康公弼：本卷有傳。　簽樞密院事：位在樞密副使之下。

［9］賜號"忠烈翊聖功臣"：賜左、虞、曹、康四人之號。

［10］德妃：又稱蕭妃，耶律淳妻，名普賢女。淳病死，爲皇太

后，稱制，主軍國事。

[11]侍中：門下省長官。

太祖至居庸關，[1]蕭妃自古北口遁去。[2]都監高六等送款于太祖，[3]太祖徑至城下。高六等開門待之，太祖入城受降，企弓等猶不知。太祖駐蹕燕京城南，企弓等奉表降。太祖俾復舊職，皆受金牌。企弓守太傅、中書令。仲文樞密使、侍中、秦國公。勇義以舊官守司空。公弼同中書門下平章事、樞密副使權知院事、簽中書省，封陳國公。[4]遼致仕宰相張琳進上降表，[5]詔曰："燕京應琳田宅財物並給還之。"琳年高，不能入見，止令其子弟來。

[1]居庸關：女真名"查剌合攀"，在今北京市昌平區西北。

[2]古北口：女真名"留斡嶺"，在今北京市密雲縣東北。

[3]都監高六：遼統軍都監高六。遼北面邊防官，諸統軍使司，有都統軍使、副使、都監等官稱。

[4]"企弓守太傅"至"封陳國公"：按，企弓、仲文、勇義、公弼等四人官職與封爵，雖爲太祖所賜並有加等，但皆踵遼南院之舊制。

[5]張琳：遼瀋州人。擢南府宰相，淳稱帝，琳獨守太師，不與政。《遼史》卷一〇二有傳。

太祖既定燕，從初約，以與宋人。[1]企弓獻詩，略曰："君王莫聽捐燕議，一寸山河一寸金。"太祖不聽。

[1]從初約以與宋人：金天輔七年（1123）正月，宋使趙良嗣

來議燕京、西京地。二月戊申，詔平州官與宋使同分割所與燕京六州之地。

是時，置樞密院于廣寧府。[1]企弓等將赴廣寧，張覺在平州有異志，[2]太祖欲以兵送之。企弓等辭兵曰："如此，是促之亂也。"及過平州，舍于栗林下，張覺使人殺之。[3]企弓年七十三，謚恭烈。天會七年，贈守太師，[4]遣使致奠。正隆二年，[5]改贈特進、濟國公。[6]

[1]樞密院：燕山既下，循遼制立樞密院以總漢軍。　廣寧府：治所在今遼寧省北寧市西南五里的北鎮廟。

[2]張覺：平州義豐人。時爲南京（平州）留守。本書卷一三三有傳。　平州：治所在今河北省盧龍縣。

[3]張覺使人殺之：詳見《遼史》卷二九《天祚紀三》及本書卷一三三《張覺傳》。

[4]太師：三師之首。師範一人，儀刑四海。正一品。

[5]正隆：金海陵王年號（1156—1161）。

[6]特進：文散官。從一品中次階。　濟國公：封國名。天眷格、大定格，小國封號第二爲濟。

虞仲文字質夫，武州寧遠人也。[1]七歲知作詩，十歲能屬文，日記千言，刻苦學問。第進士，累仕州縣，以廉能稱。舉賢良方正，對策優等。擢起居郎、史館修撰，[2]三遷至太常少卿。[3]宰相有左降，[4]仲文獨出餞之。或指以爲黨，仲文乃求養親。久之，召復前職。宰相薦文行第一，權知制誥，[5]除中書舍人。[6]討平白霫，[7]拜樞密直學士，[8]權翰林學士，[9]爲翰林侍講學士。[10]

[1]武州寧遠：武州，遼州名，初隸朔州。寧遠，縣名，遼置武州時，以寧遠爲一縣隸屬，治所在今山西省神池縣西。按，虞、曹、康三傳，僅補叙其在遼的官職與被張覺殺害後金所給予的贈封，其他事迹皆見《左企弓傳》。

[2]起居郎：遼門下省起居舍人院屬官。　史館修撰：遼國史院屬官。

[3]太常少卿：遼太常寺佐貳。

[4]宰相：指馬人望，見《遼史》卷一〇五《馬人望傳》。

[5]權知制誥：權，代理。知制誥，掌天子文翰之事的遼翰林院屬官。

[6]中書舍人：遼中書省中書舍人院的長官。

[7]白霫（xí）：族稱。霫的一支。《遼史》卷三九《地理志三》"中京大定府"條謂，大定縣，"白霫故地"。大定縣，治所在今内蒙古自治區寧城縣西大明城。

[8]樞密直學士：遼南面朝官漢人樞密院的屬官。

[9]翰林學士：遼南面朝官翰林院的屬官。

[10]翰林侍講學士：《遼史》不見此官，參之本書，其品階當在翰林學士之下。

年五十五，卒，謚文正。天會七年，贈兼中書令。[1]正隆二年，改贈特進、濮國公。[2]

[1]中書令：中書省長官。海陵正隆元年（1156）罷中書門下省後，不再有中書令這一官稱。

[2]濮國公：封國名。天眷格、大定格、《金史·百官志》，小國封號第一爲濮。施國祁《金史詳校》卷七謂，《中州集》有虞仲文詩文。又李之純《虞舜卿送橙酒詩》注云，虞舜卿"爲仲文之裔"。

曹勇義，廣寧人。第進士，除長春令。[1]樞府辟令史。[2]上書陳時政，累擢館閣，[3]遷樞密副都承旨，[4]權燕京三司使，[5]加給事中。[6]召爲樞密副使，[7]加太子少保。[8]與大公鼎、虞仲文、龔誼友善。[9]與虞仲文同在樞密，群小擠之。復出爲三司使，加宣政殿大學士。[10]

[1]長春令：遼長春縣令，縣屬上京道長春州。治所，一説在今吉林省洮南市城四家子古城，另一説在今吉林省前郭爾羅斯蒙古自治縣塔虎城。

[2]樞府辟令史：即遼樞密院選爲承應人令史。

[3]館閣：遼昭文館、崇文館、乾文閣等學士，統稱館閣。

[4]樞密副都承旨：又稱樞密副承旨，爲遼漢人樞密院屬官。"都承旨"，原作"都丞旨"，據南監本、北監本、殿本及本書卷五七《百官志三》改。

[5]燕京三司使：即遼三司使。掌户部勸農、鹽鐵、度支三科。

[6]給事中：遼門下省屬官。原意爲給事殿中以備顧問。

[7]樞密副使：遼南面朝官漢人樞密院佐貳，高於同知樞密院事。

[8]太子少保：遼屬南面朝官東宫三師府。

[9]大公鼎：渤海人。世籍遼陽，後徙中京大定府。《遼史》卷一〇五有傳。　龔誼：人名。本書僅此一見。

[10]宣政殿大學士：《遼史》見有"宣政殿學士"，不見"宣政殿大學士"。

卒，謚文莊。天會七年，贈守太保。[1]正隆二年，改贈特進、定國公。[2]

［1］太保：金三師之一。位在太師、太傅之下。

［2］定國公：封國名。天眷格、大定格、《金史・百官志》，小國封號第四均爲定。

康公弼字伯迪，其先應州人。[1]曾祖胤，遼保寧間以戰功授誓券，[2]家于燕之宛平。[3]公弼好學，年二十三中進士，除著作郎、武州軍事判官。[4]辟樞府令史，求外補，出爲寧遠令。縣中隕霜殺禾稼，漕司督賦急，[5]繫之獄。公弼上書，朝廷乃釋之，因免縣中租賦，縣人爲立生祠。監平州錢帛庫，[6]調役粮于川州。[7]大盜侯概陷川州，[8]使護送公弼出境，曰："良吏也。"權乾州節度使。[9]

［1］應州：治所在今山西省應縣。

［2］保寧：遼景宗年號（969—979）。

［3］宛平：遼縣名。治所在今北京市。

［4］著作郎：遼秘書監著作局有著作郎。　武州：遼州名。軍名宣威，治所在今山西省神池縣。　軍事判官：遼南面軍州節度使的屬官。

［5］漕司：轉運使司的别稱。

［6］監平州錢帛庫：遼南面財賦官平州路錢帛司官長。

［7］川州：治所在今遼寧省北票市西南。

［8］侯概：僅此一見。

［9］乾州節度使：乾州，治所在今遼寧省北寧市西南十二里觀音洞。節度使，爲遼南面方州官。

卒，謚忠肅。天會七年，贈侍中。[1]正隆二年，改贈特進、道國公。[2]

[1]侍中：門下省長官，海陵正隆元年（1156）罷中書門下省，是官隨之亦罷去。

[2]道國公：封國名。天眷格、大定格、《金史·百官志》，小國封號第三爲道。

企弓子泌、瀛、淵。[1]

[1]瀛：左企弓子瀛，海陵時，嘗任汴京路都轉運使。

泌字長源，企弓長子也。仕遼，官至棣州刺史。[1]太祖平燕，泌從企弓歸朝。既而東遷至平州，企弓爲張覺所害，泌復還燕。是時，以燕與宋，宣撫司遣至汴，[2]泌以平州仇人在是，乃間道奔還。朝廷嘉之，擢西上閤門使。[3]從宋王宗望南伐，破真定有功，[4]知祁州，[5]歷刺澤、隰等州。[6]貞元初，[7]爲濬州防禦使，[8]遷陝西路轉運使，[9]封戴國公。[10]

[1]仕遼，官至棣州刺史：按，企弓八世祖皓，嘗爲後唐棣州刺史，遼時棣州本宋地。疑此句爲衍文。

[2]宣撫司：宋官署名。宋制，用兵時多以宰執大臣充任宣撫使，負責督察軍事重任，其職位高於安撫使。

[3]西上閤門使：金官名。掌贊導殿廷禮儀。正五品。

[4]真定：府名。治所在今河北省正定縣。

[5]祁州：刺史州。治所在今河北省安國市。

[6]澤：刺史州。治所在今山西省晋城市。　隰：刺史州。治

所在今山西省隰縣。

［7］貞元：金海陵王年號（1153—1156）。

［8］濬州防禦使：防禦州長官。從四品。州治在今河南省濬縣。

［9］陝西路轉運使：金有轉運司十三處，陝西東路置司京兆府，陝西西路置司平凉府。此陝西路轉運使之“陝西”兩字下，當闕一“東”字，或“西”字。

［10］戴國公：封國名。天眷格、大定格、《金史·百官志》，小國封號第二十五爲戴。

泌性夷澹，好讀《莊》《老》，[1]年六十一，即請致仕。親友或以爲早，泌嘆曰：“予年三十秉旄鉞，[2]侵尋仕路又三十年，名遂身退，可矣。”時人高之。卒年七十四。

［1］《莊》《老》：兩書名。《莊》，即《莊子》，又名《南華經》。相傳爲戰國時莊周與其弟子及其再傳弟子所作。《老》，即《老子》，春秋老聃所著的《道德經》。

［2］旄鉞：借指軍權。

淵累官燕京副留守、中京路都轉運使，[1]歷河北東路、中都路都轉運使。[2]淵貪鄙，三任漕事，務以錢穀自營。在中都凡八年，不求遷。與李通、許霖交關賄賂，[3]詭納漕司諸物，規取財利。世宗即位，淵使其子貽慶詣東京上表，特賜貽慶任忠傑牓第三甲進士，[4]授從仕郎。[5]貽慶還中都，世宗詔淵曰：“凡殿位張設悉依舊，毋增益。不得役使一夫，以擾百姓。謹宮禁出入而已。”大定二年，改沁南軍節度使。[6]世宗素知其爲人，戒之曰："卿宰相子，練習朝政，前爲漕司，朕甚鄙之。毋或刻削百姓，若復敢爾，勿思再用。"淵到懷州未幾，坐前爲中都轉運嘗盜用官材木，除名。子光慶。

[1]中京路都轉運使：司置大定府，海陵貞元元年（1153）更名北京路都轉運司，後又更爲北京路轉運司。

[2]河北東路都轉運使：司置河間府。　中都路都轉運使：司置大興府。

[3]李通：時爲吏部尚書。本書卷一二九有傳。　許霖：時爲户部尚書，金大定二年（1162）降官，放歸田里。

[4]任忠傑：進士第一名，金大定二十二年（1182）曾任禮部員外郎。

[5]從仕郎：文散官。從八品下階。

[6]沁南軍節度使：置懷州，治所在今河南省沁陽市。

光慶字君錫，幼穎悟，沉厚少言。淵嘗謂所親曰："世吾家者，此子也。"以蔭補閤門祇候，遷西上閤門副使。[1]丁父憂，起復東上閤門副使，[2]再轉西上、東上閤門使，兼太廟署令。[3]

[1]西上閤門副使：正六品。

[2]東上閤門使：正五品。

[3]太廟署令：太常寺太廟署長官。掌太廟、衍慶、坤寧宫殿神御諸物，及提控諸門關鍵、掃除、守衛，兼廩犧令事。從六品。

光慶好古，讀書識大義，喜爲詩，善篆隸，尤工大字。世宗行郊禮，受尊號，及受命寶，皆光慶篆。凡宫廟牓署經光慶書者，人稱其有法。典領原廟、坤厚陵、壽安宮工役，[1]不爲苛峻，使勞逸相均。身兼數職，勤慎周密，未嘗自伐，世宗獨察之。

[1]原廟：太廟以外别立的祖廟稱原廟。　坤厚陵：金大定十九年（1179）十一月，改葬世宗昭德皇后烏林荅氏於大房山，號其陵爲坤厚陵。　壽安宮：大定十九年建於京城北的離宮。初名太寧，後更名壽寧，又更名壽安，金明昌二年（1191）再更名爲萬寧宮。

初，御史大夫璋請製大金受命寶，[1]有司以秦璽文進，上命以“大金受命萬世之寶”爲文。徑四寸八分，厚一寸四分，蟠龍紐，高厚各四寸六分有半。[2]禮部尚書張景仁、少府監張僅言典領工事，[3]詔光慶篆之。遷同知宣徽院事，改少府監。丁母憂，起復右宣徽使。世宗幸上京，光慶往上京治儀仗制度，時人以爲得宜。

[1]御史大夫：掌糾察朝儀、彈劾官邪、勘鞫官府公事。從二品。　璋：世祖子斡者之孫。本書卷六五有傳。

[2]蟠龍紐，高厚各四寸六分有半：本書卷三一《禮志四》作“盤龍紐高厚各四寸六分”。

[3]禮部尚書：正三品。　張景仁：遼西人。本書卷八四有傳。張僅言：張覺子。本書卷一三三有傳。

二十五年，卒，年五十一。上遣使致祭，賻銀三百兩、重綵十端、絹百匹。平時喜爲善言，蓄善藥，號“善善道人”。晚信浮屠法，[1]自作真贊，語皆任達云。

[1]浮屠："佛"的梵語音譯，也作浮圖。

贊曰：左企弓、虞仲文、曹勇義、康公弼四子者，皆有才識之士，其事遼主數有論建。及其受爵僭位，委質二君，[1]隕身逆黨，[2]三者胥失之，哀哉。

[1]受爵僭位：指勸耶律淳僭號而受其封爵。　委質二君：指先後爲天祚帝與耶律淳的臣下。

[2]隕身逆黨：指遭張覺殺害。

金史　卷七六

列傳第十四

太宗諸子

宗磐　本名蒲魯虎[1]　宗固　本名胡魯　宗本　本名阿魯　蕭玉附　杲　本名斜也　宗義　本名孛吉　宗幹　本名斡本　充　本名神土懣　子檀奴等　永元　本名元奴　兗　本名梧桐　襄　本名永慶　衮　本名蒲甲

太宗子十四人：[2]蒲魯虎、胡魯、斛魯補、阿魯帶、阿魯補、斛沙虎、阿鄰、阿魯、鶻懶、胡里甲、神土門、斛孛束、斡烈、鶻沙。

[1]宗磐：原作"宗盤"，中華點校本據傳文統一，今從。蒲魯虎：原作"蒲盧虎"，中華點校本據傳文統一，今從。

[2]太宗：廟號。本名吴乞買，漢名晟。1123年至1135年在位。本書卷三有紀。

宗磐本名蒲魯虎。[1]天輔五年，[2]都統杲取中京，[3]宗磐與斡魯、宗翰、宗幹皆爲之副。[4]天會十年，[5]爲國論忽魯勃極烈。[6]熙宗即位，[7]爲尚書令，[8]封宋國王。[9]未幾，拜太師，[10]與宗幹、宗翰並領三省事。[11]

[1]宗磐本名蒲魯虎：按《松漠紀聞》與《大金國志》皆誤以爲太祖子訛魯觀（宗雋）爲蒲魯虎（宗磐），並將宗雋事亦誤載於蒲魯虎的名下。當屬傳聞之誤。

[2]天輔：金太祖年號（1117—1123）。

[3]都統：此指内外諸軍都統。金天輔五年（1121）襲遼主，始有内外諸軍都統之名。　杲：本名斜也，太祖同母弟。本卷有傳。　中京：遼中京大定府。治所在今内蒙古自治區寧城縣西大明城。

[4]斡魯：韓國公劾者子，撒改弟。本書卷七一有傳。本書卷二《太祖紀》及卷七一《斡魯傳》，不曾載斡魯爲副都統。施國祁《金史詳校》卷七謂此“斡魯”二字當削。　宗翰：撒改長子。本書卷七四有傳。　宗幹：太祖庶長子。本卷有傳。

[5]天會：金太宗及金熙宗初年號（1123—1135，1135—1137）。

[6]國論忽魯勃極烈：女真朝官。統數部者曰忽魯，又寫作“胡魯”，乃國之統領官的稱號。

[7]熙宗：廟號。名亶。1135年至1149年在位。本書卷四有紀。

[8]尚書令：尚書省最高長官。統領紀綱，儀刑端揆。正一品。

[9]宋國王：封國名。天眷格，大國封號《大金集禮》第四、《金史·百官志》第三爲宋。

[10]太師：三師之一。師範一人，儀刑四海。正一品。

[11]領三省事：領中書、門下、尚書三省之事，掌中樞政務。

熙宗優禮宗室，宗翰没後，宗磐日益跋扈。嘗與宗幹争論於上前，即上表求退。烏野奏曰：[1]“陛下富於春秋，而大臣不協，恐非國家之福。”熙宗因爲兩解。宗磐愈驕恣，其後於熙宗前持刀向宗幹，都點檢蕭仲恭呵止之。[2]

[1]烏野：完顔勗，穆宗第五子。本書卷六六有傳。

[2]都點檢：即殿前都點檢，兼侍衛親軍都指揮使。掌行從宿衛、關防門禁，督攝隊仗，總判殿前都點檢司事。正三品。　蕭仲恭：契丹人。其母遼道宗季女。本書卷八二有傳。

既而左副元帥撻懶、東京留守宗雋入朝，[1]宗磐陰相黨與。而宗雋遂爲右丞相，[2]用事。撻懶屬尊，功多，先薦劉豫，[3]立爲齊帝，[4]至是唱議以河南、陝西與宋，[5]使稱臣。熙宗命群臣議，宗室大臣言其不可。宗磐、宗雋助之，卒以與宋。其後宗磐、宗雋、撻懶謀作亂，宗幹、希尹發其事，[6]熙宗下詔誅之。坐與宴飲者，皆貶削決責有差。赦其弟斛魯補等九人，[7]并赦撻懶，出爲行臺左丞相。[8]

[1]左副元帥：都元帥佐貳。正二品。　撻懶：完顔昌，穆宗子。本書卷七七有傳。　東京留守：帶本府尹兼本路兵馬都總管。正三品。東京治遼陽府，治所在今遼寧省遼陽市。　宗雋：太祖子。本書卷六九有傳。

[2]右丞相：本書卷四《熙宗紀》、卷六九《宗雋傳》、卷七九

《王倫傳》皆謂宗雋入爲左丞相兼侍中，“右”字疑爲“左”字之誤。左、右丞相，掌丞天子，平章萬機，皆從一品。

[3]劉豫：景州阜城人。本書卷七七有傳。

[4]齊帝：太宗天會八年（1130）立劉豫爲大齊皇帝，熙宗天會十五年（1137）廢，降封爲蜀王。

[5]唱：通“倡”。　河南陝西：指廢齊舊地。宋使王倫求河南、陝西地於撻懶，金天眷元年（1138）撻懶朝京師，倡議以廢齊舊地與宋。

[6]希尹：歡都子。本書卷七三有傳。

[7]赦其弟斛魯補等九人：宗磐弟十三人。阿魯帶宗順於金天會二年（1124）早死，後於大定二年（1162）不復加封者有阿魯補宗偉、斛沙虎宗英以及鶻懶等三人。去此四人爲九人，與“赦其弟斛魯補等九人”正相合。

[8]行臺左丞相：金天眷元年（1138）以河南地與宋，遂改燕京樞密院爲行臺尚書省。行臺官品皆下中臺一等。

皇后生日，[1]宰相諸王妃主命婦入賀。熙宗命去樂，曰：“宗磐等皆近屬，輒構逆謀，情不能樂也。”以黄金合及兩銀鼎獻明德宫太皇太后，[2]并以金合、銀鼎賜宗幹、希尹焉。

[1]皇后：熙宗悼平皇后裴滿氏。本書卷六三有傳。

[2]明德宫太皇太后：宗磐母，太宗欽仁皇后唐括氏。熙宗即位，尊爲太皇太后，號其居爲明德宫。本書卷六三有傳。

宗固本名胡魯。天會十五年爲燕京留守，[1]封豳王。[2]宗雅本名斛魯補，封代王。宗偉本名阿魯補，封虞王。宗英本名斛沙虎，封滕王。宗懿本名阿鄰，封薛王。宗本本名阿魯，封原王。鶻懶封翼王。宗美本名胡里甲，封豐王。神土門封鄆王。斛孛束封霍王。斡烈封蔡王。宗哲本名鶻沙，封畢王。[3]皆天眷元年受封。[4]宗順本名阿魯帶，天會二年薨，皇統五年贈金紫光禄大夫，[5]後封徐王。[6]

[1]燕京：治所在今北京市。

[2]豳王：封國名。天眷格，次國封號《大金集禮》第八、《金史·百官志》第六爲豳。

[3]代王、虞王、滕王、薛王、原王、翼王、豐王、鄆王、霍王、蔡王、畢王：皆封國名。天眷格，次國封號《大金集禮》第十一、《金史·百官志》第九爲代，《大金集禮》天眷格第十二爲虞，《大金集禮》天眷格第十四、《金史·百官志》第十二爲滕，《大金集禮》天眷格第十五、《金史·百官志》第十三爲薛，《大金集禮》天眷格第十七、《金史·百官志》第十五爲原，《大金集禮》天眷格第十九、《金史·百官志》第十七爲翼，《大金集禮》天眷格第二十、《金史·百官志》第十八爲豐，《大金集禮》天眷格第二十三、《金史·百官志》第二十一爲鄆，《大金集禮》天眷格第二十四、《金史·百官志》第二十二爲霍，《大金集禮》天眷格第二十五、《金史·百官志》第二十三爲蔡，《大金集禮》天眷格第二十一、《金史·百官志》第十九爲畢。又他本或謂宗本封陳王，施國祁《金史詳校》卷七以爲"原當作陳"。本書卷五九《宗室表》亦稱宗本爲"原王"。陳爲天眷格大國封號第十九，顯係誤書，施亦誤斷。

[4]天眷：金熙宗年號（1138—1140）。

[5]皇統：金熙宗年號（1141—1149）。　金紫光禄大夫：武散官。正二品上階。

[6]徐王：封國名。天眷格，次國封號《大金集禮》第十三、《金史·百官志》第十一爲徐。

宗磐既誅，熙宗使宗固子京往燕京慰諭宗固。[1]既而翼王鶻懶復與行臺左丞相撻懶謀反伏誅。詔曰：[2]“燕京留守豳王宗固等或謂當絶屬籍，朕所不忍。宗固等但不得稱皇叔，其母妻封號從而降者，審依舊典。”皇統二年，復封宗雅爲代王，宗固爲判大宗正。[3]六年，[4]爲太保、右丞相兼中書令。[5]是歲，[6]薨。

[1]京：與宗望子京同名，本名胡石賚，又作胡失來、胡失打。嘗官左宣徽使，海陵天德二年（1150）遇害，金大定二年（1162）贈金吾衛上將軍。

[2]詔曰：《永樂大典》引文，作“因降封太宗諸子且下詔曰”。

[3]判大宗正：即判大宗正事，大宗正府長官。以皇族中屬親者充，掌敦睦糾率宗屬，欽奉王命。從一品。

[4]六年：原作“三年”，從中華點校本改。

[5]太保：三師之一，位在太師、太傅之下。　中書令：中書省長官。海陵正隆元年（1156）罷中書、門下，中書令亦隨之罷去。

[6]是歲：據本書卷四《熙宗紀》，是歲當作皇統七年（1147）。

海陵在熙宗時，[1]見太宗諸子勢强，而宗磐尤跋扈，與鶻懶相繼皆以逆誅，心忌之。熙宗厚於宗室，禮遇不衰。海陵嘗與秉德、唐括辯私議，[2]主上不宜寵遇太宗諸子太甚。及簒立，謁奠太廟。韓王亨素號材武，[3]使攝右衛將軍，[4]密諭之曰："爾勿以此職爲輕，朕疑太宗諸子太强，得卿衛左右，可無慮耳。"遂與祕書監蕭裕謀去宗本兄弟。[5]太宗子孫於是焉盡，語在《宗本傳》中。

[1]海陵：封號。名亮。1149年至1161年在位。本書卷五有紀。

[2]秉德：宗翰孫。本書卷一三二有傳。　唐括辯：女真人。本書卷一三二有傳。

[3]韓王：封國名。天眷格，次國封號《大金集禮》第六、《金史·百官志》第四爲韓。　亨：宗弼子，本書卷七七有傳。

[4]右衛將軍：殿前都點檢司置有殿前左、右衛將軍及副將，掌宫禁及行從宿衛警嚴，仍領護衛。原脱"衛"字，從中華點校本補。

[5]祕書監：秘書監長官。從三品。　蕭裕：奚人。本書卷一二九有傳。

宗本本名阿魯。皇統九年，爲右丞相兼中書令，[1]進太保，領三省事。海陵簒立，進太傅，領三省事。

初，宗幹謀誅宗磐，[2]故海陵心忌太宗諸子。熙宗時，海陵私議宗本等勢强，主上不宜優寵太甚。及簒立，猜忌益深，遂與祕書監蕭裕謀殺太宗諸子。誣以秉德出領行臺，與宗本别，因會飲，約内外相應。使尚書省令史蕭玉告宗本親謂玉言：[3]"以汝於我故舊，必無它意，可布腹心事。領省臨行，言彼在外諭説軍民，無以外患爲慮。若太傅爲内應，何事不成。"又云："長子鎖里虎當大貴,[4]因是不令見主上。”宗本又言:“左丞相於我及我妃處,稱主上近日見之輒不喜,故心常恐懼,若太傅一日得大位,此心方安。”唐括辯謂宗本言:“内侍張彦善相,[5]相太傅有天子分。”宗本答曰:“宗本有兄東京留守在,宗本何能爲。”[6]是時宗美言:“太傅正是太宗主家子,秖太傅便合爲。”[7]北京留守卞臨行與宗本言:[8]“事不可遲。”宗本與玉言:“大計只於日近圍場内予决。”宗本因以馬一匹、袍一領與玉,充表識物。玉恐圍場日近,身縻於外,不能親奏,遂以告祕書監蕭裕。裕具以聞。

[1]右丞相:本書卷五九《宗室表》稱宗本爲“左丞相”。

[2]宗幹謀誅宗磐:宗磐,原作“宗兖”。金宗室無“宗兖”,施國祁《金史詳校》卷七謂“‘兖’當作‘雋’”。本書卷四《熙宗紀》稱天眷二年(1139)“七月辛巳,宋國王宗磐、兖國王宗雋謀反,伏誅”;卷七三《完顔希尹傳》載,希尹“與宗幹共誅宗磐、宗雋”;本卷《宗磐傳》稱“宗磐、宗雋、撻懶謀作亂,宗幹、希尹發其事,熙宗下詔誅之”,均稱宗幹謀誅者爲宗磐、宗雋。中華點校本據改,今從。

[3]尚書省令史:本書卷五《海陵紀》作尚書省譯史。令史、譯史,皆尚書省承應人。　蕭玉:奚人。本卷有傳。

[4]鎖里虎:本書卷五九《宗室表》作阿里虎。

[5]内侍:宣徽院内侍局承應人。　張彦:本書僅此一見。

[6]宗本有兄東京留守在:指其兄東京留守宗懿。　宗本何能爲:謂宗本何能爲天子。此句如同本書卷七四《京傳》“鶻魯爲”。中華點校本,誤將下句是時之“是”,斷歸本句爲“宗本何能爲是”。

[7]太傅正是太宗主家子，秖太傅便合爲：女真俗，衹有嫡子依長幼之序承嗣。稱宗本爲“主家子”，是因宗本雖爲弟，係嫡子，宗懿雖爲兄，乃庶子，故云僅“太傅便合爲”。“秖”爲“衹”的異體字，“衹”通“只”。

[8]北京：遼中京於海陵貞元元年（1153）始更爲北京，卞在天德二年（1150）遇害，此北京當指臨潢府，治所在今内蒙古自治區巴林左旗林東鎮南波羅城。　卞：本名可喜，太宗孫，不稱誰子。北京留守，金大定二年（1162）追贈金吾衛上將軍。又《宋史》卷三〇《高宗紀七》紹興十七年（1147，金皇統七年）五月“辛巳，金遣完顔卞來賀天申節”。《建炎以來繫年要録》卷一五六作“龍虎衛上將軍殿前右副都點檢完顔卞”。施國祁《金史詳校》卷七祁謂即此人。中華點校本誤將“北京留守”斷在前句，既失查於卞歷任的官職，也由於不解“何能爲”與“便合爲”這一句式。

蕭玉出入宗本家，親信如家人。海陵既與蕭裕謀殺宗本、秉德，詔天下，恐天下以宗本、秉德輩皆懿親大臣，本無反狀，裕構成其事。而蕭玉與宗本厚，人所共知，使玉上變，庶可示信。於是使人召宗本等擊鞠。海陵先登樓，命左衛將軍徒單特思及蕭裕妹壻近侍局副使耶律闢离剌小底，[1]密伺宗本及判大宗正事宗美至，即殺之。宗美本名胡里甲，臨死神色不變。

[1]徒單特思：女真人。本書僅此一見。　近侍局副使：近侍局屬殿前都點檢司。掌侍從，承勅令，轉進奏帖。其副使，從六品。　耶律闢离剌：契丹人。後嘗任左衛將軍及寧昌軍節度使。　小底：宮庭中在皇帝身邊充雜役的護衛，通稱小底。

宗本已死，蕭裕使人召蕭玉。是日，玉送客出城，醉酒，露髮披衣，以車載至裕弟點檢蕭祚家。[1]逮日暮，玉酒醒，見軍士圍守之，意爲人所累得罪，故至此。以頭觸屋壁，號咷曰："臣未嘗犯罪，老母年七十，願哀憐之。"裕附耳告之曰："主上以宗本諸人不可留，已誅之矣。欲加以反罪，令汝主告其事。今書汝告款已具，上即問汝，汝但言宗本輩反如狀。勿復異詞，恐禍及汝家也。"裕乃以巾服與玉，引見海陵。海陵問玉。玉言宗本反，具如裕所教。

[1]點檢蕭祚：時爲從三品的左副點檢，後出爲益都尹。

海陵遣使殺東京留守宗懿、北京留守卞。及遷益都尹畢王宗哲、平陽尹稟、左宣徽使京等，[1]家屬分置别所，止聽各以奴婢五人自隨。既而使人要之於路，[2]并其子男無少長皆殺之。而中京留守宗雅喜事佛，[3]世稱"善大王"，海陵知其無能，將存之以奉太宗。後召至闕，不數日，竟殺之。太宗子孫死者七十餘人，太宗後遂絶。卞本名可喜。稟本名胡离改。京，宗固子，本名胡石賚。

[1]益都尹：府長官，府尹兼領都總管者。掌統諸城隍兵馬甲仗，總判府事。正三品。益都府，治所在今山東省青州市。　平陽尹：府長官，非兼領總管府事者。掌宣風導俗，肅清所部，總判府事。正三品。府治在今山西省臨汾市。　稟：本名胡离改，太宗孫，本書不稱誰子。據《大金國志》，應是燕京留守豳王宗固之子。

前在熙宗時嘗任左宣徽使、尚書左丞、行臺平章政事。　左宣徽使：宣徽院長官。掌朝會、燕享，凡殿庭禮儀及監知御膳。左右宣徽使皆正三品。

[2]要：與“邀”通。

[3]中京：遼中京，金初因之，海陵貞元元年（1153）改爲北京。

蕭玉既如蕭裕教對海陵，海陵遂以宗本、秉德等罪詔天下，以玉上變實之。

海陵使太府監完顏馮六籍宗本諸家，[1]戒之曰：“珠玉金帛入於官，什器吾將分賜諸臣。”馮六以此不復拘籍什器，往往爲人持去，馮六家童亦取其檀木屏風。少監劉景前爲監丞時，[2]太府監失火，案牘盡焚毀，數月方取諸司簿帳補之。監吏坐是稽緩，當得罪，景爲吏倒署年月。太倉都監焦子忠與景有舊，[3]坐逋負，久不得調，景爲盡力出之。久之，馮六與景就宮中相忿争，馮六言景倒署年月及出焦子忠事。御史劾奏景，景黨誘馮六家奴發盗屏事。馮六自陳於尚書省。海陵使御史大夫趙資福、大理少卿許竑雜治。[4]資福等奏馮六非自盗，又嘗自首。海陵素惡馮六與宗室游從，謂宰臣曰：“馮六嘗用所盗物，其自首不及此。法，盗宮中物者死。諸物已籍入官，與宮中物何異。”謂馮六曰：“太府掌宮中財賄，汝當防制姦欺，而自用盗物。”於是，馮六棄市，資福、竑坐鞠獄不盡，[5]决杖有差。景亦伏受焦子忠賂金。海陵曰：“受金事無左驗，景倒署年月，以免吏罪，是不可恕。”遂殺之。

［1］太府監：掌出納邦國財用錢穀之事。正四品。　完顔馮六：女真人。金天德三年（1151）元月爲海陵所殺。

［2］少監：此指太府少監。太府監佐貳。從五品。　劉景：天德四年九月爲海陵所殺。　監丞：指太府監丞。從六品。

［3］太倉都監：太府監太倉屬官。位在使、副使之下。相當於正九品。　焦子忠：本書僅此一見。

［4］御史大夫：御史臺長官。掌糾察朝儀，彈劾官邪，勘鞫官府公事。從二品。　趙資福：金天德二年（1150）十二月以刑部尚書遷御史大夫，四年十月罷。　大理少卿：大理卿佐貳，掌審斷天下奏案，詳讞疑獄。從五品。　許竑：後於金正隆二年（1157），嘗以刑部侍郎爲賀宋生日使。

［5］鞫：通“鞫”。中華點校本作“鞫”。

大定二年，[1]追封宗固魯王、宗雅曹王、宗順隋王、宗懿鄭王、宗美衛王、宗哲韓王、宗本潞王、神土門豳王、斛孛束瀋王、斡烈鄂王。[2]胡里改、胡什賚、可喜並贈金吾衛上將軍。[3]惟宗磐、阿魯補、斛沙虎、鶻懶四人，不復加封。[4]

［1］大定：金世宗年號（1161—1189）。

［2］追封：追封太宗諸子十人封爵的國號，依大定格，分別爲大國封號第十二魯，第二十曹；次國封號第一隋，第二鄭，第三衛，第四韓，第五潞，第六豳，第七瀋，第八鄂。

［3］金吾衛上將軍：武散官。正三品中階。

［4］不復加封：宗磐爲亂，阿魯補及斛沙虎與宗磐之亂，鶻懶與達懶之亂，四人由此皆不復加封。

蕭玉，奚人。既從蕭裕誣宗本罪，海陵喜甚。自尚書省令史爲禮部尚書加特進，[1]賜錢二千萬、馬五百匹、牛五百頭、羊千口，數月爲參知政事。[2]丁母憂，以參政起復，俄授猛安，[3]子尚公主。[4]海陵謂玉曰："朕始得天下，常患太宗諸子方强，賴社稷之靈，卿發其姦。朕無以報此功，使朕女爲卿男婦，代朕事卿也。"賜第一區，分宗本家貲賜之。頃之，代張浩爲尚書右丞，[5]拜平章政事，[6]進拜右丞相，封陳國公。[7]

[1]禮部尚書：禮部長官。正三品。　特進：文散官。從一品中次階。

[2]參知政事：執政官。爲宰相之貳，佐治省事。從二品。

[3]猛安：女真官爵名。因蕭玉有大功於海陵，特授以猛安稱號，使其享有與女真貴族相同的榮譽。

[4]子尚公主：海陵以女下嫁蕭玉子德用。

[5]張浩：遼陽渤海人。本書卷八三有傳。　尚書右丞：執政官。爲宰相之貳，佐治省事。左、右丞皆正二品。

[6]平章政事：爲宰相，掌丞天子、平章萬機。從一品。

[7]陳國公：封國名。從一品曰國公。天眷格、大定格，大國封號第十九爲陳。

文思署令閻拱與太子詹事張安妻坐姦事，[1]獄具，不應訊而訊之。海陵怒，玉與左丞蔡松年、右丞耶律安禮、御史中丞馬諷決杖有差。[2]玉等入謝罪。海陵曰："爲人臣以己意愛憎，妄作威福，使人畏之。如唐魏徵、狄仁傑、姚崇、宋璟，[3]豈肯立威使人畏哉，楊國忠之徒乃立威使人畏耳。"[4]顧謂左司郎中吾帶、右司郎中梁鉥曰：[5]“往者德宗爲相，[6]蕭斛律爲左司郎中，[7]趙德恭爲右司郎中，[8]除吏議法，多用己意。汝等能不以己意愛憎爲予奪輕重，不亦善乎。朕信任汝等，有過則决責之，亦非得已。古者大臣有罪，貶謫數千里外，往來疲於奔走，有死道路者。朕則不然，有過則杖之，已杖則任之如初。如有不可恕，或處之死，亦未可知。汝等自勉。”

[1]文思署令：少府監文思署長官。掌造内外局分印合、傘、浮圖、金銀等，尚輦儀鸞局車具、亭帳之物，並三國生日等禮物，織染文繡兩署金綫。從六品。　閻拱：人名。僅此一見。　太子詹事：宫師府詹事院太子詹事。掌總統東宫内外庶物。從三品。　張安：人名。僅此一見。

[2]蔡松年：真定人。本書卷一二五有傳。　耶律安禮：契丹人。系出遥輦氏。本書卷八三有傳。　御史中丞：御史大夫佐貳。從三品。　馬諷：大興漷陰人。本書卷九〇有傳。

[3]魏徵：唐館陶人。新、舊《唐書》卷九七、卷七一有傳。　狄仁傑：唐太原人。新、舊《唐書》卷一一五、卷八九有傳。　姚崇：唐陜州硤石人。新、舊《唐書》卷九六、卷一二四有傳。　宋璟：唐邢州南和人。新、舊《唐書》卷九六、卷一二四有傳。

[4]楊國忠：唐蒲州永樂人。楊貴妃堂兄。新、舊《唐書》卷一〇六、卷二〇六有傳。

[5]左司郎中：掌本司奏事，總察吏、户、禮三部受事付事。正五品。　吾帶：與阿魯補子烏帶同名，本書僅此一見。　右司郎中：掌本司奏事，總察兵、刑、工三部受事付事。正五品。　梁鉥：海陵時爲右司郎中，世宗初爲户部尚書，後出知火山軍。鉥，原作“球”，中華點校本據本書卷五《海陵紀》、卷六〇《交聘表上》、卷八二《郭安國傳》、卷八八《移剌道傳》改，今從。

[6]德宗：宗幹廟號。海陵篡立，追其父宗幹爲睿明皇帝，廟號德宗。

[7]蕭斛律：人名。本書僅此一見。

[8]趙德恭：人名。本書僅此一見。

正隆三年，[1]拜司徒，[2]判大宗正事。五年，玉以司徒兼御史大夫。使參知政事李通諭旨曰：[3]"判宗正之職固重，御史大夫尤難其人。朕將行幸南京，[4]官吏多不法受賕，卿宜專糾劾，細務非所責也。御史大夫與宰執不相遠，朕至南京，徐當思之。"繼以司徒判大興尹，[5]玉固辭司徒。海陵曰："朕將南巡，京師地重，非大臣不能鎮撫，留卿居守，無爲多讓。"海陵至南京，以玉爲尚書左丞相，進封吴國公。[6]

[1]正隆：金海陵王年號（1156—1161）。

[2]司徒：三公之一。論道經邦，燮理陰陽。正一品。

[3]李通：渤海人。本書卷一二九有傳。

[4]南京：國初稱汴京，金貞元元年（1153）更號南京，治所開封府，在今河南省開封市。

[5]判：高官任低職者帶"判"字。　大興尹：府長官，兼領本路兵馬都總管府事，車駕巡幸，則兼留判。正三品。治所大興府，在今北京市。

[6]吴國公：封國名。天眷格，次國封號第五爲吴。大定格，大國封號第十七爲吴。蕭玉前已封大國封號第十九位陳國公，此時進封吴國公，與天眷格吴爲次國封號第五位不符，而與大定格吴爲大國封號第十七位相符。

海陵將伐宋，因賜群臣宴，顧謂玉曰："卿嘗讀書否?"對曰："亦嘗觀之。"中宴，海陵起，即召玉至内閣，因以《漢書》一册示玉。[1]既而擲之曰："此非所問也，朕欲與卿議事。朕今欲伐江南，卿以爲如何?"玉對曰："不可。"[2]海陵曰："朕視宋國猶掌握間耳，何爲不可?"玉曰："天以長江限南北，舟楫非我所長。苻堅百萬伐晋，[3]不能以一騎渡，以是知其不可。"海陵怒，叱之使出。及張浩因周福兒附奏，[4]海陵杖張浩，并杖玉。因謂群臣曰："浩大臣，不面奏，因人達語，輕易如此。玉以苻堅比朕，朕欲斷其舌，釘而磔之，以玉有功，隱忍至今。大臣决責，痛及爾體，如在朕躬，有不能已者，汝等悉之。"

[1]漢書：書名。漢班固撰。

[2]玉對曰不可：施國祁《金史詳校》卷七對此有異議，認爲玉爲海陵腹心，豈有至南京後，方諭以伐宋事而議始不合。蓋玉與張浩共事，必於海陵弑後，私相附會以成其説，冀以掩後人耳目。並云，史官不察，遂因此議，當列於《佞幸傳》。

[3]苻堅：氐族人。十六國時期前秦皇帝，357 年至 385 年在位。苻，原作"符"，從局本和中華點校本改。　百萬伐晋：指前秦建元十九年（383），苻堅徵調九十多萬大軍伐東晋，在淝水大敗而還之事。

[4]周福兒：海陵親信小底。

及海陵自將發南京，玉與張浩留治省事。世宗即位，[1]降奉國上將軍，[2]放歸田里，奪所賜家産。久之，起爲孟州防禦使。[3]世宗戒之曰："昔海陵欲殺太宗子孫，借汝爲證，遂被進用。朕思海陵肆虐，先殺宗本諸人，然後用汝質成其事，豈得專罪汝等。今復用汝，當思改過。若謂嘗居要地，以今日爲不足，必罰無赦。”轉定海軍節度使，[4]改太原尹。[5]與少尹烏古論掃喝互訟不公事，[6]各削一官，解職，尋卒。

[1]世宗：廟號。名雍。1161年至1189年在位。本書卷六至卷八有紀。

[2]奉國上將軍：武散官。從三品上階。

[3]孟州防禦使：掌防捍不虞，禦制盜賊，餘同府尹。從四品。孟州，治所在今河南省孟縣。

[4]定海軍節度使：掌鎮撫諸軍防刺，總判本鎮兵馬之事，兼本州管内觀察使事。從三品。定海軍置萊州，治所在今山東省萊州市。

[5]太原：府名。治所在今山西省太原市。

[6]少尹：掌通判府事，與同知共爲府尹佐貳。正五品。 烏古論掃喝：女真人。太原府少尹，本書僅此一見。

子德用。大定二十四年，尚書省奏玉子德用當升除，上曰：“海陵假口于玉以快其毒，玉子豈可升除邪。”

贊曰：宗磐嘗從斜也取中京，不可謂無勞伐者，世禄鮮禮，[1]自古有之，在國家善爲保全之道耳。熙宗殺宗盤而存恤其母后，雖云矯情，猶畏物論。海陵造謀，殺宗本兄弟不遺餘力。太宗舉宋而有中原，金百世不遷之廟也，再傳而無噍類，於是太祖之美意無復幾微存者。春秋之世，宋公舍與夷而立其弟，[2]禍延數世，害及五國，誠足爲後世監乎。[3]

[1]世禄鮮禮：語出《尚書·畢命》："世禄之家，鮮克由禮。"《國語·晋語八》謂："此之謂，世禄非不朽也。"

[2]宋公舍與夷而立其弟：宋公，指宋宣公。與夷，宣公子，即宋殤公。弟，名和，即宋穆公。春秋時，宋宣公舍太子與夷，而立弟和。和立九年死，其子馮出居於鄭，而立與夷。與夷在位十年，鄭及諸侯連年來伐，太宰華督弑與夷而迎立公子馮。此謂禍延數世。

[3]監：與"鑒"通。

杲本名斜也，世祖第五子，[1]太祖母弟。[2]收國元年，[3]太宗爲諳班勃極烈，[4]杲爲國論昃勃極烈。[5]天輔元年，杲以兵一萬攻泰州，[6]下金山縣，[7]女固、脾室四部及渤海人皆來降，[8]遂克泰州。城中積粟轉致烏林野，[9]賑先降諸部，因徙之内地。[10]

[1]世祖第五子：即世祖元配拏懶氏的第五子。世祖，廟號，名劾里鉢，1074年至1092年在位，本書卷一有紀。

[2]太祖母弟：即太祖同母弟。太祖，廟號，本名阿骨打，漢名旻，1115年至1123年在位，本書卷二有紀。

[3]收國：金太祖年號（1115—1116）。

[4]諳班勃極烈：女真朝官。金初以皇儲爲諳班勃極烈。諳班意爲"大"，諳班勃極烈即大勃極烈，爲諸勃極烈之首。

[5]國論昃勃極烈：女真朝官。"國論"猶國也，第二曰"拙"或"昃"。昃勃極烈，位於"阿買"第一勃極烈之後，爲"陰陽之官"。原脱"國論"二字，從中華點校本補。

[6]泰州：遼泰州，金爲金安縣。其治所一説在今黑龍江省泰

來縣塔子城，一説在今吉林省洮南市舊洮安縣城東二十里的城四家子古城。

［7］金山縣：施國祁《金史詳校》卷七以爲泰州有金安縣無金山縣。據《遼史》卷三七《地理志一》與本書卷二四《地理志上》，遼泰州金山縣，於遼天慶六年（1116，金收國二年）升爲邊防城静州。而遼泰州於金承安三年（1198）爲金安縣。據吉林省考古工作者的調查，遼金山縣故址，在今内蒙古自治區烏蘭浩特市北二十五里的前公主嶺屯（劉景文《科右前旗前公主嶺一、二號古城調查記》，《東北考古與歷史》1982 年第 1 期）。

［8］女固、脾室四部：據《遼史》卷四六《百官志二》，即遼北面部族女古烈部與左、右、北、南皮室四部。張博泉認爲，女古義“黄”，即大小二黄室韋，脾室非遼時皮室軍名，乃二室韋，合稱四部（張博泉《遼金“女古（女固）皮室（脾室）四部”新議》，《北方民族》1998 年第 2 期）。

［9］烏林野：本書僅此一見。或爲地名，當在泰州之境。又，烏林野似即烏烈的不同譯寫，《金國語解》謂，“烏烈，草廩也”。

［10］内地：金之舊土海古之地，金初稱爲内地，金天眷元年（1138）始號上京。

天輔五年，爲忽魯勃極烈，都統内外諸軍，取中京實北京也。[1]蒲家奴、宗翰、宗幹、宗磐副之，[2]宗峻領合扎猛安，[3]皆受金牌，[4]耶律余睹爲鄉導。[5]詔曰：“遼政不綱，人神共棄。今欲中外一統，故命汝率大軍，以行討伐。爾其慎重兵事，擇用善謀。賞罰必行，[6]粮餉必繼。勿擾降服，勿縱俘掠。見可而進，無淹師期。事有從權，毋煩奏稟。”[7]復詔曰：“若克中京，所得禮樂圖書文籍，並先次津發赴闕。”

［1］取中京實北京：遼中京大定府，治所在今内蒙古自治區寧城縣西大明城。本書卷二四《地理志上》“臨潢府”條下稱：“地名西樓，遼爲上京，國初因稱之，天眷元年改爲北京……貞元元年以大定府爲北京後，但置北京臨潢路提刑司。大定後罷路，并入大定府路。”同卷“北京路大定府”條下稱遼中京大定府“國初因稱之，海陵貞元元年更爲北京”。謂熙宗天眷元年（1138）改上京臨潢府爲北京臨潢府，海陵貞元元年（1153）改中京大定府爲北京大定府後，罷臨潢府北京之稱。又，本書卷六六《勖傳》稱皇統八年（1148）“奏上《太祖實録》二十卷”，卷四《熙宗紀》，皇統八年八月“宗弼進《太祖實録》”。《太祖實録》修成之時正是臨潢府稱北京、大定府稱中京時期。疑《金史》作者没有辨析海陵改中京爲北京，仍按《太祖實録》稱臨潢府爲北京録入。本書卷七七《劉豫傳附麟傳》稱“豫廢，麟遷臨潢。頃之，授北京路都轉運使，歷中京、燕京路都轉運使”，所稱北京當指臨潢而非中京。又，《三朝北盟會編》卷一八二引《金虜節要》稱“金人初破上京，盡屠其城後，又以有罪者徙其中”。據此，金人攻取中京後將中京部分人口遷徙上京（當時稱北京）臨潢府，即“實北京”亦有可能。然按此種説法，“實北京”之前應當提及人口，是以人口充實北京，而“取中京實北京”的寫法未免省略過當，似不符合元人修史體例。“實北京”三字或爲小字注文，或爲衍文，亦或爲當時版本收藏者小字手書闌入者，待考。

［2］蒲家奴：完顔昱，景祖孫，劾孫子。本書卷六五有傳。

［3］宗峻：太祖第二子，於諸子中最嫡。世宗即位，尊爲景宣皇帝。本書卷一九有紀。　合扎猛安：“合扎”，義爲親軍。以近親所領的猛安軍稱爲合扎猛安。

［4］金牌：金收國二年（1116）始製金牌，爲授予萬户的信牌。

［5］耶律余睹：又作余都姑，遼主近族。本書卷一三三、《遼史》卷一〇二皆有傳。

［6］賞罰必行：《永樂大典》卷六七六四引文，作“賞罰必得”。

［7］毋煩奏稟：本書卷二《太祖紀》，作“毋須申稟”。

當是時，遼人守中京者，聞知師期，焚芻粮，欲徙居民遁去。奚王霞末則欲視我兵少則迎戰，[1]若不敵則退保山西。[2]杲知遼人無鬭志，乃委輜重，以輕兵擊之。六年正月，克高、恩、回紇三城，[3]進至中京。遼兵皆不戰而潰，遂克中京。獲馬一千二百、牛五百、駞一百七十、羊四萬七千、車三百五十兩。[4]乃分兵屯守要害之地。駐兵中京，使使奏捷、獻俘。詔曰：“汝等提兵于外，克副所任，攻下城邑，撫安人民，朕甚嘉之。分遣將士招降山前諸部，[5]計已撫定。山後若未可往，[6]即營田牧，俟秋大舉，更當熟議，見可則行。如欲益兵，具數來上。無恃一戰之勝，輒自弛慢。善撫存降附，宣諭將士，使知朕意。”

［1］奚王霞末：奚人。蕭遐買，遼保大元年（1121）以知奚王府事爲奚王，次年二月兵敗北安州。另見於本書卷二、七二、七四及《遼史》卷二九《天祚紀三》、卷一〇二《耶律余覩傳》，並非《遼史》中所見的蕭末或附馬都尉柳城郡王蕭霞抹。　欲視我：施國祁《金史詳校》卷七謂，當改作“議覘我”。

［2］山西：非專名詞，在此指大興安嶺南支之西。

［3］高：高州城。在今内蒙古自治區赤峰市東北哈拉木頭村西土城子古城。　恩：恩州城。在今内蒙古自治區喀喇沁旗東西橋鄉東土城子古城。　回紇：城名。此處所見的回紇城，并非古回鶻城。以進兵路綫度之，當在遼恩州與中京大定府之間。具體地點

待考。

［4］兩：與“輛”通。

［5］山前：指幽、薊、涿、易、檀、順、營、平等州一帶地方（陳樂素《宋徽宗謀復燕雲之失敗》，《輔仁學報》四之一，1986年，第20－21頁）。

［6］山後：指上述諸州以北之地。

完顏歡都游兵出中京南，[1]遇騎兵三十餘紿曰：“乞明旦來降于此。”杲信之，使温迪痕阿里出、納合鈍恩、蒲察婆羅偎、諸甲拔剔隣往迎之。[2]奚王霞末兵圍阿里出等。遂據坂去馬，皆殊死戰，敗霞末兵，追殺至暮而還。是役，納合鈍恩功爲多。

［1］完顏歡都：女真人。與希尹父歡都同名同姓。本書僅此一見。

［2］温迪痕阿里出、納合純恩、蒲察婆羅偎、諸甲拔剔隣：四人名。均爲女真部將，僅此一見，他俱不詳。

宗翰降北安州，[1]希尹獲遼護衛習泥烈，[2]言遼主在鴛鴦濼畋獵，[3]可襲取之。宗翰移書于杲，請進兵。使者再往，曰：“一失機會，事難圖矣。”杲意尚未決。宗幹勸杲當從宗翰策，杲乃約宗翰會奚王嶺。[4]既會，始定議，杲出青嶺，[5]宗翰出瓢嶺，[6]期羊城濼會軍。[7]時遼主在草濼，[8]使宗翰與宗幹率精兵六千襲之。遼主西走，其都統馬哥趨擣里。[9]宗翰遣撻懶以兵一千往擊之。撻懶請益兵于都統杲，而獲遼樞密使得里底父子。[10]

［1］北安州：舊釋在今河北省承德市灤河鎮喀喇河屯。鄭紹宗《遼北安州考》訂正在今河北省隆化縣皇姑屯古城子，即博羅河城（《遼金史論集》第一輯，上海古籍出版社 1987 年版）。

［2］護衛：遼北面御帳官有北南護衛府，以北南部族爲護衛，掌北、南院護衛事。　習泥烈：即耶律習泥烈，金天輔六年（1122）二月爲希尹等所獲。

［3］鴛鴦濼：今河北省張北縣西北的安固里淖。

［4］奚王嶺：其時杲分兵屯守中京要害，宗翰駐軍北安州。奚王嶺當在中京之西，北安州之北。

［5］青嶺：《讀史方輿紀要》謂，青嶺即大青山，在開平故衛西南，或云即青嶺。

［6］瓢嶺：前書謂在青嶺北。

［7］羊城濼：在今河北省沽源縣東北。

［8］草濼：據本書卷一九《顯宗紀》與卷七〇《完顏忠傳》，當在河北省張家口市之北，爲山後高凉之地。

［9］都統馬哥：契丹人。耶律馬哥，時爲遼都統。後於遼保大二年（1122，金天輔六年）五月爲遼知北樞密院使事兼都統，四年（金天會二年）春正月爲金所執。　擣里：地名。不詳。原“里”下有“撻”字，從中華點校本删。

［10］遼樞密使：此指契丹北樞密院之北院樞密使。掌兵機、武銓、群牧，凡契丹軍馬之事皆屬之。　得里底父子：本書卷七七《撻懶傳》謂：“獲遼樞密使得里底及其子磨哥、那野以還。”得里底，即蕭得里底，《遼史》卷一〇〇有傳。

西京已降復叛，[1]杲使招之不從，遂攻之。留守蕭察剌踰城降。[2]四月，復取西京。杲率大軍趨白水濼，[3]分遣諸將招撫未降州郡及諸部族。於是，遼秦晋國王耶律捏里自立于燕京。[4]山西諸城雖降，而人心未固，杲遣宗望奏事，仍請上臨軍。耶律坦招西南招討司及所屬諸部，[5]西至夏境皆降，耶律佛頂亦降于坦。[6]金肅、西平二郡漢軍四千叛去，[7]坦與阿沙兀野、撻不野簡料新降丁壯，[8]追夜襲之。詰旦，戰于河上，大敗其衆，皆委仗就擒。

[1]西京：治所大同府，在今山西省大同市。

[2]留守蕭察剌：即《遼史》卷二九《天祚紀三》保大二年（1122，金天輔六年）三月，以同知北院樞密使事爲左夷離畢的蕭查剌。降金後，嘗助蒲家奴大破毗室部於黄水北。

[3]白水濼：今内蒙古自治區察哈爾右翼前旗東北黄旗海。

[4]秦晋國王：遼封號。　耶律捏里：契丹人。即耶律淳，遼興宗第四孫。保大二年三月，自立於燕京，號天錫皇帝，建元建福，世稱北遼。《遼史》卷三〇有紀。

[5]耶律坦：契丹人。在遼嘗爲左夷離畢、惕隱、同知南京留守事。天祚末年降金。　西南招討司：遼置豐州。在今内蒙古自治區呼和浩特市東南白塔村。

[6]耶律佛頂：契丹人。時爲遼西南面招討使。

[7]金肅：遼州名。遼重熙十二年（1043）伐西夏置，屬西南面招討司，治所在今内蒙古自治區准格爾旗西北。　西平：《遼史·地理志》無西平。施國祁《金史詳校》卷七謂，“西平”當作“河清”。河清軍屬西南面招討司，治所在今内蒙古自治區鄂爾多斯市北。

[8]阿沙兀野、撻不野：兩人名。皆遼降將，屬耶律坦麾下。

耶律捏里移書于杲請和。杲復書，責以不先稟命上國，輒稱大號，若能自歸，當以燕京留守處之。捏里復以書來，其略曰：“昨即位時，在兩國絶聘交兵之際。奚王與文武百官同心推戴，[1]何暇請命。今諸軍已集，儻欲加兵，未能束手待斃也。昔我先世，未嘗殘害大金人民，寵以位號，日益强大。今忘此施，欲絶我宗祀，於義何如也。儻蒙惠顧，則感戴恩德，何有窮已。”杲復書曰：“閤下向爲元帥，總統諸軍，任非不重，竟無尺寸之功。欲據一城，以抗國兵，不亦難乎。所任用者，前既不能死國，今誰肯爲閤下用者。而云主辱臣死，欲恃此以成功，計亦疏矣。幕府奉詔，[2]歸者官之，逆者討之。若執迷不從，期于殄滅而後已。”捏里乃遣使請于太祖。賜捏里詔曰：“汝，遼之近屬，位居將相，不能與國存亡，乃竊據孤城，僭稱大號，若不降附，將有後悔。”

[1]奚王：指回离保。本書卷六七、《遼史》卷一一四有傳。

[2]幕府：本指將帥在外的營帳，此指内外諸軍都統杲及其副宗翰等人。

六月，上發京師，詔都統曰：“汝等欲朕親征，已於今月朔旦啓行。[1]遼主今定何在，何計可以取之，其具以聞。”杲使馬和尚奉迎太祖于撻魯河。[2]斡魯、婁室敗夏將李良輔，[3]杲使完顔希尹等奏捷，且請徙西南招討司諸部于内地。希尹等見上于大濼西南，[4]上嘉賞之。上至鴛鴦濼，杲上謁。上追遼主至回离畛川。[5]南伐燕京，次奉聖州。[6]詔曰：“自今諸訴訟書付都統杲决遣。若有大疑，即令聞奏。”太祖定燕京，還次鴛鴦濼，以宗翰爲都統，[7]杲從上還京師。

[1]今月朔旦：據本書卷二《太祖紀》，指天輔六年（1122）六月戊子朔。

[2]馬和尚：奚人。遼降將。　撻魯河：今吉林省西部洮兒河。

[3]斡魯："斡"，原作"幹"，從中華點校本改。　婁室：女真完顔部人。本書卷七二有傳。　李良輔：夏人。夏崇宗李乾順時爲大將。

[4]大濼：似即大水濼，在今内蒙古自治區克什克騰旗西北之達賚諾爾湖。

[5]回离畛川：地名。本書卷二《太祖紀》作烏里質鐸（澤）。在居延北，即今内蒙古自治區額濟納旗西北。

[6]奉聖州：治所在今河北省涿鹿縣。

[7]宗翰爲都統：此都統指西北、西南兩路都統。

太宗即位，杲爲諳班勃極烈，與宗幹俱治國政。天會三年伐宋，杲領都元帥，[1]居京師。宗翰、宗望分道進兵。四年，再伐宋，獲宋二主以歸。[2]

[1]杲領都元帥：金天會三年（1125）伐宋，始置都元帥府，掌征討之事。初，都元帥以諳班勃極烈爲之，恒居守而不出。

[2]宋二主：宋徽宗趙佶、宋欽宗趙桓。

天會八年，薨。皇統三年，追封遼越國王。[1]天德二年，[2]配享太祖廟庭。正隆例封遼王。大定十五年，謚曰智烈。子孛吉。

[1]遼越國王：封國名。天眷格、大定格，大國封號第一爲遼，《大金集禮》天眷格大國封號第十一，大定格、《金史·百官志》第九爲越。

[2]天德：金海陵王年號（1149—1153）。

宗義本名孛吉，斜也之第九子。天德間，爲平章政事。

海陵已殺太宗子孫，尤忌斜也諸子盛强，欲盡除宗室勳舊大臣。是時，左副元帥撒离喝在汴京與撻不野有隙，[1]撻不野女爲海陵妃，[2]海陵陰使撻不野圖撒离喝。於是都元帥府令史遥設迎合風指，[3]詐爲撒离喝與其子宗安家書，[4]宗安誤遺宫外，遥設因拾得之，以上變。其書契丹小字，其封題已開。其中白紙一幅，有白字隱約，[5]狀若經水浸，致字畫可讀者，上有撒离喝手署及某王印。書辭云："阿渾，汝安樂否。早晚到闕下。前者走馬來時，曾議論我教汝阿渾平章、謀里野阿渾等處覰事勢再通往來，[6]緩急圖謀，知汝已嘗備細言之。謀里野阿渾所言噉是，只殺撻不野則南路無憂慮矣。"詳略互見《撒离喝傳》中。女直謂子"阿渾"。[7]前"阿渾"謂撒离喝子，其子宗安。[8]後"阿渾平章"指宗義，宗義本宗室子，猶有舊稱。以是殺宗義、謀里野，并殺宗安及太祖妃蕭氏、任王隈喝及魏王斡帶孫活里甲。[9]遥設詐書無活里甲，海陵見其坦率善修飾，惡之。大臣以無罪爲請，海陵曰："第殺之，無復言也。"殺斜也子孫百餘人，謀里野子孫二十餘人。謀里野，景祖孫，謾都訶次子。

［1］左副元帥：元帥府左副元帥。正二品。　撒离喝：安帝六代孫，漢名與太祖母弟斜也杲相同。本書卷八四有傳。　汴京：今河南省開封市。　撻不野：渤海人。即大臭。本書卷八〇有傳。

［2］撻不野女：海陵第二娘子大氏。海陵即位封貴妃，正隆二年（1157）進封元妃。

［3］都元帥府令史遥設：都元帥府承應人。

［4］宗安：撒离喝子，時爲御史大夫。

［5］白字：爲保密，用明礬水書寫的字。經水浸，字迹方顯。以此法書寫的信件，又稱白字書。

［6］謀里野：景祖孫、謾都訶次子，時爲工部尚書。

［7］女真謂子阿渾：本書《金國語解》謂，"蒲陽温曰幼子"。《女真館雜字》人物門第十五"阿渾温"爲"兄"。其間詞義或有所變化。

［8］其子宗安：施國祁《金史詳校》卷七謂"'其子'二字當削"。

［9］太祖妃蕭氏：本書卷六三有傳。　任王：封國名。天眷格、大定格、《金史·百官志》，小國封號第二十四爲任。　限喝：斜也子，宗義弟，太祖崇妃蕭氏養子。本書卷六三《崇妃蕭氏傳》誤爲太祖妃蕭氏所生子。　魏王：封國名。天眷格，大國封號第九爲魏。　斡帶：世祖子，太祖同母弟。本書卷六五有傳。　活里甲：斡帶孫。見於《海陵紀》，《宗室表》失載。

斜也有幼子阿虎里，[1]其妻撻不野女，海陵妃大氏女兄。[2]將殺阿虎里，使者不忍見其面，以衾覆而縊之，當其頤，久不死。及去被再縊之，海陵遣使赦其死，遂得免。後封爲王，授世襲千户。

[1]阿虎里：斜也幼子，時爲同判大宗正。

[2]大氏女兄：名蒲速碗，本書卷六三《海陵諸嬖傳》則稱“元妃之妹”。

大定初，追復宗義官爵，贈特進。弟蒲馬、孛論出、阿魯、隈喝並贈龍虎衛上將軍。[1]

[1]龍虎衛上將軍：武散官。正三品上階。

宗幹本名斡本，太祖庶長子。太祖伐遼，遼人來禦，遇丁境上。使宗幹率衆先往填塹，士卒畢度。渤海軍馳突而前，左翼七謀克少却，[1]遂犯中軍。杲輒出戰，太祖曰：“遇大敵不可易也。”使宗幹止杲。宗幹馳出杲前，控止導騎哲垤之馬，[2]杲乃還。達魯古城之戰，[3]宗幹以中軍爲疑兵。太祖既攻下黄龍府，[4]即欲取春州。[5]遼主聞黄龍不守，大懼，即自將，籍宗戚豪右少年與四方勇士及能言兵者，皆隸軍中。宗幹勸太祖毋攻春州，休息士卒。太祖以爲然，遂班師。

[1]左翼七謀克：此謀克，指作爲戰鬥組織的謀克軍。金代以一百人爲謀克，長官稱謀克，也稱百夫長。謀克之下，每五十人設一位蒲里衍，爲謀克副從。謀克士卒亦有副從，稱阿里喜，以驅丁充當。

[2]導騎：官員出行，前驅稱導，後隨稱從。女真騎兵作戰，官有導騎，兵有從馬。　哲垤：女真人。另見於本書卷二《太祖紀》。

[3]達魯古城之戰：金收國元年（1115）正月達魯古城戰役。

達魯古城所在地，現主要有三説，其一，在今吉林省前郭爾羅斯蒙古族自治縣他虎城；其二，在今拉林河西；其三，在今吉林省松原市舊扶余縣城北土城子。

[4]黄龍府：治所在今吉林省農安縣城。

[5]春州：即長春州。治所説法不一，一説在今吉林省洮南市城四家子古城，一説在今吉林省大安市月亮泡東南，一説在今吉林省前郭爾羅斯蒙古族自治縣塔虎城。

宗幹得降人，言春、泰州無守備，可取。於是斜也取春、泰州，宗雄、宗幹等下金山縣。[1]宗雄即以兵三千屬宗幹，招集未降諸部。宗幹擇土人之材幹者，以詔書諭之。於是女固、脾室四部及渤海人皆降。

[1]宗雄：康宗長子。本書卷七三有傳。

太祖克臨潢府，[1]至沃黑河。[2]宗幹諫曰："地遠時暑，士罷馬乏，若深入敵境，粮餉不繼，恐有後艱。"上從之，遂班師。從都統杲取中京。宗翰自北安州移書于杲。是時，希尹獲遼人，知遼主在鴛鴦濼，可襲取之。杲不能決。宗翰使再至。宗幹謂杲曰："移賚勃極烈灼見事機，[3]再使來請，彼必不輕舉。且彼已發兵，不可中止，請從其策。"再三言之，杲乃報宗翰會奚王嶺。當時無宗幹，杲終無進兵意。既會軍于羊城濼，杲使宗幹與宗翰以精兵六千襲遼至五院司。[4]遼主已遁去，與遼將耿守忠戰于西京城東四十里。[5]守忠敗走。

[1]臨潢府：遼上京。治所在今内蒙古自治區巴林左旗林東鎮南波羅城舊址。

[2]沃黑河：舊無説，或即臨潢之西西拉木倫河北源的黑河。

[3]移賚勃極烈：女真朝官。"第三"曰"移賚"，位居阿買勃極烈與昃勃極烈之後。金天輔五年（1121）六月，以宗翰爲移賚勃極烈。

[4]五院司：遼上京路控制諸奚的北面邊防官。隸北府，以鎮南境。大王及都監春夏居五院部之側，秋冬居羊門甸。

[5]耿守忠：在遼爲節度使，其後降金，仍冠以節度使之銜。

太宗即位，宗幹爲國論勃極烈，[1]與斜也同輔政。天會三年，獲遼主于應州西余睹谷。[2]始議禮制度，正官名，定服色，興庠序，設選舉，治曆明時，皆自宗幹啓之。四年，官制行，詔中外。[3]

[1]國論勃極烈：女真朝官，位同宰輔。

[2]應州：治所在今山西省應縣。　余睹谷：地名。據《遼史》卷三〇《天祚紀四》，在應州新城東六十里。

[3]四年，官制行，詔中外：見於本書卷五五《百官志一》、卷七八《韓企先傳》、卷八三《張通古傳》，但卷三《太宗紀》失載。

十年，熙宗爲諳班勃極烈，宗幹爲國論左勃極烈。[1]熙宗即位，拜太傅，與宗翰等並領三省事。天眷二年，進太師，封梁宋國王，[2]入朝不拜，策杖上殿，仍以杖賜之。宗幹有足疾，詔設坐奏事。無何，監修國史。[3]皇統元年，賜宗幹輦輿上殿，制詔不名。

［1］國論左勃極烈：金天會十年（1132）四月，國論勃極烈分置爲左右，猶左右相。

［2］梁宋國王：封國名，《大金集禮》天眷格，大國封號第四，大定格、《金史·百官志》第三爲宋，《大金集禮》天眷格，大國封號第三，大定格、《金史·百官志》第二爲梁。　本書卷三七《禮志十》，稱徒單氏爲"唐殷國妃"。唐、殷、商、周等大國封號，是金皇統五年（1145）增加的封國號，宗幹之爲唐殷國王，當是死後的贈封。

［3］監修國史：官名。掌監修國史之事。金制，例以宰相兼任此職。

上幸燕京，宗幹從。有疾，上親臨問。自燕京還，至野狐嶺，[1]宗幹疾亟不行。上親臨問，語及軍國事，上悲泣不已。明日，上及后同往視，后親與宗幹饋食，至暮而還。因赦罪囚，與宗幹禳疾。居數日，薨。上哭之慟，輟朝七日。大臣死輟朝，自宗幹始。上致祭，是日庚戌，太史奏戌、亥不宜哭。[2]上不聽，曰："朕幼冲時，太師有保傅之力，[3]安得不哭。"哭之慟。上生日不舉樂。[4]上還上京，幸其第視殯事。及喪至上京，上臨哭之。及葬，臨視之。[5]

［1］野狐嶺：在今河北省萬全縣與張北縣之間。

［2］太史：遼司天監長官稱太史令，金司天臺長官爲提點。金初沿遼制，太史，即太史令的簡稱。

［3］保傅之力：女真舊俗，婦女寡居，宗族接續之。《建炎以來繫年要録》卷八四謂："宗幹，亶伯父，且妻其母，如子也。"

《松漠紀聞》亦有相同記載。宗峻死後，宗幹妻其妻，其子熙宗方六歲。故熙宗有是語。

[4]上生日不舉樂：熙宗生於七月七日。本書卷四《熙宗紀》皇統元年（1141）六月謂，“壬辰，有司請舉樂，上以宗幹新喪不允”。

[5]及葬，臨視之：《松漠紀聞》謂，宗幹死，其子“托宇文虛中、高士談、趙伯謂爲志。高、宇以趙貧，命趙爲之，而二人書篆其文額，所濡甚厚”。

海陵篡立，追謚憲古弘道文昭武烈章孝睿明皇帝，廟號德宗，以故第爲興聖宫。[1]大定二年，除去廟號，改謚明肅皇帝。[2]及海陵廢爲庶人，[3]二十二年，皇太子允恭奏，[4]略曰：“追惟熙宗世嫡統緒，海陵無道，弑帝自立，崇正昭穆，[5]削其煬王，俾齒庶人之列。瘞之閑曠，不封不樹，既已申大義而明至公矣。海陵追崇其親，逆配於廟。今海陵既廢爲庶人，而明肅猶竊帝尊之名，列廟祧之數。海陵大逆，正名定罪，明肅亦當緣坐。是時明肅已殂，不與於亂，臣以謂當削去明肅帝號，止從舊爵。或從太祖諸王有功例，加以官封，明詔中外，俾知大義。”書奏，世宗嘉納，下尚書省議。於是追削明肅帝號，封爲皇伯、太師、遼王，[6]謚忠烈，妻子諸孫皆從降。明昌四年，配享太祖廟廷。[7]

[1]興聖宫：本書卷二四《地理志上》“上京路”條：“興聖宫，德宗所居也，天德元年名之。”

[2]改謚明肅皇帝：《大金集禮》謂：“大定二年四月九日，有司擬用原謚最下一字稱明皇帝，奉旨改爲明肅。”

[3]海陵廢爲庶人：金大定二年（1162）降封爲海陵郡王，謚曰煬。二十年降爲海陵庶人。

[4]皇太子允恭：世宗第二子，母曰明德皇后烏林荅氏，於諸子中最嫡，大定二年立爲皇太子。本書卷一九有紀。

[5]昭穆：按古代宗廟之制，始祖居中，二、四、六世位左稱昭，三、五、七世位右稱穆，用以分別長幼、親疏、遠近。

[6]遼王：封國名。天眷格、大定格，大國封號第一爲遼。

[7]明昌四年，配享太祖廟廷：明昌四年（1193）衍慶宮圖畫功臣次序始定之前，早於大定二十二年（1182）改封遼王之時，衍慶宮圖畫功臣已增有宗幹。其時，位在斜也、撒改之下。此指太廟中配享太祖廟廷。明昌，金章宗年號（1190—1196）。

子充、亮、兖、襄、衮。亮，是爲海陵庶人。

充本名神土懣。母李氏，[1]徒單氏以爲己子。熙宗初，加光禄大夫。[2]天眷間，爲汴京留守。皇統間，封淄國公，[3]爲吏部尚書，[4]進封代王，[5]遷同判大宗正事。[6]九年，拜左丞相。[7]是歲，薨，追封鄭王。[8]大定二十二年，追降儀同三司、左丞相。[9]子檀奴、元奴、耶補兒、阿里白。

[1]李氏：嗢熱人。名金哥，李靖之妹，宗幹側室。見《松漠紀聞》。

[2]光禄大夫：文散官。從二品上階。

[3]淄國公：封國名。天眷格、大定格、《金史·百官志》，小國封號第十四爲淄。

[4]吏部尚書：吏部長官。掌文武選授、勛封、考課、出給制誥之政。正三品。

[5]代王：封國名。《大金集禮》天眷格，次國封號第十一、

大定格、《金史·百官志》第九爲代。

[6]同判大宗正事：大宗正府佐貳。從二品。

[7]左丞相："左"，原作"右"，從中華點校本改。

[8]鄭王：封國名。《大金集禮》天眷格，次國封號第三，大定格、《金史·百官志》第二爲鄭。

[9]儀同三司：文散官。從一品中階。

檀奴，爲歸德軍節度使。[1]阿里白，定遠大將軍、和魯忽土猛安忽隣河謀克。[2]海陵弑徒單氏，以充嘗爲徒單養子，因并殺檀奴及阿里白。元奴、耶補兒逃歸于世宗。檀奴贈榮禄大夫，[3]阿里白輔國上將軍。[4]詔有司改葬。世宗時，元奴爲宗正丞；[5]耶補兒爲鎮國上將軍，[6]後爲同知濟南尹事。[7]

[1]歸德軍節度使：歸德軍，置瑞州，治所在今遼寧省綏中縣西南境。

[2]定遠大將軍：武散官。從四品中階。　和魯忽土猛安：即王寂《遼東行部志》中的和魯奪徒千户，原應在咸平路境内（張博泉《金史論稿》第一卷，吉林文史出版社1986年版）。　忽隣河謀克：待考。

[3]榮禄大夫：文散官。從二品下階。

[4]輔國上將軍：武散官。從三品中階。

[5]宗正丞：脱"大"字。大宗正丞，大宗正府屬官，二員，分司上京長貳，兼治臨潢以東六司屬。從四品。

[6]鎮國上將軍：武散官。從三品下階。

[7]同知濟南尹事：掌通判府事。正四品。濟南府，治所在今山東省濟南市。

永元字惇禮，本名元奴。幼聰敏，日誦千言。皇統元年，試宗室子作詩，永元中格。善《左氏春秋》，[1]通其大義。天德初，授百女山世襲謀克。[2]

[1]左氏春秋：書名。即《左傳》，世傳爲左丘明撰。

[2]百女山：僅此一見，地點不詳。

海陵伐宋，已渡淮，軍士多亡歸而契丹叛，由是疑宗室益甚。已殺永元弟檀奴、阿里白，[1]永元與弟耶補兒逃匿得免。

世宗即位于遼陽，與耶補兒俱來歸，上慰勞甚厚。授宗正丞，改符寶郎，[2]爲灤州刺史。[3]授世襲猛安，[4]乞以謀克與耶補兒，詔許之。轉棣州防禦使。[5]

[1]永元弟：據本卷《充傳》與卷五九《宗室表》，檀奴爲永元兄，阿里白爲永元弟。此“弟”字應改爲“兄弟”方合。

[2]符寶郎：隸殿前都點檢司。掌御寶及金銀等牌。

[3]灤州刺史：掌同府尹兼治州事。正五品。灤州，治所在今河北省灤縣。

[4]世襲猛安：女真官名。金常把猛安授貴族功臣，受封者領有猛安的人口和封地，准其世襲，稱世襲猛安。

[5]棣州：治所在今山東省惠民縣。

泰寧軍節度使張弘信通檢山東，[1]專以多得民間物力爲功，督責苛急。永元面責弘信曰：“朝廷以差調不均，立通檢法。今使者所至，以殘酷妄加農民田産，箠擊百姓有至死者。市肆賈販貿易有贏虧，田園屋宇利入有多寡，故官子孫閉門自守，使與商賈同處上役，豈立法本意哉。”弘信無以對。於是棣州賦税得以實自占。遷震武軍節度使。[2]

[1]泰寧軍節度使：置兖州，治所在今山東省兖州市。　張弘信：按本書卷六《世宗紀上》及卷四六《食貨志一》謂，金大定四年（1164）其以泰寧軍節度使，通檢山東州縣，尤爲酷暴。知泰寧軍節度使爲張弘信的職官。而中華校點本却誤斷在前句，錯以爲是永元的官職。

[2]震武軍節度使：置代州，治所在今山西省代縣。

大定六年，丁母憂，起復崇義軍節度使，[1]徙順義軍。[2]朔州西境多盜，而猾吏大姓蠹獄訟，暋亂賦役，[3]永元剔其宿姦，百姓安之。坐賣馬與驛人取贏利，及濬州防禦使斡論坐縱孳畜踐民田，[4]俱解職。頃之，永元起爲保大軍節度使，[5]歷昭義、絳陽、震武軍，[6]遷濟南尹、北京副留守。

[1]崇義軍節度使：置義州，治所在今遼寧省義縣。

[2]順義軍：節度使置朔州。治所在今山西省朔州市。

[3]蠹獄訟，暋亂賦役：施國祁《金史詳校》卷七謂，“蠹上脱一字”，“暋當爲瞀”。按，“暋”作强悍解，而“瞀亂”作錯亂解。此或爲形似之誤。

[4]濬州：治所在今河南省濬縣。　斡論：女真以斡論爲名者多人，此斡論，時爲濬州防禦使。張元濟《金史校勘記》疑爲本書卷八六《蒲察斡論傳》之“斡論”，實際難以確指。

[5]保大軍節度使：置鄜州，治所在今陝西省富縣。

[6]昭義：軍州名。置潞州，治所在今山西省長治市。　絳陽：軍州名。置絳州，治所在今山西省新絳縣。

寧國家婢醜底與咸平人化胡有姦。[1]醜底於主印處紿取印署空紙與化胡，遂寫作永元、寧國生日時辰，誣告永元、寧國謀逆。詔有司鞫問，乃醜底意望爲良，使化胡爲之。上曰："化胡與醜底有姦，造作惡言，誣害宗室，化胡斬，醜底處死。"改興中尹，[2]爲彰德軍節度使。[3]卒官，年五十一。喪過中都，遣使致祭，賻銀三百兩、綵十端、絹百匹。

[1]寧國：施國祁《金史詳校》卷七謂，"按'寧國'似公主封號，而《百官志》無是名，疑'定國'之訛"。　醜底：人名。僅見於此。　咸平：府名。治所在今遼寧省開原市老城鎮。　化胡：人名。僅見於此。

[2]興中：府名。治所在今遼寧省朝陽市。

[3]彰德軍節度使：置相州，金明昌三年（1192）升爲府，以軍爲名。治所在今河南省安陽市。

永元歷典大藩，[1]多知民間利害，所至稱治，相、棣、順義政迹尤著，[2]其民並爲立祠。

[1]大藩：指總領一方軍府的地方長官。

[2]相、棣、順義：施國祁《金史詳校》卷七謂"當作棣、順義、相"。

兖本名梧桐。皇統七年，爲左副點檢，[1]轉都點檢。

九年，爲會寧牧，[2]改左宣徽使。海陵篡立，兖使宋還，[3]拜司徒兼都元帥，[4]領三省事，進拜太尉。[5]及殺太祖妃蕭氏，盡以其財産賜兖。罷都元帥府，立樞密院，兖爲樞密使，[6]太尉、領三省事如故。[7]天德四年十二月晦，薨。明日，貞元元年元旦，[8]海陵爲兖輟朝，不受賀。宋、夏、高麗、回鶻賀正旦使，命有司受其貢獻。追進兖王爵。大定二十二年，追降特進。

[1]左副點檢：殿前左副點檢，兼侍衛親軍副都指揮使。從三品。

[2]會寧牧：金都官名。太宗建都會寧，升州爲府，治所在今黑龍江省阿城市南的白城。金初因唐宋之制，於京都或陪都，以親王充任最高長官者稱爲牧。

[3]兖使宋：本書卷五《海陵紀》及卷六〇《交聘表中》皆不見記載。

[4]司徒：爲三公之一。正一品。

[5]太尉：爲三公之一。正一品。

[6]樞密使：樞密院長官。掌凡武備機密之事。從一品。

[7]太尉領三省事：本書卷一二九《蕭裕傳》，"海陵弟太師兖領三省事"，"太尉"作"太師"。

[8]貞元：金海陵王年號（1153—1156）。

兖妻烏延氏，正隆六年坐與奴有姦，海陵殺之。其弟南京兵馬副都指揮使習泥烈，[1]私于族弟屋謀魯之妻。屋謀魯之奴謀欲執習泥烈，習泥烈迺殺其奴。海陵聞之，遂殺習泥烈。

[1]南京兵馬副都指揮使：即南京路總管府兵馬司的副都指揮使。爲貳使職，通判司事，分管内外巡捕盜賊。正六品。　習泥烈：烏延氏，兖妻弟，見本書卷五《海陵紀》。日本學者小野川秀美《金史語彙集成》，誤作兖弟。

兖子阿合，大定中爲符寶祇候，[1]俄遷同知定武軍節度使。[2]上曰："汝歲秩未滿，朕念迺祖迺父爲汝遷官，勿爲不善，當盡心學之。"

[1]符寶祇候：金大定二年（1162）改牌印祇候爲符寶祇候。

[2]同知定武軍節度使：通判節度使事，兼州事者仍帶同知管内觀察使。正五品。定武軍，置定州，後復名中山府，治所在今河北省定州市。

襄本名永慶，海陵母弟。爲輔國上將軍，卒。天德二年，追封衛王，[1]再贈司徒。大定二十二年，追降銀青光禄大夫。[2]

[1]衛王：封國名。天眷格，次國封號《大金集禮》第四、大定格、本書《百官志》第三爲衛。

[2]銀青光禄大夫：文散官。章宗以後改稱銀青榮禄大夫。正二品下階。

子和尚封應國公，[1]賜名樂善。左宣徽使許霖之子知彰與和尚鬭争，[2]其母妃命家奴捽入凌辱之，使人曳霖至第毆詈之。明日，霖訴于朝。詔大興尹蕭玉、左丞良弼、權御史大夫張忠輔、左司員外郎王全雜治。[3]妃杖一百，殺其家奴爲首者，餘决杖有差。霖嘗跪于妃前，失大臣體，及所訴有妄，笞二十。

[1]應國公：封國名。天眷格，小國封號第十九爲應。

[2]許霖：熙宗時，爲省令史。海陵時，歷吏部侍郎、户部尚書、左宣徽使、御史大夫以及領軍大都督府左都監。世宗即位，降官放歸田里，金大定五年（1165）又賜起復。

[3]左丞良弼：女真人。即尚書省左丞紇石烈良弼。本書卷八五有傳。　張忠輔：熙宗時，爲大定縣丞。海陵時，官爲御史中丞權御史大夫。　左司員外郎：據本書卷一〇五《劉樞傳》與卷一二九《李通傳》當爲“右司員外郎”，“左”字應改爲“右”。左右司的員外郎皆爲正六品。　王全：海陵時官爲同知安武軍節度使事、右司員外郎。世宗時初爲右司員外郎，後爲大興少尹。

大定間，家奴小僧月一妄言和尚熟寢之次有異徵。[1]襄妃僧酷以爲信然，召日者李端卜之。[2]端云當爲天子，司天張友直亦云當大貴。[3]家奴李添壽上變。僧酷、和尚下吏，驗問有狀，皆伏誅。上曰：“朕嘗痛海陵翦滅宗族。今和尚所爲如此，欲貸其罪，則妖妄誤惑愚民者，便以爲真，不可不滅。朕於此子，蓋不得已也。”傷閔者久之。

[1]小僧月一：人名。本書僅此一見。

[2]日者：以占候卜筮爲業的人。　李端：人名。本書僅此一見。

[3]司天：司天臺屬員。　張友直：人名。本書僅見於此。

袞本名蒲甲，亦作蒲家。桀驁强悍，海陵不喜其爲人。初爲輔國上將軍。天德初，加特進，封王，爲吏部尚書，判大宗正事。坐語禁中起居狀，兵部侍郎蕭恭首問，[1]護衛張九具言之。[2]海陵親問，恭奪官解職，張九對不以實，特處死，袞與翰林學士承旨宗秀、護衛麻吉、小底王之章皆决杖有差。[3]海陵自是愈忌之。未幾，授猛安。

[1]兵部侍郎：兵部尚書佐貳。正四品。　蕭恭：乃烈奚王之後，本書卷八二有傳。

[2]護衛：天子之衛士。　張九：人名。不詳。

[3]翰林學士承旨：翰林學士院長官。掌制撰詞命。正三品，金貞祐三年（1215）升從二品。　宗秀：太師勗子。本書卷六六有傳。　麻吉：與銀朮可弟同名。　小底：天子身邊的承應人。　王之章：人名。本書僅此一見。

及遷中都，道中以蒲家爲西京留守。西京兵馬完顏謨盧瓦與蒲家有舊，[1]同在西京，遂相往來。蒲家嘗以玉帶遺之。蒲家稱謨盧瓦驍勇不減尉遲敬德。[2]編修官圓福奴之妻與蒲家姻戚，[3]圓福奴嘗戒蒲家曰："大王名太彰著，宜少謙晦。"蒲家心知海陵忌之，嘗召日者問休咎。家奴喝里知海陵疑蒲家，迺上變告之，言與謨盧瓦等謀反，嘗召日者問天命。御史大夫高楨、刑部侍郎耶律慎須吕就西京鞫之，[4]無狀。海陵怒，使使者往械蒲家等至中都，不復究問，斬之于市。謨盧瓦、圓福奴并日者皆凌遲處死。

[1]西京兵馬：施國祁《金史詳校》卷七謂“此下當加都監”。按，西京路大同府，舊置兵馬都部署司，金天德二年（1150）改置本路都總管府。“西京兵馬”，當是西京路總管府兵馬司都指揮使的簡稱。巡捕盜賊，提控禁夜，糾察諸博徒屠宰牛馬，總判司事。正五品。　完顏謨盧瓦：女真人。金貞元元年（1153）五月爲海陵所殺。

[2]尉遲敬德：唐朔州善陽人。新、舊《唐書》卷八九、卷六八有傳。

[3]編修官：國史院屬官。正八品。　圓福奴：人名。另見於本書卷五《海陵紀》。

[4]高楨：渤海人。本書卷八四有傳。高楨，原作“高禎”，從中華點校本改。　刑部侍郎：刑部佐貳。正四品。　耶律慎須呂：本書僅此一見。施國祁《金史詳校》卷七謂，“須呂”二字有訛。按，本書叙及某人時，亦有先書其封號或官職，再記其姓氏以及漢名與本名者，例見卷三一《禮志四》，以此視之，“耶律”爲姓，“慎”爲漢名，“須呂”當是其本名。

贊曰：金議禮制度，班爵禄，正刑法，治曆明時，行天子之事，成一代之典，杲、宗幹經始之功多矣。杲子宗義爲海陵所殺，宗幹之後又不幸而有海陵，故其子孫之昌熾既鮮，而亦不免於僇辱焉。秦、漢而下，宗臣世家與國匹休者，何其少歟。君子於此，可以觀世變矣。

金史　卷七七

列傳第十五

宗弼　本名兀术　亨　本名孛迭　張邦昌　劉豫[1]
撻懶[2]

[1]劉豫：下當加小注“子麟”。
[2]撻懶：依例當作“昌”，下加小注“本名撻懶”。

宗弼，本名斡啜，又作兀术，亦作斡出，或作晃斡出，太祖第四子也。[1]

[1]太祖：廟號。本名阿骨打，漢名旻。1115年至1123年在位。本書卷二有紀。　第四子：本書卷六九《太祖諸子傳》謂：“元妃烏古論氏生梁王宗弼”。《大金國志》卷二七《兀术傳》：“武元（金太祖）第六子也，江南誤呼作四太子。”又本書卷六九《太祖諸子傳》，“景宣帝”“宗幹”“宗望”“睿宗”皆年長於宗弼，“宗雋”與“宗弼”生平年長不詳，應爲第五子或第六子。故云宗弼是“第四子”誤。

希尹獲遼護衛習泥烈，問知遼帝獵鴛鴦濼。[1]都統杲出青嶺，[2]宗望、宗弼率百騎與馬和尚逐越盧、孛古、野里斯等，馳擊敗之。[3]宗弼矢盡，遂奪遼兵士槍，獨殺八人，生獲五人，遂審得遼主在鴛鴦濼畋獵，尚未去，可襲取者。

[1]希尹：完顏部人。歡都子。本書卷七三有傳。　遼護衛：遼置北面御帳官，以北南部族爲護衛，由北、南護衛府統之，掌北南院護衛事。　習泥烈：契丹人。即耶律習泥烈。　遼帝：下文稱遼主，指天祚帝耶律延禧。1101 年至 1125 年在位。　鴛鴦濼：今河北省張北縣西北安固里淖。

[2]都統杲：都統爲金朝内外諸軍都統。杲，女真人，姓完顏氏，本名斜也，太祖同母弟。本書卷七六有傳。　青嶺：《讀史方輿紀要》謂，青嶺即大青山，在開平故衛西南，或云即青嶺。

[3]宗望：太祖第二子。本書卷七四有傳。　馬和尚：奚人，金朝將領。　越盧、孛古、野里斯：遼朝將領。

及宗望伐宋，宗弼從軍，取湯陰縣，降其卒三千人。[1]至御河，[2]宋人已焚橋，不得渡，合盧索以七十騎涉之，[3]殺宋焚橋軍五百人。宗望遣吴孝民先入汴諭宋人，[4]宗弼以三千騎薄汴城。宋上皇出奔，[5]選百騎追之，弗及，獲馬三千而還。

[1]湯陰縣：治所在今河南省湯陰縣。

[2]御河：運河名。隋大業四年（608）開鑿。自今河南省武陟縣南引沁水東北流，經新鄉、衛輝、滑縣、内黄諸縣市，至河北省魏縣，復東北經大名、館陶、臨清、清河等縣市，至山東省武城縣，由此折而北流，經山東省德州市仍入河北省境内，經吴橋、東

光、南皮、滄縣、青縣、静海等縣達天津市，又折而西北，經武清、安次二縣達於北京市。全程多利用自然河道，長一千多公里。自天津市西北渠段不久即毁，天津市以南唐以後改以清、淇二水爲源，不再引自沁水。北宋以後通稱御河。

[3]合魯索：女真人。金軍部將。本書僅此一見。

[4]吴孝民：其他事迹不詳。　汴：宋京師開封府。金初曰汴京，金貞元元年（1153）更號南京，治所在今河南省開封市。

[5]宋上皇：宋徽宗禪位皇太子欽宗趙桓，人稱其爲上皇，也稱太上皇，又稱道君皇帝。

宗望薨，宗輔爲右副元帥，徇地淄、青。[1]宗弼敗宋鄭宗孟數萬衆，遂克青州。[2]復破賊將趙成于臨朐，大破黄瓊軍，遂取臨朐。[3]宗輔軍還，遇敵三萬衆于河上，宗弼擊敗之，殺萬餘人。[4]

[1]宗輔：太祖子，世宗父。世宗即位，尊爲皇帝，廟號睿宗。本書卷一九有紀。　右副元帥：都元帥府屬官。位在都元帥與左副元帥之下，金朝右路軍統帥。正二品。　淄：州名。治所在今山東省淄博市南淄川。　青：州名。後升爲益都府，治所在今山東省青州市。

[2]鄭宗孟：宋人。金天會六年（1128）與宗弼戰於青州。

[3]趙成：宋義軍首領。　臨朐：縣名。治所在今山東省臨朐縣。　黄瓊：宋將。

[4]河上：指宋千乘縣附近的小清河。《建炎以來繫年要録》卷一九載有此次戰鬥。

詔伐宋康王，宗輔發河北，宗弼攻開德府。[1]粮乏，轉攻濮州。[2]前鋒烏林荅泰欲破王善二十萬衆，遂克濮州，降旁近五縣。[3]攻開德府，宗弼以其軍先登，奮擊破之。攻大名府，[4]宗弼軍復先登，破其城。河北平。

[1]宋康王：宋徽宗第九子趙構。北宋宣和三年（1121）進封康王，靖康二年（1127）五月即位於南京應天府。史稱南宋高宗，本傳又稱宋主。　開德府：宋府名。金爲開州，治所在今河南省濮陽市。

[2]濮州：治所在今河南省濮陽市東的濮城。

[3]烏林荅泰欲：女真人。鎮國上將軍，大定間著勛衎慶亞次功臣。　王善：宋人。後於淮南巢縣戰敗降金。

[4]大名府：治所在今河北省大名縣。

宋主自揚州奔于江南，[1]宗弼等分道伐之。進兵歸德，[2]城中有自西門、北門出者，[3]當海復敗之。[4]乃絶隍築道，列礮隍上，將攻之，城中人懼，遂降。先遣阿里、蒲盧渾至壽春，[5]宗弼軍繼之，宋安撫使馬世元率官屬出降。[6]進降廬州，再降巢縣王善軍。[7]當海等破酈瓊萬餘衆于和州，[8]遂自和州渡江。將至江寧西二十里，宋杜充率步騎六萬來拒戰。[9]鶻盧補、當海、迪虎、大臭合擊破之，[10]宋陳邦光以江寧府降。[11]留長安奴、斡里也守江寧。[12]使阿魯補、斡里也別將兵徇地，下太平州、濠州及句容、溧陽等縣。[13]泝江而西，屢敗張永等兵，[14]杜充遂降。

[1]揚州：治所在今江蘇省揚州市。　江南：地區名。指長江

以南地區。

［2］歸德：宋南京應天府，也稱河南郡歸德軍，金稱歸德府。治所在今河南省商丘市。

［3］城中有自西門、北門出者：按《永樂大典》卷六七六五《王字韻宗室封王二十九金》，無“北門”二字。

［4］當海：女真人。先後嘗爲宗望與宗弼麾下軍帥。

［5］阿里：女真人。即斜卯阿里。本書卷八〇有傳。　蒲盧渾：女真人。即烏延蒲盧渾。本書卷八〇有傳。　壽春：治所在今安徽省壽縣。

［6］宋安撫使：宋各路負責軍務治安的長官。　馬世元：《續資治通鑑》卷一〇六載“淮西提點刑獄、閤門宣贊舍人馬識遠代知府事”，“即日爲降書，啓門迎降”。馬世元即馬識遠。

［7］廬州：治所在今安徽省合肥市。　巢縣：治所在今安徽省巢湖市。

［8］酈瓊：宋相州臨漳人。時爲宋淮南東路兵馬鈐轄，後率部附於齊。本書卷七九有傳。　和州：治所在今安徽省和縣。

［9］江寧：府名。後改名建康府，治所在今江蘇省南京市江寧區。　杜充：宋相州人。以尚書右僕射、同平章事、御營使，爲宋江淮宣撫使守江寧。金稱其爲宋副元帥。金天會七年（1129）十一月兵敗江寧，八年正月以其衆降金，熙宗天眷二年（1139）爲金行臺右丞相，三年十一月卒。

［10］鶻盧補：即阿魯補，又作訛魯補，女真人。姓完顔氏，冶訶子。本書卷六八有傳。　迪虎：金初部將。　大臭：渤海人。本書卷八〇有傳。

［11］陳邦光：宋顯謨閣直學士、沿江都制置使、江寧府守臣。降金後嘗爲江寧知府。

［12］長安奴、斡里也：二人皆爲金初部將，本書僅此一見。

［13］太平州：治所在今安徽省當塗縣。　濠州：治所在今安徽省鳳陽縣。　句容：縣名。治所在今江蘇省句容縣。　溧陽：縣

名。治所在今江蘇省溧陽市。

[14]張永：宋將。曾與阿魯補戰於廬州的東北。

宗弼自江寧取廣德軍路，追襲宋主于越州。[1]至湖州，[2]取之。先使阿里、蒲盧渾趨杭州，[3]具舟于錢塘江。宗弼至杭州，官守巨室皆逃去，遂攻杭州，取之。宋主聞杭州不守，遂自越奔明州。[4]宗弼留杭州，使阿里、蒲盧渾以精兵四千襲之。訛魯補、术列速降越州。[5]大㚖破宋周汪軍。[6]阿里、蒲魯渾破宋兵三千，遂渡曹娥江。去明州二十五里，大破宋兵，追至其城下。城中出兵，戰失利，宋主走入于海。宗弼中分麾下兵，會攻明州，克之。阿里、蒲盧渾泛海至昌國縣，執宋明州守趙伯諤。[7]伯諤言“宋主奔温州，將自温州趨福州矣”。[8]遂行海追三百餘里，不及，阿里、蒲盧渾乃還。

[1]廣德軍路：宋軍路名。治所在今安徽省廣德縣。　越州：宋州名。治所在今浙江省紹興市。

[2]湖州：宋州名。治所在今浙江省湖州市。

[3]杭州：宋州名。治所在今浙江省杭州市。

[4]明州：宋州名。治所在今浙江省寧波市。

[5]术烈速：女真部將。事迹另見於本書卷七一《闍母傳》、卷七四《宗望傳》、卷八〇《斜卯阿里傳》。

[6]周汪：宋人。《建炎以來繫年要録》卷三一謂：“同知樞密院事，兩浙宣撫使周望。”本書卷三《太宗紀》亦作周望。汪爲“望”之誤。

[7]昌國縣：治所在今浙江省舟山群島。　趙伯諤：宋人。宋明州守臣。

[8]温州：宋州名。治所在今浙江省温州市。　福州：宋州名。治所在今福建省福州市。

宗弼還自杭州，遂取秀州。[1]赤盞暉敗宋軍于平江，[2]遂取平江。阿里率兵先趨鎮江，宋韓世忠以舟師扼江口。[3]宗弼舟小，契丹、漢軍没者二百餘人，遂自鎮江泝流西上。世忠襲之，奪世忠大舟十艘，於是宗弼循南岸，世忠循北岸，且戰且行。世忠艨艟大艦數倍宗弼軍，出宗弼軍前後數里，擊柝之聲，自夜達旦。世忠以輕舟來挑戰，一日數接。將至黄天蕩，宗弼乃因老鸛河故道開三十里通秦淮，[4]一日一夜而成。宗弼乃得至江寧。撻懶使移剌古自天長趨江寧援宗弼，[5]烏林荅泰欲亦以兵來會，連敗宋兵。

[1]秀州：宋州名。治所在今浙江省嘉興市。

[2]赤盞暉：其先附於遼，嘗以張爲氏。本書卷八〇有傳。　平江：宋岳州平江縣。治所在今湖南省平江縣。

[3]鎮江：宋府名。原名潤州，治所在今江蘇省鎮江市。　韓世忠：宋人。時以宋浙西制置使駐鎮江。《宋史》卷三六四有傳。

[4]黄天蕩：在今江蘇省南京市西北。　老鸛河：亦名老鸛嘴，今名新河，在黄天蕩南。　秦淮：指南京附近流入長江的秦淮河。

[5]撻懶：即完顔昌，穆宗子。本卷有傳。　移剌古：女真人。姓完顔氏。據本書卷九〇《移剌道傳》，"宗室移剌古爲山東東路兵馬都總管"，稱其"宗室"。其與卷八二《烏延吾里補傳》的"總管宗室移剌屋"或是一人。　天長：縣名。治所在今安徽省天長縣。

宗弼發江寧，將渡江而北。宗弼軍渡自東，移剌古渡自西，與世忠戰于江渡。世忠分舟師絶江流上下，將左右掩擊之。世忠舟皆張五緉，[1]宗弼選善射者，乘輕舟，以火箭射世忠舟上五緉，五緉著火箭，皆自焚，煙焰滿江，世忠不能軍。追北七十里，舟軍殲焉，世忠僅能自免。

[1]五緉："緉"通"兩"。《左傳》杜預注："重錦，錦之熟細者。以二丈雙行，故曰兩。"五兩，在此當指艨艟戰船上高二丈雙行的風帆，亦即《續資治通鑑》卷一〇七所謂"以火箭射其箬篷"的"箬篷"。

宗弼渡江北還，遂從宗輔定陝西。與張浚戰于富平，[1]宗弼陷重圍中。韓常流矢中目，[2]怒拔去其矢，血淋漓，以土塞創，躍馬奮呼搏戰，遂解圍，與宗弼俱出。既敗張浚軍于富平，遂與阿盧補招降熙河、涇原兩路。[3]及攻吴玠于和尚原，[4]抵險不可進，乃退軍。伏兵起，且戰且走，行三十里，將至平地，宋軍陣于山口，宗弼大敗，將士多戰没。明年，復攻和尚原，克之。天會十五年，爲右副元帥，封瀋王。[5]

[1]張浚：宋漢州綿竹人。時爲宋川陝宣撫處置使。《宋史》卷三六一有傳。　富平：縣名。治所在今陝西省富平縣。

[2]韓常：燕山人。太祖入燕，隨其父降金。官至驃騎衛上將軍，大定著勳衍慶亞次功臣。《大金國志》卷二七有傳。

[3]阿盧補：女真人。姓完顏氏，宗室子。又作阿离補，與冶訶子阿魯補同名。本書卷八〇有傳。　熙河：宋路名，指宋熙州與

河州一帶。熙寧五年（1072）置熙河路，治熙州，治所在今甘肅省臨洮縣。　涇原：宋路名，指宋涇州與原州一帶。康定二年（1041）分陝西路置涇原路，治渭州，治所在今甘肅省平凉市。

[4]吴玠：宋德順軍隴干人。時爲宋陝西諸路都統制，秦鳳路經略使。《宋史》卷三六六有傳。　和尚原：地名。在今陝西省寶鷄市西南。

[5]天會：金太宗與金熙宗初年號（1123—1135、1135—1137）。　爲右副元帥：據本書卷八九《石抹卞傳》與《大金國志》卷二七《兀术傳》，在任右副元帥之前，嘗爲右監軍，本傳失載。　瀋王：封爵名。天眷格，次國封號第九。

天眷元年，撻懶、宗磐執議以河南之地割賜宋，詔遣張通古等奉使江南。[1]明年，宋主遣端明殿學士韓肖胄奉表謝，[2]遣王倫等乞歸父喪及母韋氏、兄弟。[3]宗弼自軍中入朝，進拜都元帥。[4]宗弼察撻懶與宋人交通賂遺，遂以河南、陝西與宋，奏請誅撻懶，復舊疆。是時，宗磐已誅，撻懶在行臺，復與鶻懶謀反。[5]會置行臺於燕京，[6]詔宗弼爲太保，領行臺尚書省，都元帥如故，[7]往燕京誅撻懶。撻懶自燕京南走，將亡入于宋，追至祁州，殺之。[8]

[1]天眷：金熙宗年號（1138—1140）。　宗磐：太宗嫡長子。本書卷七六有傳。　河南之地：原劉齊所轄河南之地。　張通古：易州易縣人。本書卷八三有傳。

[2]端明殿學士：宋官名。宋承五代之制，置諸殿學士。無官守，無典掌，而資望極高。僅爲出入侍從，以備顧問。　韓肖胄：宋相州安陽人。《宋史》卷三七九有傳。

［3］王倫：宋大名莘縣人。本書卷七九、《宋史》卷三七一皆有傳。　父喪：指趙構父宋徽宗趙佶靈柩。　母韋氏：指趙構母，宋徽宗韋賢妃。　兄弟：指趙構的被虜諸兄弟。

［4］都元帥：都元帥府長官。掌征討之事。從一品。據本書卷四《熙宗紀》，與此同時，宗弼進封越國王。傳從略。

［5］鶻懶：太宗子，又稱翼王鶻懶。見本書卷七六《太宗諸子傳》。

［6］置行臺於燕京：熙宗天會十五年（1137）罷劉豫，置行臺尚書省於汴。金天眷元年（1138）以河南地與宋，遂改燕京樞密院爲行臺尚書省。　燕京：治所在今北京市。

［7］太保：三師之一。師範一人，儀刑四海。正一品。　領行臺尚書省：行臺尚書省長官。掌行臺民政事務。本書《百官志》無載，官品不詳。

［8］追至祁州，殺之：從“宗弼自軍中入朝”至此，此段記事前後混亂。按本書卷四《熙宗紀》，天眷元年九月“丁酉，改燕京樞密院爲行臺尚書省”，二年七月“丙戌，以右副元帥宗弼爲都元帥”，“八月辛亥，行臺左丞相撻懶、翼王鶻懶及活離胡土、撻懶子斡帶、烏達補謀反，伏誅”，三年正月“以都元帥宗弼領行臺尚書省事”。則“置行臺於燕京”事當在“宗弼自軍中入朝”之前，“宗弼爲太保，領行臺尚書省，都元帥如故”事當在“達懶自燕京南走……追至祁州，殺之”之後。　祁州：治所在今河北省安國市。

詔諸州郡軍旅之事，決于帥府。民訟錢穀，行臺尚書省治之。宗弼兼總其事，遂議南伐。太師宗幹以下皆曰：[1]“構，[2]蒙再造之恩，不思報德，妄自鴟張，祈求無厭，今若不取，後恐難圖。”上曰：“彼將謂我不能奄有河南之地。且都元帥久在方面，深究利害，宜即舉兵討之。”遂命元帥府復河南疆土，詔中外。

[1]太師：三師之首。正一品。　宗幹：太祖庶長子。本書卷七六有傳。

[2]構：人名。宋高宗趙構。

宗弼由黎陽趨汴，[1]右監軍撒离喝出河中趨陝西。[2]宋岳飛、韓世忠分據河南州郡要害，復出兵涉河東，駐嵐、石、保德之境，以相牽制。[3]宗弼遣孔彦舟下汴、鄭兩州，[4]王伯龍取陳州，[5]李成取洛陽，[6]自率衆取亳州及順昌府，嵩、汝等州相次皆下。[7]時暑，宗弼還軍于汴，岳飛等軍皆退去，河南平，[8]時天眷三年也。上使使勞問宗弼以下將士，凡有功軍士三千，並加忠勇校尉。[9]攻嵐、石、保德，皆克之。

[1]黎陽：縣名。治所在今河南省濬縣。

[2]右監軍：即元帥右監軍，都元帥府屬官。掌征討之事。正三品。　撒离喝：即完顏杲，安帝六代孫。本書卷八四有傳。　河中：府名。治所在今山西省永濟市西南蒲州鎮。

[3]岳飛：宋相州湯陰人。《宋史》卷三六五有傳。　河東：黄河河曲以東的河東路。　嵐：州名。治所在今山西省嵐縣東北的嵐城。　石：州名。治所在今山西省離石縣。　保德：軍州名。治所在今山西省保德縣。

[4]孔彦舟：相州林慮人。本書卷七九有傳。　鄭：州名。治所在今河南省鄭州市。

[5]王伯龍：瀋州雙城人。本書卷八一有傳。　陳州：治所在今河南省淮陽縣。

［6］李成：雄州歸信人。本書卷七九有傳。　洛陽：宋西京河南府洛陽郡，金爲河南府，治所在今河南省洛陽市。

［7］亳州：治所在今安徽省亳州市。　順昌府：金爲潁州，治所在今安徽省阜陽市。　嵩：州名。治所在今河南省嵩縣。　汝：州名。治所在今河南省汝州市。

［8］“時暑”至“河南平”：據《宋史》載，岳飛派遣部隊深入河南，與河北忠義民兵夾擊金兵。收復潁昌、鄭州等地，並取得順昌之戰與郾城之戰大捷。宗弼不得不還軍於汴。岳飛已進逼汴城南四十五里的朱仙鎮，正擬收復河朔，宋高宗與秦檜急於議和，日下十二金字牌，强令班師。岳飛等軍不得不退回武昌。

［9］忠勇校尉：武散官。正八品上階。

宗弼入朝。是時，上幸燕京，宗弼見於行在所。居再旬，宗弼還軍，上起立酌酒飲之，賜以甲胄弓矢及馬二匹。宗弼已啓行四日，召還。至日，[1]希尹誅。越五日，宗弼還軍，進伐淮南，克廬州。

［1］至日：據本書卷四《熙宗紀》，指天眷三年（1140）九月癸亥（二十二日）。

上幸燕京。宗弼朝燕京，乞取江南，上從之。制詔都元帥宗弼比還軍與宰臣同入奏事。俄爲尚書左丞相兼侍中，太保、都元帥、領行臺如故。[1]詔以燕京路隸尚書省，西京及山后諸部族隸元帥府。[2]乃還軍，遂伐江南。既渡淮，[3]以書責讓宋人，宋人答書乞加寬宥。宗弼令宋主遣信臣來稟議，宋主乞“先斂兵，許弊邑拜表闕下”。宗弼以便宜，約以畫淮水爲界。上遣護衛將軍撒改往軍中勞之。[4]

[1]尚書左丞相：即指宰相，掌丞天子，平章萬機。從一品。　侍中：門下省長官，金朝一般以左丞相兼之。

[2]詔以燕京路隸尚書省，西京及山后諸部族隸元帥府：太宗伐宋設都元帥府，駐京師，以東路軍駐燕京下設燕京樞密院，西路軍駐雲中（今山西省大同市）下設雲中樞密院。金天會十年(1132)，都元帥府遷至中原，成爲總領中原地區的最高軍政合一的統治機關。至此，熙宗將燕京路收歸中央統轄。　西京：治大同府，今山西省大同市。　山後：指雲、寰、應、朔、蔚、嬀、儒、新、武州地。爲西京路的南部，或指整個西京路的範圍，相當於今山西省北部地方。

[3]淮：淮河。

[4]護衛將軍：殿前左右衛將軍的簡稱。掌宫禁及行從宿衛警嚴，仍總領護衛。　撒改：即完顔思敬，金源郡王神土懣子。本書卷七〇有傳。

皇統二年二月，宗弼朝京師，兼監修國史。[1]宋主遣端明殿學士何鑄等進誓表，[2]其表曰："臣構言，今來畫疆，合以淮水中流爲界，西有唐、鄧州，[3]割屬上國。自鄧州西四十里并南四十里爲界，屬鄧州。其四十里外並西南盡屬光化軍，[4]爲弊邑沿邊州城。既蒙恩造，許備藩方，世世子孫，謹守臣節。每年皇帝生辰并正旦，遣使稱賀不絶。歲貢銀、絹二十五萬兩、匹，自壬戌年爲首，[5]每春季差人般送至泗州交納。[6]有渝此盟，明神是殛，墜命亡氏，踣其國家。臣今既進誓表，伏望上國蚤降誓詔，[7]庶使弊邑永有憑焉。"

［1］皇統：金熙宗年號（1141—1149）。“皇統二年二月”，原作“三年二月”，按本書卷六〇《交聘表中》，皇統二年“二月辛卯，宋端明殿學士何鑄、容州觀察使曹勛來進誓表”。《金史詳校》卷七，“‘三’當作‘二’”。中華點校本據補“皇統”二字，改“三年”爲“二年”。今從之。　監修國史：國史院長官。掌監修國史事。

［2］何鑄：宋杭州余杭人。皇統二年（1142）二月辛卯以端明殿學士、簽樞密院事，爲宋報謝使。《宋史》卷三八〇有傳。

［3］唐州：治所在今河南省唐河縣。　鄧州：治所在今河南省鄧州市。

［4］光化軍：宋軍州名。治所在今湖北省老河口市。

［5］壬戌年：即宋紹興十二年（1142），金皇統二年。

［6］般：通“搬”。　泗州：治所在今江蘇省盱眙縣。

［7］蚤：通“早”。

宗弼進拜太傅。[1]迺遣左宣徽使劉筈使宋，[2]以衮冕圭寶珮璲玉册，册康王爲宋帝。其册文曰：“皇帝若曰：咨爾宋康王趙構。不弔天降喪于爾邦，亟瀆齊盟，自貽顛覆，俾爾越在江表。用勤我師旅，蓋十有八年于兹。[3]朕用震悼，斯民其何罪。今天其悔禍，誕誘爾衷，封奏狎至，願身列于藩輔。今遣光禄大夫、左宣徽使劉筈等，[4]持節册命爾爲帝，國號宋，世服臣職，永爲屏翰。嗚呼欽哉，其恭聽朕命。”仍詔天下。賜宗弼人口牛馬各千、駝百、羊萬，仍每歲宋國進貢内給銀、絹二千兩、匹。

［1］太傅：三師之一。位在太保之上。正一品。

［2］左宣徽使：宣徽院長官。掌朝會燕享，凡殿庭禮儀及監知御膳。正三品。　劉筈：劉彦宗次子。本書卷七八有傳。

［3］十有八年：自金天會三年（1125）十月太宗詔諸將伐宋，至皇統二年（1142）三月熙宗遣使册命，爲十有八年。

［4］光禄大夫：文散官。從二品上階。

宗弼表乞致仕，不許，優詔答之，賜以金券。[1]皇統七年，[2]爲太師、領三省事，都元帥、領行臺尚書省事如故。皇統八年，薨。[3]大定十五年，謚忠烈。[4]十八年，配享太宗廟庭。[5]子亨迭。

［1］金券：又稱鐵券或誓券。以鐵爲之，狀如卷瓦，刻字畫欄，填之以金。外以御寶爲合，半留内府，以賞殊功。

［2］皇統七年："七年"，原作"三年"。按本書卷四《熙宗紀》，皇統七年（1147）九月"以都元帥宗弼爲太師、領三省事，都元帥、行臺尚書省事如故"。中華點校本據改，今從之。

［3］皇統八年，薨：按，本書有十多處稱宗弼爲"梁王"或"太師梁王"，《大金國志·兀术傳》亦稱宗弼"封梁國王"。但本書《熙宗紀》却謂，皇統八年十月"辛酉，太師、領三省事、都元帥、越國王宗弼薨"。其生時並未封梁王。本書《施宜生傳》："天德二年，用參知政事張浩薦宜生可備顧問。海陵召爲翰林直學士，撰太師梁王宗弼墓銘，進官兩階。"據此知宗弼爲梁王乃海陵天德初年贈封。又《大金國志》謂，"兀术臨終，以堅守和好之説"。《三朝北盟會編》卷二一五引《征蒙記》亦載，兀术病篤，憂慮南宋近年軍勢雄鋭，有心争戰。故親筆遺戒四行，望部下謹守勿忘。本傳不載。

［4］大定：金世宗及章宗初年的年號（1161—1189）。

[5]十八年，配享太宗廟庭：按本書卷三一《禮志四》功臣配享條則謂，金大定八年（1168）“上命圖畫功臣於太祖廟”，乃定皇伯太師梁王宗弼爲左廡第四位。十六年“左廡遷梁王宗弼於斡魯上”。至明昌四年（1193）次序始定，皇伯太師梁忠烈王斡出宗弼，位於西廊第三。

亨本名孛迭。熙宗時，封芮王，爲猛安，加銀青光禄大夫。[1]天德初，加特進。[2]海陵忌太宗諸子，[3]將謁太廟，以亨爲右衛將軍，語在《太宗諸王傳》。

[1]熙宗：廟號。名亶。1135年至1149年在位。本書卷四有紀。　芮王：封國名。天眷格，小國封號第三十爲芮。　猛安：女真世爵名，受封者領有猛安人口和封地，爵位由子孫世襲，此爲孛迭襲其父宗弼的世襲猛安爵。　銀青光禄大夫：章宗後更名爲銀青榮禄大夫。文散官，正二品下階。

[2]天德：金海陵年號（1149—1153）。　特進：文散官。從一品中次階。

[3]海陵：封號。名完顏亮。1149年至1161年在位。本書卷五有紀。

海陵賜良弓，亨性直，材勇絶人，喜自負，辭曰：“所賜弓，弱不可用。”海陵遂忌之。出爲真定尹，[1]謂亨曰：“太宗諸子方强，多在河朔、山東，[2]真定據其衝要，如其有變，欲倚卿爲重耳。”其實忌亨也。歷中京、東京留守。[3]家奴梁遵告亨與衛士符公弼謀反，[4]考驗無狀，遵坐誅。海陵益疑之。改廣寧尹，再任李老僧使伺察亨動静，且令構其罪狀。[5]

[1]真定尹：府長官。掌宣風導俗，肅清所部，總判府事，兼領本路兵馬都總管。正三品。真定府治所在今河北省正定縣。

[2]河朔：地區名。泛指黄河以北的地方。　山東：地區名。指黄河下游山東東、西兩路。

[3]中京：原遼中京，金初因之，置有留守司，海陵貞元元年（1153）更名北京。治大定府，今内蒙古自治區寧城縣西大明城。　東京留守：留守司長官。帶本府尹，兼本路兵馬都總管。正三品。治遼陽府，今遼寧省遼陽市。

[4]梁遵、符公弼：二人本書僅此一見。

[5]廣寧：府名。治所在今遼寧省北寧市西南五里北鎮廟。　李老僧：時爲同知廣寧尹事。本書卷一三二有傳。

亨初除廣寧，諸公主、宗婦往賀其母徒單氏。太祖長女兀魯曰：[1]“孛迭雖稍下遷，勿以爲嫌，國家視京、府一也。況孛迭年富，何患不貴顯乎。”是時，兀魯與徒單斜也爲室，[2]斜也妾忽撻得幸於徒單后，[3]忽撻譖后，告“兀魯語涉怨望，且指斥，又言孛迭當大貴”。海陵使蕭裕鞫之，[4]左驗皆不敢言，遂殺兀魯。而杖斜也，免其官，以兀魯怨望，斜也不先奏聞故也。乃封忽撻爲莘國夫人。[5]

[1]兀魯：太祖長女，下嫁徒單斜也兄定哥。定哥死，徒單斜也强納之。

[2]徒單斜也：即徒單恭。本書卷一二〇有傳。

[3]徒單后：海陵后徒單氏，斜也女。本書卷六三有傳。

[4]蕭裕：奚人。本書卷一二九有傳。

[5]莘國夫人：封號。小國封號第二十九爲莘。

久之，亨家奴六斤頗黠，給使總諸奴，老僧謂六斤曰："爾渤海大族，不幸坐累爲奴，寧不念爲良乎。"六斤識其意。六斤嘗與亨侍妾私通，亨知之，怒曰："必殺此奴。"六斤聞之，懼，密與老僧謀告亨謀逆。亨有良馬，將因海陵生辰進之，以謂生辰進馬者衆，不能以良馬自異，欲他日入見進之。六斤言亨笑海陵不識馬，不足進。亨之奴有自京師來者，具言徒單阿里出虎誅死。[1]亨曰："彼有貸死誓券，安得誅之。"奴曰："必欲殺之，誓券安足用哉。"亨曰："然則將及我矣。"六斤即以爲怨望，遂誣亨欲因間刺海陵。老僧即捕繫亨以聞。工部尚書耶律安禮、大理正忒里等鞫之。[2]亨言嘗論鐵券事，實無反心，而六斤亦自引伏與妾私通，亨嘗言欲殺之狀。安禮等還奏，海陵怒，復遣與老僧同鞫之。與其家奴並加榜掠，皆不伏。老僧夜至亨囚所，使人蹴其陰間殺之。亨比至死，不勝楚痛，聲達於外。海陵聞亨死，佯爲泣下，遣人諭其母曰："爾子所犯法，當考掠，不意飲水致死。"

[1]徒單阿里出虎：女真人。曾爲護衛十人長，弑熙宗，佐立海陵，受鐵券。本書卷一三二有傳。

[2]工部尚書：尚書省工部長官。掌修建法式、諸作工匠、山林川澤之禁、江河堤岸、道路橋樑之事。正三品。　耶律安禮：契丹人。系出遥輦氏。本書卷八三有傳。　大理正：大理寺屬官。位在大理寺卿與少卿之下。掌審斷天下奏案，詳讞疑獄。正六品。

忒里：人名。本書僅此一見。與金天會九年（1131）陷於敵的完顏忒里當爲兩人。

亨擊鞠爲天下第一，常獨當數人。馬無良惡皆如意。馬方馳，輒投杖馬前，側身附地，取杖而去。每畋獵，持鐵連錘擊狐兔。一日與海陵同行道中，遇群豕，亨曰："吾能以錘殺之。"即奮錘遥擊，中其腹，穿入之。終以勇力見忌焉。正隆六年，[1]海陵遣使殺諸宗室。於是殺亨妃徒單氏、次妃大氏及子羊蹄等三人。[2]大定初，追復亨官爵，封韓王。[3]十七年，詔有司改葬亨及妻子。

[1]正隆：金海陵王年號（1156—1161）。

[2]羊蹄：按《宗室表》誤列爲宗弼子。

[3]韓王：封爵名。大定格，次國封號第四。

贊曰：宗弼蹙宋主于海島，卒定畫淮之約。熙宗舉河南、陝西以與宋人，矯而正之者，宗弼也。宗翰死，宗磐、宗雋、撻懶湛溺富貴，[1]人人有自爲之心，宗幹獨立，不能如之何，時無宗弼，金之國勢亦曰殆哉。世宗嘗有言曰：[2]"宗翰之後，惟宗弼一人。"非虚言也。

[1]宗翰：國相完顏撒改子。本書卷七四有傳。　宗雋：太祖子。本書卷六九有傳。

[2]世宗：廟號。名雍。1161年至1189年在位。本書卷六至卷八有紀。

張邦昌，《宋史》有傳。[1]天會四年，[2]宗望軍圍汴，宋少帝請割三鎮地及輸歲幣、[3]納質修好。於是，邦昌爲宋太宰，與肅王樞俱爲質以來。[4]而少帝以書誘耶律余睹，宗翰、宗望復伐宋，執二帝以歸。[5]劉彦宗乞復立趙氏，太宗不許。[6]宋吏部尚書王時雍等請邦昌治國事，[7]天會五年三月，立邦昌爲大楚皇帝。[8]

[1]張邦昌，《宋史》卷四七五有傳。另，《大金國志》卷三〇有《楚國張邦昌録》。

[2]天會四年："四"，原作"五"，按本書卷三《太宗紀》載，天會四年（1126）正月"癸酉，諸軍圍汴"，"戊寅，宋以康王構、少宰張邦昌爲質"。二月"己亥，復進師圍汴。宋使宇文虚中以書來，改以肅王樞爲質"。卷六〇《交聘表》同。《金史詳校》卷七，"'五'當作'四'"。中華點校本據改。今從之。

[3]宋少帝：宋欽宗趙桓。　三鎮：太原、中山、河間三地。

[4]太宰：宋官名。北宋政和二年（1112）改左僕射爲太宰，右僕射爲少宰，皆爲輔佐皇帝的宰相。後於靖康元年（1126）又復名爲左、右僕射。　肅王樞：徽宗第五子。《宋史》卷二四六有傳。

[5]耶律余睹：契丹人。遼宗室子。本書卷一三三、《遼史》卷一〇二皆有傳。　二帝：宋徽宗趙佶、宋欽宗趙桓。

[6]劉彦宗：大興宛平人。時爲金知燕京樞密院事兼領漢軍都統。本書卷七八有傳。　太宗：廟號。漢名完顔晟。1123 年至 1135 年在位。本書卷三有紀。

[7]宋吏部尚書：宋元豐改制，以吏部尚書、侍郎等主管吏部事。　王時雍：宋人。時爲吏部尚書，邦昌僭立後，權知樞密院事，領尚書省事。南宋建炎元年（1127）九月，伏誅。

[8]立邦昌爲大楚皇帝：金天會五年（1127）三月丁酉爲大楚皇帝。四月庚午，宋太后垂簾聽政，以太宰退處資善堂。稱帝凡三

十三日。

初，少帝以康王構與邦昌爲質，既而肅王樞易之，康王乃歸。及宗望再舉兵，少帝復使康王奉玉册、玉寶、衮冕，增上太宗尊號請和。康王至磁州，而宗望已自魏縣渡河圍汴矣。[1]及二帝出汴州，從大軍北來，而邦昌至汴，康王入于歸德。邦昌勸進于歸德，康王已即位，罪以隱事殺之。[2]

[1]磁州：治所在今河北省磁縣。　魏縣：治所在今河北省魏縣西南。

[2]康王已即位，罪以隱事殺之：按南宋建炎元年（1127，金天會五年）五月庚寅朔，宋康王趙構即位於歸德，後稱高宗。六月癸亥，責授張邦昌昭化軍節度副使，潭州安置。九月壬子，詔張邦昌賜死。罪以隱事，指華國靖恭夫人李氏私侍張邦昌。

邦昌死，太宗聞之，大怒，詔元帥府伐宋，宋主走揚州，事具宗翰等傳。其後，太宗復立劉豫繼邦昌，[1]號大齊。

[1]劉豫：《宋史》卷四七五有傳。《大金國志》卷三一有《齊國劉豫録》。

劉豫字彦游，景州阜城人。[1]宋宣和末，仕爲河北西路提刑。[2]徙浙西，抵儀真，[3]喪妻翟氏，繼值父憂。康王至揚州，樞密使張慤薦知濟南府。[4]是時，山東盜賊滿野，豫欲得江南一郡，宰相不與，忿忿而去。撻懶攻濟南，有關勝者，濟南驍將也，屢出城拒戰，豫遂殺關勝出降。[5]遂爲京東東、西、淮南安撫使，知東平府兼諸路馬步軍都總管，[6]節制河外諸軍。[7]以豫子麟知濟南府，撻懶屯兵衝要，以鎮撫之。

[1]景州：宋永静軍，金初升爲景州，治所在今河北省東光縣。阜城：景州屬縣，治所在今河北省阜城縣。縣南十二里有劉豫祖塋。

[2]宣和：宋徽宗年號（1119—1125）。　河北西路提刑：宋官名。宋各路提點刑獄公事，簡稱提刑。按《宋史》謂，北宋宣和六年（1124）劉豫除河北提刑。

[3]浙西：宋兩浙西路。　儀真：今江蘇省儀征市。

[4]樞密使：宋以樞密院爲最高軍事機關，與中書分掌軍政大權。樞密院置有使、副、或知院事與同知院事。　張慤：河間樂壽人。時爲同知樞密院事。《宋史》卷三六三有傳。　知濟南府：宋府官名。治所在今山東省濟南市。

[5]關勝：宋人。濟南府守將，南宋建炎二年（1128，金天會六年）冬，爲劉豫所害。

[6]京東東、西：路名。金改爲山東東、西路。　淮南：路名。即淮南東西路。　安撫使：原本宋官名，金初襲用。爲負責各路軍務治安的長官，以知州知府兼任，並兼馬步軍都總管、兵馬鈐轄等。　東平府：治所在今山東省東平縣。

[7]節制河外諸軍：據《宋史》，指節制舊黄河以南，大名、開德、濮、濱、博、棣、德、滄等州諸軍。

初，康王既殺張邦昌，自歸德奔揚州，詔左、右副元帥合兵討之。[1]詔曰："俟宋平，當援立藩輔，以鎮南服，如張邦昌者。"及宋主自明州入海亡去，宗弼北還，乃議更立其人。衆議折可求、[2]劉豫皆可立，而豫亦有心。撻懶爲豫求封，太宗用封張邦昌故事，以九月朔旦授策，[3]受策之後，以藩王禮見使者。臣宗翰、臣宗輔議："既策爲藩輔，稱臣奉表，朝廷報諭詔命，避正位與使人抗禮，餘禮並從帝者。"詔曰："今立豫爲子皇帝，既爲鄰國之君，又爲大朝之子，其見大朝使介，惟使者始見躬問起居與面辭有奏則立，其餘並行皇帝禮。"

[1]詔左、右副元帥合兵討之：指金天會六年（1128）七月詔左副元帥宗翰、右副元帥宗輔進兵伐之。

[2]折可求：宋人。麟府路安撫使，天會七年（1129）二月，以麟、府、豐三州及堡寨九，降於金大將完顔婁室。

[3]九月朔旦授策：《建炎以來繫年要録》載有《立齊國劉豫册文》。《續資治通鑑》卷一〇八《考異》："金人命使册豫實在七月丁卯。至九月戊申，乃豫受册僭位之日。"策，通"册"。皇帝命官授爵，以册書爲符信。

天會八年九月戊申，備禮册命，立豫爲大齊皇帝。都大名，仍號北京，[1]置丞相以下官，赦境内。復自大名還居東平，以東平爲東京，汴州爲汴京，降宋南京爲歸德府，降淮寧、永昌、順昌、興仁府俱爲州。[2]張孝純等爲宰相，[3]弟益爲北京留守，[4]母翟氏爲皇太后，妾錢氏爲皇后。錢氏，宣和内人也。以辛亥年爲阜昌元年。[5]以其子麟爲尚書左丞相、諸路兵馬大總管。宋人畏之，待以敵國禮，國書稱大齊皇帝。豫宰相張孝純、鄭億年、李鄴家人皆在宋，[6]宋人加意撫之。阜昌二年，豫遷都于汴。睿宗定陝西，太宗以其地賜豫，從張邦昌所受封略故也。

［1］都大名，仍號北京：大名，府名。宋爲北京魏郡，故云仍號北京。

［2］淮寧：宋淮寧府，金爲陳州，治所在今河南省淮陽縣。　永昌：不見《宋史·地理志》。按《建炎以來繫年要録》卷三七作“潁昌”，指宋潁昌府，即金之許州，治所在今河南省許昌市。　興仁：宋興仁府，金爲曹州，治所原在今山東省陶縣西南，金大定八年（1168）城爲河所没。

［3］張孝純：宋人。河東經略安撫使，知太原。天會四年（1126）九月，宗翰克太原被執。八年九月，爲劉齊右丞相。熙宗天會十五年十一月廢劉齊，置行臺尚書省於汴，權行臺左丞相。天眷元年（1138）九月，致仕。皇統四年（1144）九月，卒。

［4］弟益爲北京留守：劉益，本書僅此一見。《宋史·劉豫傳》謂：“以弟益爲北京留守，尋改汴京留守。”

［5］以辛亥年爲阜昌元年：按《劉豫事迹》載《建元詔》，“以其年十一月二十三日以後爲阜昌元年”，即以即位當年爲元年。《金石萃編》卷一五九《敕祭忠武王碑》載“爲阜昌六年歲次乙卯九月辛未朔”，“乙卯”爲金天會十三年（1135），推其元年爲天會八年庚戌。此處“辛亥”或是“庚戌”之誤。　阜昌：劉齊年號（1130—1137）。

［6］鄭億年：宋人。顯謨閣直學士，臣豫後爲工部侍郎。　李鄴：宋人。越州知州，豫立後爲其臣。

元帥府使蕭慶如汴，[1]與豫議以伐宋事。豫報曰：“宋主軍帥韓世忠屯潤州，劉光世屯江寧。[2]今舉大兵，欲往采石渡江，[3]而劉光世拒守江寧；若出宿州抵揚州，則世忠必聚海船截瓜洲渡。[4]若輕兵直趨采石，彼未有備，我必徑渡江矣。光世海船亦在潤州，韓世忠必先取之，二將由此必不和。[5]以此逼宋主，其可以也。”

[1]蕭慶：契丹人。太祖天輔五年（1121）降金，熙宗天會十三年（1135）十一月以平陽尹爲尚書右丞，天眷三年（1140）九月被殺，皇統三年（1143）贈銀青光禄大夫。

[2]潤州：治所在今江蘇省鎮江市。　劉光世：宋保安軍（今陝西省志丹縣）人。《宋史》卷三六九有傳。

[3]采石：即采石磯，在今安徽省當塗縣西北。

[4]宿州：治所在今安徽省宿州市。　瓜州渡：本爲江中沙州，狀如瓜字。在今江蘇省邗江縣南，大運河入長江處，與鎮江市相對。

[5]和：原作“知”，據南監本、北監本、殿本、局本改。

未幾，宋主閤門宣贊舍人徐文，[1]將大小船六十只、軍兵七百餘人來奔，至密州界中，[2]率將佐至汴。豫與元帥府書曰：“徐文一行，久在海中，盡知江南利害。文言：宋主在杭州，其候潮門外錢塘江内有船二百隻。宋主初走入海時，於此上船，過錢塘江别有河入越州，向明州定海口迤邐前去昌國縣，[3]其縣在海中，宋人聚船積粮之處。今大軍可先往昌國縣，攻取船粮，還趨明州城下，奪取宋主御船，直抵錢塘江口。今自密州上船，如風勢順，可五日夜到昌國縣，或風勢稍慢，十日或半月可至。”

[1]閤門宣贊舍人：宋官名。近侍武職。　徐文：萊州掖縣人。

本書卷七九有傳。

[2]密州：治所在今山東省諸城市。

[3]定海口：今寧波市東北鎮海的海口。

初，宗弼自江南北還，宗翰將入朝，再議以伐宋事。宗翰堅執以爲可伐。宗弼曰："江南卑濕，今士馬困憊，粮儲未豐足，恐無成功。"宗翰曰："都監務偷安爾。"[1]及豫以書報，而睿宗亦不肯用豫策，[2]使撻懶帥師至瓜洲而還。

[1]都監：都元帥府屬官。掌征討事。從三品。此指宗弼。據本書卷九一《石抹卞傳》及《大金國志》卷二七載，宗弼時爲"右監軍"，正三品官。"都監"當是"監軍"之誤。

[2]睿宗亦不肯用豫策：本書卷七四《宗翰傳》："宗翰欲用徐文策伐江南，而睿宗、宗弼議不合，乃止。"《宋史》卷四七五《劉豫傳》："粘罕、希尹難之，獨宗輔以爲可。"兩書記載不同。

天會十四年，制詔"齊國與本朝軍民相訴，關涉文移，署年止用天會"。天會十五年，詔廢齊國，降封豫爲蜀王。[1]豫稱大號凡八年。[2]於是，置行臺尚書省於汴，除去豫弊政，人情大悦。以故齊宰相張孝純權行臺左丞相，遂遷豫家屬於臨潢府。[3]

[1]天會十五年："天會"二字重出，依例當削。　蜀王：封爵名。天眷格，次國封號第一。

[2]豫稱大號凡八年：豫稱帝凡八年，即1130年至1137年。

[3]臨潢府：時仍號上京，於次年即金天眷元年（1138）始改

爲北京，天德二年（1150）又改爲臨潢府路。治所在今内蒙古自治區巴林左旗林東鎮南波羅城。

皇統元年，賜豫錢一萬貫、田五十頃、牛五十頭。二年，進封曹王。[1]六年，[2]薨。子麟。

[1]二年，進封曹王："二"，原作"三"。按本書卷四《熙宗紀》，皇統二年（1142）二月辛卯，"改封蜀王劉豫爲曹王"。《金史詳校》卷七："'三'當作'二'。"中華點校本據改。今從之。曹王：封爵名。天眷格，大國封號第二十。

[2]六年：原作"皇統三年"。本書卷四《熙宗紀》，皇統六年（1146）九月"戊寅，曹王劉豫薨"。《金史詳校》卷七："'三'當作'六'。"中華點校本認爲上文已有"皇統元年""二年"，此"皇統"二字衍，删改爲"六年"。今從之。

麟字元瑞，豫之子也。宋宣和間，父蔭補將仕郎，累加承務郎。[1]

[1]將仕郎：宋職官。北宋政和六年（1116）後，將仕郎授予初入官而未入仕者，相當於試銜或齋郎。　承務郎：宋元豐改制後，相當於舊寄禄官祕書省校書郎、正字，將作監主簿。

天會七年，[1]豫以濟南降，麟因從軍討水賊王江，[2]破降之。豫節制東平，以麟知濟南府事。齊國建，以濟南爲興平軍，[3]麟爲節度使、開府儀同三司、梁國公，充諸路兵馬大總管，判濟南府事。[4]明年，爲齊尚書左丞相。[5]明年，從豫還汴，罷判濟南，依前開府，聽置參謀。[6]豫請立麟爲太子，朝廷不許，曰："若與我伐宋有功則立之。"於是，麟連歲帥兵南伐，皆無功而還。

[1]天會七年：據《宋史·劉豫傳》，劉豫以濟南降在金天會六年（1128）冬。豫節制東平，以麟知濟南府事在天會七年三月。"天會七年"四字，當移於下文"豫節制東平"之前。

[2]王江：本書僅此一見。

[3]以濟南爲興平軍：按本書《地理志》濟南府條："宋齊州濟南郡。初置興德軍節度使，後置尹。"中華點校本謂："'興平'蓋僞齊制，或其後金又改'平'爲'德'。"

[4]"麟爲節度使"至"判濟南府事"：按，此分别爲齊國官稱、品階、封爵以及官職。《宋史·劉豫傳》則謂："子麟，爲大中大夫、提領諸路兵馬，兼知濟南府事。"

[5]齊尚書左丞相：齊尚書省長官。

[6]依前開府，聽置參謀：即依前所授開府儀同三司，可開建府署，辟置僚屬。

及朝廷議廢齊，報以南伐之期，俾豫先遣兵駐淮上。撻懶以軍廢豫，止刁馬河。[1]麟從數百騎出迎，撻懶諭麟，止從騎南岸，獨召麟渡河，因執麟。豫廢，麟遷臨潢。頃之，授北京路都轉運使。[2]歷中京、燕京路都轉運使、參知政事、尚書左丞。[3]復爲興平軍節度使、上京路轉運使、開府儀同三司，封韓國公。[4]薨，年六十四。正隆間，降二品以上官封，改贈特進、息國公。[5]

[1]刁馬河：據《宋史·劉豫傳》及《大金國志·齊國劉豫

録》，當在今河南省滑縣與濬縣間舊武城鎮附近。

[2]北京路都轉運使：掌税賦錢穀、倉庫出納、權衡度量之制。正三品。北京路轉運司治臨潢府，今内蒙古自治區巴林左旗林東鎮。

[3]參知政事：執政官，爲宰相之貳，佐治省事。從二品。尚書左丞：執政官。正二品。本書卷五《海陵紀》謂，天德二年（1150）四月參知政事劉麟爲尚書右丞，七月爲左丞，十一月罷。

[4]興平軍節度使：掌鎮撫諸軍防刺，總判本鎮兵馬之事，兼本州管内觀察使。從三品。　興平軍：劉齊的興平軍設在濟南。上京路轉運使：本書《地理志》隆州條謂，天德三年（1151）置上京路都轉運司，四年改爲濟州路轉運司。隆州，治所在今吉林省農安縣。　開府儀同三司：文散官。從一品上階。　韓國公：封爵名。從一品曰國公。天眷格，次國封號第六。

[5]息國公：封爵名。天眷格，小國封號第八。

昌本名撻懶，穆宗子。[1]宗翰襲遼主于鴛鴦濼，遼都統馬哥奔擣里，[2]撻懶收其群牧。宗翰使撻懶追擊之，不及，獲遼樞密使得里底及其子磨哥、那野以還。[3]

[1]穆宗：廟號。即完顔盈歌。本書卷一有紀。

[2]馬哥：契丹人。即耶律馬哥。遼保大二年（1122）五月爲知北院樞密使事兼都統，四年（1124，金天會二年）春正月，爲金所執。　擣里：地名。今地不詳。

[3]遼樞密使：此指遼北面朝官契丹北樞密院之樞密使。掌兵機、武詮、群牧之政，凡契丹軍政皆屬焉。　得里底：即蕭得里底。《遼史》卷一〇〇有傳。中華點校本於該傳謂：“蕭得里底與卷一〇二有傳的蕭奉先事迹有重復，疑是一人兩傳。”

太祖自將襲遼主于大魚濼，留輜重于草濼，使撻懶、牙卯守之。[1]奚路兵官渾黜不能安輯其衆，遂以撻懶爲奚六路軍帥鎮之。[2]習古迺、婆盧火護送常勝軍及燕京豪族工匠自松亭關入内地。[3]上戒之曰："若遇險阨，則分兵以往。"習古迺、婆盧火乃合於撻懶。

[1]大魚濼：據本書卷二《太祖紀》，大魚濼當在鴛鴦濼東南四日程。在遼西京道奉聖州境内。　草濼：據本書卷一九《顯宗紀》、卷七〇《完顏忠傳》，在今河北省張家口市以北山後高凉之地。　牙卯：本書僅此一見。

[2]奚路兵官渾黜：奚路，指遼中京一帶。渾黜，即中京將完顏渾黜。後封徐國公，大定間著勳衍慶亞次功臣。　奚六路軍帥：奚路在今河北省北部和内蒙古自治區南部。據本書卷四四《兵志》，時以奚未平，置奚路都統司。後改六部路都統司，以遥輦九營隸屬。

[3]習古迺：女真人。姓完顏氏。本書卷七二有傳。　婆盧火：安帝五代孫。本書卷七一有傳。　常勝軍：遼末募遼東人爲兵，使報怨於女真，號"怨軍"，以郭藥師爲其渠帥。及耶律捏里自立於燕，改名"常勝軍"。　松亭關：今河北省遷西縣北境的長城關隘，女真名爲"斜烈只"。　内地：金朝勃興之地，太宗朝設置會寧府，爲金之舊土，金初稱爲内地。

久之，討劾山速古部奚人，[1]奚人據險戰，殺且盡，速古、啜里、鐵尼十三巖皆平之。[2]詔曰："朕以奚路險阻，經略爲難，命汝往任其事，而克副所托，良用嘉歎。今回离保部族來附，[3]餘衆奔潰，無能爲已。比命習古迺、婆盧火護送降人，若遇險阻，即分兵以行，餘衆悉與汝合。降詔二十，招諭未降，汝當審度其事，從宜處之。”其後撫定奚部及分南路邊界，表請設官鎮守。上曰：“依東京渤海列置千户、謀克。”[4]

[1]劾山：據本傳與《遼史·營衛志》當在松亭關北，遼中京之西。具體地點待考。

[2]速古部：即奚伯德部速古石烈。據《遼史》卷三三《營衛志下》，伯德部在松山與平州之間，其太師、太保居中京西。　啜里：即伯德部啜勒石烈。　鐵尼：即伯德部腆你石烈。

[3]回离保：奚王。金天輔七年（1123）正月丁巳稱帝，五月爲其部下所殺。本書卷六七、《遼史》卷一一四皆有傳。

[4]依東京渤海列置千户、謀克：即依收國二年（1116）五月，東京州縣及南路係遼女真，如本朝“以三百户爲謀克，十謀克爲猛安”之制，列置猛安謀克。此爲天輔七年（1123），在奚路置猛安謀克之始。

遼外戚遥輦昭古牙部族在建州，斜野襲走之，[1]獲其妻孥及官豪之族。撻懶復擊之，擒其隊將曷魯燥、白撒葛，[2]殺之，降民户千餘，進降金源縣。[3]詔增賜銀牌十。[4]又降遥輦二部，再破興中兵，[5]降建州官屬，得山砦二十，村堡五百八十。阿忽復敗昭古牙，[6]降其官民尤多。昭古牙勢蹙亦降，興中、建州皆平。詔第將士功賞，撫安新民。

[1]遥輦昭古牙：契丹人。大賀氏、遥輦氏與遼太祖阿保機之世里氏，同爲契丹三耶律氏。昭古牙爲遥輦九帳之一昭古牙部族之首領，於金天會二年（1124）十月降金。　建州：治所在今遼寧省

朝陽市與建平縣之間。　斜野：女真人。金初部將。

[2]曷魯燥、白撒曷：遼人。昭古牙隊將，天會二年（1124）八月爲撻懶擒殺。

[3]金源縣：治所在今遼寧省朝陽市西北。

[4]銀牌：太祖收國二年（1116）九月，始製金牌，後又有銀牌、木牌之制。蓋以銀牌授猛安。

[5]興中：府名。治所在今遼寧省朝陽市。

[6]阿忽：金初部將。本書僅此一見。

撻懶請以遥輦九營爲九猛安。[1]上以奪鄰有功，使領四猛安，[2]昭古牙仍爲親管猛安。五猛安之都帥，命撻懶擇人授之。撻懶與劉彦宗舉蕭公翊爲興中尹，[3]郡府各以契丹、漢官攝治，上皆從之。及宗翰、宗望伐宋，撻懶爲六部路都統。宗望已受宋盟，軍還，撻懶乃歸中京。

[1]遥輦九營：由遥輦九可汗宫分即遥輦九帳發展演變的遥輦部族組織。

[2]奪鄰：金初部將。本書僅此一見。

[3]蕭公翊：遼人。按本書卷八二《蕭恭傳》："父翊，天輔間歸朝，從攻興中，遂以爲興中尹。"疑此處"蕭公翊"或爲"蕭翊"之誤。

天會四年八月，復伐宋。閏月，[1]宗翰、宗望軍皆至汴州。撻懶、阿里刮破宋兵二萬於杞，[2]覆其三營，獲京東路都總管胡直孺及其二子與南路都統制隋師元及其三將，[3]遂克拱州，降寧陵，破睢陽，[4]下亳州。宋兵來復睢陽，又擊走之，擒其將石瑱。[5]

[1]天會四年八月："天會四年"四字原脱。按本書卷三《太宗紀》，天會四年（1126）"八月庚子，詔左副元帥宗翰、右副元帥宗望伐宋"。中華點校本據補。今從之。　閏月：天會四年閏十一月。

[2]撻懶、阿里刮破宋兵二萬於杞：此段文字又見於本書卷六六《撻懶傳》，二人女真本名同，撰史者不辨，分記兩傳中，必有一誤。又卷六六傳文謂"敗其前鋒軍三萬于杞縣"，與"二萬"異。　阿里刮：女真人。撻懶部將。　杞：縣名。本宋雍丘縣，海陵正隆後更名杞。屬開封府，治所在今河南省杞縣。

[3]都總管：宋官名。原稱都部署，後避宋英宗趙曙名諱，改稱都總管。原爲臨時委任的大區統帥，北宋末至南宋時，多爲閑職。　胡直孺：《三朝北盟會編》卷六六稱其爲東道總管，自應天府以兵一萬來勤王，至拱州與金人遇，兵敗被執。　都統制：宋官名。北宋後期，諸軍出征，以都統制統帥。　隋師元：宋將。與胡直孺同時被金人所執。

[4]拱州：指宋拱州保慶軍。金初猶稱拱州，金天德三年（1151）更名睢州，治所在今河南省睢縣。　寧陵：縣名。原址在今河南省寧陵縣。大定二十二年（1182）徙於汴河堤南。　睢陽：縣名。宋名宋城，金承安五年（1200）更名睢陽。治所在今河南省商丘市。

[5]石瑱：宋將。其他事迹不詳。

宋二帝已降，大軍北還。撻懶爲元帥左監軍，[1]徇地山東，取密州。迪虎取單州，[2]撻懶取鉅鹿，[3]阿里刮取宗城，[4]迪古不取清平、臨清，[5]蒙刮取趙州，[6]阿里刮徇下濬、滑、恩及高唐，[7]分遣諸將趣磁、信德，皆降之。[8]劉豫以濟南府降，詔以豫爲安撫使，治東平，撻懶以左監軍鎮撫之，大事專决焉。後爲右副元帥。[9]天會十五年爲左副元帥，封魯國王。[10]

[1]元帥左監軍：都元帥府屬官。掌征討之事。正三品。

[2]單州：治所在今山東省單縣。

[3]鉅鹿：縣名。治所在今河北省巨鹿縣。

[4]宗城：洺州屬縣。治所在今河北省威縣東五十里邵固。

[5]迪古不：金初部將，及再攻廬州，曾與冶訶敗敵萬衆於拓皋。　清平：縣名。治所在今山東省高唐縣西南清平。　臨清：縣名。治所在今山東省臨清市西南八里舊縣。

[6]蒙刮：女真人。即大定間定衍慶亞次功臣銀青光禄大夫蒙適。　趙州：宋爲慶源府趙郡，金天會七年（1129）改爲趙州，天德三年（1151）又更名沃州。治所在今河北省趙縣。

[7]濬：州名。治所在今河南省濬縣。　滑：州名。治所在今河南省滑縣。　恩：州名。治所在今山東省武城縣東北舊城。　高唐：縣名。治所在今山東省高唐縣。

[8]趣：同“促”，意爲推進。　磁：州名。治所在今河北省磁縣。　信德：府名。宋信德府，金天會七年（1129）降爲邢州，治所在今河北省邢臺市。

[9]後爲右副元帥：本書卷四《熙宗紀》天會十五年（1137）十月“以元帥左監軍撻懶爲左副元帥”，則知十五年之前未爲右副元帥。考《大金國志・撻懶傳》，天會“十二年，齊國乞兵，懶權右副元帥，提兵應之”。此“右副元帥”，或即指天會十二年“權右副元帥”。

[10]左副元帥：都元帥府屬官。掌征討之事。正二品。　魯國王：封爵名。天眷格，大國封號第十四。

初，宋人既誅張邦昌，太宗詔諸將復求如邦昌者立之，或舉折可求，撻懶力舉劉豫。豫立爲帝，號大齊。豫爲帝數年，無尺寸功，遂廢豫爲蜀王。撻懶與右副元帥宗弼俱在河南，宋使王倫求河南、陝西地于撻懶。明年，[1]撻懶朝京師，倡議以廢齊舊地與宋。熙宗命群臣議，會東京留守宗雋來朝，與撻懶合力，宗幹等争之不能得。宗雋曰："我以地與宋，宋必德我。"宗憲折之曰：[2]"我俘宋人父兄，[3]怨非一日。若復資以土地，是助讎也，[4]何德之有。勿與便。"撻懶弟勗亦以爲不可。[5]既退，撻懶責勗曰："他人尚有從我者，汝乃異議乎。"勗曰："苟利國家，豈敢私邪。"是時，太宗長子宗磐爲宰相，位在宗幹上。撻懶、宗雋附之，竟執議以河南、陝西地與宋。張通古爲詔諭江南使。

[1]明年：金天眷元年（1138）。

[2]宗憲：女真人。姓完顔氏。撒改子，宗翰弟。本書卷七〇有傳。

[3]宋人父兄：指宋主高宗趙構的父兄，徽宗趙佶與欽宗趙桓。

[4]讎：同"仇"。

[5]勗：穆宗第五子。本書卷六六有傳。

久之，宗磐跋扈尤甚，宗雋亦爲丞相，撻懶持兵柄，謀反有狀。宗磐、宗雋皆伏誅，詔以撻懶屬尊，有大功，因釋不問，出爲行臺尚書左丞相，[1]手詔慰遣。撻懶至燕京，愈驕肆不法，復與翼王鶻懶謀反，而朝議漸知其初與宋交通而倡議割河南、陝西之地。宗弼請復取河南、陜西。會有上變告撻懶者，熙宗乃下詔誅之。撻懶自燕京南走，追而殺之于祁州，并殺翼王及宗人活离胡土、撻懶二子斡帶、烏達補，而赦其黨與。[2]

[1]行臺尚書左丞相：天眷二年（1139）七月以左副元帥撻懶爲行臺左丞相。行臺官品，皆下中臺一等。

[2]宗人：同族之人。　活离胡土：女真人。姓完顔氏，宗室子。　撻懶二子斡帶、烏達補：此二人《宗室表》失載。

宗弼爲都元帥，再定河南、陜西。伐宋渡淮，宋康王乞和，遂稱臣，畫淮爲界，乃罷兵。

贊曰：君臣之位，如冠屨定分，不可頃刻易也。五季亂極，綱常斁壞。[1]遼之太宗，慢褻神器，倒置冠屨，援立石晋，[2]以臣易君，宇宙以來之一大變也。金人効尤，而張邦昌、劉豫之事出焉。邦昌雖非本心，以死辭之，孰曰不可。豫乘時徼利，金人欲倚以爲功，豈有是理哉。撻懶初薦劉豫，後以陜西、河南歸宋，視猶儻來，初無固志以處此也。積其輕躁，終陷逆圖，事敗南奔，適足以實通宋之事爾。哀哉。

[1]五季：指後梁、後唐、後晋、後漢和後周五代。　斁（dù）壞：敗壞。

[2]石晋：指五代石敬瑭所建立的後晋。爲别於三國之後的西晋、東晋，稱爲石晋或後晋。

金史　卷七八

列傳第十六

劉彦宗　劉萼　劉筈　劉仲誨　劉頍　時立愛　韓企先
子鐸

劉彦宗字魯開，大興宛平人。[1]遠祖怦，唐盧龍節度使。[2]石晋以幽、薊入遼，[3]劉氏六世仕遼，[4]相繼爲宰相。父霄至中京留守。[5]彦宗擢進士乙科。[6]天祚走天德，[7]秦晋國王耶律捏里自立于燕，擢彦宗留守判官。[8]蕭妃攝政，遷簽書樞密院事。[9]太祖至居庸關，蕭妃自古北口遯去，都監高六送款于太祖。[10]太祖奄至，駐蹕城南，彦宗與左企弓等奉表降。[11]太祖一見，器遇之，俾復舊，遷左僕射，佩金牌。[12]

[1]大興：府名。　宛平：縣名。屬大興府，治所在今北京市。

[2]遠祖怦：即劉怦，唐幽州昌平人。《新唐書》卷二一二、《舊唐書》卷一四三皆有傳。　盧龍節度使：按《舊唐書》爲“幽州盧龍節度副大使知節度事”，轄地當今河北省唐山、承德市一帶。

[3]石晋：指五代石敬瑭所建立的後晋政權。　幽、薊：即幽州、薊州。幽州，今北京市。薊州，今天津市薊縣。

［4］劉氏六世仕遼：劉怦四世孫劉景，官至遼侍中。景父守敬官至遼南京副留守，子慎行累遷至遼北府宰相，孫六符爲遼三司使。見《遼史》卷八六《劉景傳》與《劉六符傳》。

［5］霄：劉霄。其他事迹不詳。　中京留守：遼京官名。遼於五京置留守司。留守爲留守司的長官，兼行府尹事。遼中京置大定府，治所在今内蒙古自治區寧城縣西大明城故址。

［6］進士乙科：遼行唐制，進士有甲乙科，以所試時務策與帖經多少爲别。

［7］天祚：遼帝。名耶律延禧。保大五年（1125，即金天會三年）爲金所獲，1101 年至 1125 年在位，共二十五年。　天德：軍州名。金爲豐州，治所在今内蒙古自治區呼和浩特市東南白塔村。

［8］秦晋國王：遼封爵名。　捏里：契丹人。姓耶律氏，原作“雅里”，據元刻本、殿本、局本改。按本書卷二《太祖紀》，天輔元年（1117）“四月，遼秦晋國王耶律捏里來伐”，又卷七四《宗望傳》，“遼主走陰山，遼秦晋國王捏里自立于燕京”。捏里，即耶律淳，遼興宗第四孫。《遼史》卷三〇有紀。　燕：遼燕京，治所在今北京市。　留守判官：遼官名。留守司屬官。掌紀綱，總府衆務，分判兵案之事。

［9］蕭妃：耶律淳妻德妃蕭氏。遼保大二年（1122）六月，耶律淳死，奉其爲皇太后，稱制主軍國事。　簽書樞密院事：遼官名。位在樞密使、副之下，高於同簽樞密院事。

［10］太祖：廟號。即完顔阿骨打，漢名旻。1113 年至 1123 年在位。本書卷二有紀。　居庸關：在今北京市昌平區西北，女真名“查剌合攀”。　古北口：在今北京市密雲縣東北，女真名“留斡嶺”。　都監：遼統軍都監。　高六：遼人。降金後爲宗望部將，嘗破宋兵於廣信。

［11］左企弓：薊州人。本書卷七五有傳。

［12］左僕射：襲用遼官名。遼南院有尚書左右僕射，位在尚書令之下，爲左右相。　金牌：符信，授以萬户。

张覺爲南京留守，[1]太祖聞覺有異志，使彦宗、斜鉢宣慰之。[2]太祖至鴛鴦濼，不豫，還上京，[3]留宗翰都統軍事，[4]留彦宗佐之。及張覺敗奔于宋，衆推張敦固爲都統，[5]殺使者，乘城拒守，攻之不肯下。彦宗同中書門下平章事、知樞密院事、加侍中，佐宗望軍。[6]宗望奏，方圖攻取，凡州縣之事委彦宗裁决之。

[1]張覺：又作張穀，平州義豐人。本書卷一三三有傳。　南京：置平州，治所在今河北省盧龍縣。

[2]斜鉢：女真人。姓完顔氏，宗室子，官爲勃堇。

[3]鴛鴦濼：今河北省張北縣西北安固里淖。　上京：指國初内地或京師，金天眷元年（1138）始號上京，治所在今黑龍江省阿城市南白城子。

[4]宗翰：女真人。姓完顔氏，國相撒改子。本書卷七四有傳。

[5]張敦固：張覺部將。以南京降金，宗望遣使入城，復殺使者以叛。金天會三年（1125）五月，闍母克南京，張氏被殺。

[6]同中書門下平章事：承用遼官名，無實職。　知樞密院事：爲燕京樞密院長官。　侍中：門下省長官。上述官銜，皆襲用遼南院舊制，凡東路軍轄區漢地遷授調發租税之事，皆由燕京樞密院承制行之。　宗望：太祖子。本書卷七四有傳。

天會二年，[1]詔彦宗曰："中京等兩路先多拒命，[2]故遣使撫諭，貰其官民之罪，所犯在降附前者勿論。卿等選官與使者往諭之，使勤于稼穡。"未幾，大舉伐宋，彦宗畫十策，詔彦宗兼領漢軍都統。[3]蔡靖以燕山降。[4]詔彦宗凡燕京一品以下官皆承制注授，[5]遂進兵伐宋。

至汴，宋少帝割地納質。[6]師還，宗望分將士屯安肅、雄、霸、廣信之境，[7]留闍母、彦宗于燕京節制諸軍。[8]明年，再伐宋，[9]已圍汴京，彦宗謂宗翰、宗望曰："蕭何入關，[10]秋豪無犯，惟收圖籍。遼太宗入汴，[11]載路車、法服、石經以歸，皆令則也。"[12]二帥嘉納之，執二帝以歸。[13]

[1]天會：金太宗及金熙宗初年號（1123—1135、1135—1137）。

[2]中京等兩路：指中京與南京兩路之州縣。

[3]漢軍都統：金天會三年（1125）十月太宗詔諸將伐宋，以知樞密院事劉彦宗兼領漢軍都統。

[4]蔡靖：蔡松年父，時爲宋安撫使，守燕山，天會三年（1125）十二月降金。　燕山：府名。金天輔七年（1123）以燕京六州之地割於宋，宋稱燕京爲燕山府。金復燕山，復名燕京。治所在今北京市。

[5]凡燕京一品以下官皆承制注授：此乃虚文。《三朝北盟會編》卷九八引《燕雲録》："丁未冬，宰相劉彦宗差一人知燕山玉田縣。國里朝廷亦差一人來，交割不得，含怒而歸。無何，國里朝廷遣使，命至燕山拘取劉彦宗賜死，續遣一使來評議。彦宗各賂萬緡乃已。"

[6]汴：宋京師東京開封府，金初稱汴京，治所在今河南省開封市。　宋少帝：宋欽宗趙桓。

[7]安肅：軍州名。宋安肅軍，金天會七年（1129）升爲徐州，天德三年（1151）改爲安肅州，治所在今河北省徐水縣。　雄：州名。治所在今河北省雄縣。　霸：州名。治所在今河北省霸州市。　廣信：軍州名。天會七年改爲遂州，治所在今河北省徐水縣西遂城。

[8]闍母：太祖異母弟。本書卷七一有傳。

[9]明年，再伐宋："明年"二字當有誤。按，上文云"至汴，宋少帝割地納質，師還"。據本書卷三《太宗紀》，時爲金天會四年（1126）二月。金再伐宋，卷三《太宗紀》、卷七四《宗翰傳》《宗望傳》所記皆在天會四年八月，在同一年。"明年"二字爲衍文。

[10]蕭何：西漢沛人。佐劉邦起事，後爲漢朝丞相。《史記》卷五三、《漢書》卷三九皆有傳。

[11]遼太宗：即耶律德光。《遼史》卷三、卷四有紀。

[12]路車：天子所乘之車，也稱輅車。

[13]二帝：宋徽宗趙佶與宋欽宗趙桓。

天會六年薨，年五十三，追封鄆王。[1]正隆二年，例降封開府儀同三司。[2]大定十五年，追封兖國公，謚英敏。[3]子蕚、筈。

[1]鄆王：封爵名。天眷格，次國封號第二十三。

[2]正隆：金海陵王年號（1156—1161）。　開府儀同三司：文散官。從一品上階。

[3]大定十五年，追封兖國公，謚英敏：此處繫年疑有誤。按本書卷三一《禮志四》，金大定八年（1168）"上命圖畫功臣於太祖廟，有司第祖宗佐命之臣，勳績之大小、官資之崇卑以次上聞。乃定左廡……儀同三司兖國公劉彦宗"。大定，金世宗的年號（1161—1189）。兖國公，封爵名。從一品曰國公。大定格，大國封號第十六爲兖。

蕚，彦宗季子也。[1]遼末以蔭補閤門祇候。[2]天輔七年，授禮賓使，累官德州防禦使。[3]天德初，稍加擢用，歷左右宣徽使，拜參知政事，進尚書左丞。[4]爲沁南軍節度使，歷臨洮、太原尹。[5]正隆南伐，爲漢南道行營兵馬都統制。[6]大定初，除興中尹，封任國公。[7]歷順天、定武軍節度使、濟南尹。[8]

[1]季子：考之本卷《窖傳》"從其父兄出降"，疑此"季"字爲"長"字之訛。

[2]閤門祗侯：遼南面朝官門下省閤門司的承應人。

[3]天輔：金太祖年號（1117—1123）。　禮賓使：遼南面朝官客省禮賓使司，置禮賓使、副。金初天輔、天會年間，亦置有禮賓使、副。　德州防禦使：州長官。掌防捍不虞，禦制盜賊。從四品。德州治所在今山東省陵縣。

[4]天德：金海陵王年號（1149—1153）。　左右宣徽使：掌朝會、燕享，凡殿廷禮儀及監知御膳。皆正三品。　參知政事：爲執政官，宰相之貳，佐治省事。從二品。　尚書左丞：同爲執政官。正二品。

[5]沁南軍節度使：節度使掌鎮撫諸軍防刺，總判本鎮兵馬之事，兼本州管内觀察使事。從三品。沁南軍置懷州，治所在今河南省沁陽市。　臨洮尹：府長官。掌宣風導俗，肅清所部，總判府事。正三品。臨洮府治所在今甘肅省臨洮縣。　太原：府名。西京所在地，治所在今山西省太原市。

[6]漢南道行營兵馬都統制：金正隆六年（1161）海陵南伐，所置浙東、漢南、西蜀三道都統制之一。

[7]興中：府名。治所在今遼寧省朝陽市。　任國公：封爵名。大定格，小國封號第二十四。

[8]順天：軍州名。置保州，治所在今河北省保定市。　定武：軍州名。原爲宋中山府，金天會七年（1129）降爲定州定武軍節度使，後復爲府。治所在今河北省定州市。　濟南：府名。治所在今

山東省濟南市。

萼淫縱無行，所至貪墨狼籍。[1]廉使劾之，[2]詔遣大理少卿張九思就濟南鞫問。[3]既就逮，不測所以，引刃自殺，不死。詔削官一階，[4]罷歸田里，卒。子仲詢，天德三年，賜王彦潛牓及第。[5]

[1]貪墨：貪財好賄。

[2]廉使：當爲朝廷臨時派出察廉使，巡察各路。

[3]大理少卿：大理寺屬官。爲大理卿佐貳，掌審斷天下奏案，詳讞疑獄。從五品。　張九思：錦州人。本書卷九〇有傳。

[4]階：金制，官品分正從九品，凡四十二階。

[5]賜王彦潛牓及第：王彦潛，河間人。熙宗皇統七年（1147）狀元及第，世宗立，除翰林待制。金取進士，以頭名狀元名榜。天德三年（1151）賜劉仲詢王彦潛牓及第，當屬特恩賜及第。

筈，彦宗次子。幼時以廕隸閤門，不就，去從學。遼末調兵，而筈在選中。遼兵敗，左右多散亡，乃選筈爲扈從，授左承制。[1]遼主西奔，蕭妃攝政，賜筈進士第，授尚書左司員外郎，寄班閤門。[2]

[1]左承制：遼扈從官名。不見於《遼史·百官志》。遼天祚時渤海人大公鼎之子昌齡，曾爲左承制。

[2]尚書左司員外郎寄班閤門：尚書左司員外郎，爲遼南面朝官尚書省的屬官。僅授此銜，依附於下省閤門，當爲虚銜。

天輔七年，太祖取燕，筈從其父兄出降，遷尚書左司郎中。[1]八年，授殿中少監。[2]太祖崩，宋、夏遣使弔慰，凡館見禮儀皆筈詳定。遷衛尉少卿，授西上閤門使，仍從事元帥府。[3]元帥府以便宜從事，凡約束廢置及四方號令多從筈之畫焉。

[1]尚書左司郎中：襲用遼官名，無實職。

[2]八年：金紀年無天輔八年。下文叙"太祖崩"之事，據本書卷二《太祖紀》，在天輔七年（1123）八月。《金史詳校》卷七："年當作月。"此"八年"應是"八月"之誤。　殿中少監：唐宋置有殿中省，以殿中監爲長官，少監爲其副。遼置有殿中局，此仍爲虚銜。

[3]衛尉少卿：唐、遼、北宋，皆置有衛尉寺，以衛尉卿、少卿爲長貳，掌有關儀衛兵械甲胄政令。金初因襲，天會間亦見有衛尉卿與衛尉少卿。　西上閤門使：頒新官制後，屬宣徽院閤門，掌贊導殿廷禮儀。正五品。　從事元帥府：太宗天會三年（1125）伐宋設立都元帥府，東路軍下設燕京樞密院、西路軍下設雲中樞密院，皆承遼南面官制，自"遷衛尉少卿"之後的事迹，當在都元帥府成立之後。

天會二年，[1]遷太常少卿、東上閤門使。從宗翰伐宋圍太原，遷衛尉卿，權簽宣徽院事。[2]四年，授左諫議大夫。[3]秋，復南征，權中書省樞密院事。[4]丁父憂，明年起復，直樞密院事加給事中。[5]七年，爲禮部侍郎。[6]十年，改彰信軍節度使，權簽中書省樞密院事。[7]

[1]天會二年：參見前注，上文已言都元帥府設立後事迹，此

處繫年有誤，或“天會二年”四字爲衍文。

［2］太常少卿：金初漢地樞密院屬官。　東上閤門使：金初漢地樞密院屬官。從後文其從西路軍左副元帥宗翰伐宋的記載看，當爲雲中樞密院屬官。　權簽宣徽院事：權，代理、攝守。簽宣徽院事，即同簽宣徽院事。此爲承用遼官名的虛職。

［3］左諫議大夫：雲中樞密院屬官。無實職。

［4］權中書省樞密院事：雲中樞密院屬官。本書卷五五《百官志一》：“天會四年，建尚書省，遂有三省之制。”此爲在中央和漢地樞密院仿唐宋三省制開始著手改制。宋中書省爲總領百官的政務機關，樞密院爲管理軍事機密與邊防的主要軍務機構，中書省與樞密院並稱“二府”。此爲改制過程中雲中樞密院代理長官。

［5］直樞密院事：即由權樞密院事，真除樞密院事。　給事中：唐、遼、宋皆置有給事中，屬門下省，原意爲給事殿中以備顧問。此僅爲本職外的加官。

［6］七年：按本卷《劉彦宗傳》作“天會六年薨”。此處上文云“丁父憂，明年起復”，即爲“七年”。此處“七年”當移至上文替换“明年”二字。　禮部侍郎：金朝中央官制改制中初置禮部的屬官。頒新官制後，爲正四品。

［7］彰信軍節度使：本書《地理志》見有二彰信軍，一爲上京路信州，彰信軍刺史；二爲山東西路曹州，宋興仁府濟陰郡彰信軍。本書卷七九《施宜生傳》謂其仕齊，曾遷彰信軍節度判官。是知金初所置彰信軍節度使當在曹州，其治所在今山東省定陶縣西南。　權簽中書省樞密院事：漢地樞密院屬官。

天眷二年，改左宣徽使，熙宗幸燕，[1]法駕儀仗筈討論者爲多。皇統二年，[2]充江南封册使，假中書侍郎。既至臨安，而宋人牓其居曰“行宫”。[3]筈曰：“未受命，而名行宫，非也。”請去牓而後行禮。宋人驚服其有識，欲厚賄説之，奉金珠三十餘萬，而筈不之顧，皆嘆曰：“大國有人焉。”

[1]天眷：金熙宗年號（1138—1140）。　熙宗：廟號。名亶。1135年至1149年在位。本書卷四有紀。

[2]皇統：金熙宗年號（1141—1149）。　二年："二"，原作"元"，按本書卷四《熙宗紀》：皇統二年（1142）三月“丙辰，遣左宣徽使劉筈以衮冕圭册册宋康王爲帝”。卷六〇《交聘表中》記事同。中華點校本據改。今從之。

[3]假中書侍郎：這裏指暫時借用中書侍郎這個官銜出使南京。中書侍郎，中書省中書令的副貳。　臨安：府名。南宋京師，治所在今浙江省杭州市。　行宫：帝王出行時所居的宫殿。

五年，爲行臺尚書右丞相，[1]兼判左宣徽使事，留京師。或請釐革河南官吏之濫雜者，筈曰：“廢齊用兵江表，求一切近效，其所用人不必皆以章程，故有不由科目而爲大吏，不試弓馬而握兵柄者。今撫定未久，姑收人心，奈何爲是紛更也。”遂仍其舊。

[1]五年，爲行臺尚書右丞相：本書卷四《熙宗紀》，皇統六年（1146）五月“辛卯，以左宣徽使劉筈爲行臺右丞相”。繫年與此異。行臺尚書右丞相，即行臺尚書省長官，位在左丞相之下。熙宗天會十五年（1137），置行臺尚書省於汴。天眷元年（1138），以河南地與宋，遂改燕京樞密院爲行臺尚書省，天眷三年復移置於汴京。皇統二年，定行臺官品皆下中臺一等。

七年，帥府議於館陶築三城，以爲有警即令北軍入居之。[1]筈曰："今天下一家，孰爲南北。設或有變，軍人入城，獨能安耶。當嚴武備以察姦，無示彼此之間也。"其後，竟從筈議。初，以河外三州賜夏人，[2]或言秦之在夏者數千人，皆願來歸。諸將請約之，[3]筈曰："三小州不足爲輕重，恐失朝廷大信。且秦人之在蜀者倍多於此，何獨捨彼而取此乎。"遂從筈議。陝西邊帥請完沿邊城郭以備南寇，[4]筈曰："我利車騎而不利城守。今城之，則勞民而結怨。況盟已定，豈可妄動。"遂罷之。

[1]館陶：縣名。治所在今河北省館陶縣。　北軍：指女真猛安謀克軍。

[2]河外三州：指克宋之後，所賜夏人黄河以西，原宋麟、府、豐三州之地。

[3]諸將請約之：《金史詳校》卷九謂，"約"當作"納"。

[4]南寇：指宋軍。

九年八月，拜司空。九月，拜平章政事，[1]封吴國公，行臺右丞相如故。[2]天德元年，封滕王。[3]二年，拜尚書右丞相兼中書令，進封鄭王。[4]未幾，以疾求解政務，授燕京留守，進封曹王。[5]

[1]"九年八月"至"拜平章政事"：按本書卷四《熙宗紀》，皇統七年（1147）九月"行臺右丞相劉筈、右丞蕭仲恭爲平章政事"。繫年與此異。司空，金以太尉、司徒、司空爲三公。論道經邦，燮理陰陽。皆正一品。平章政事，與位於其上的左右丞相皆爲宰相，掌丞天子，平章萬機。從一品。

［2］吴國公：封爵名。天眷格，次國封號第五。

［3］滕王：封爵名。天眷格，次國封號第十四。

［4］中書令：中書省長官。　鄭王：封爵名。天眷格，次國封號第三。

［5］留守：帶本府尹，兼本路兵馬都總管。正三品。　曹王：封爵名。天眷格，大國封號第二十。

居數月，乞致仕。筈自爲宣徽使，以能得悼后意，[1]致位宰相。海陵即位，[2]意頗鄙之。及筈求致仕，詔略曰："不爲暗於臨事，不爲諂於事君。未許告歸，姑從解職。"筈因慚懼而死，年五十八。子仲誨。

［1］悼后：熙宗皇后裴滿氏。海陵即位追謚悼皇后，大定間加謚爲悼平皇后。本書卷六三有傳。

［2］海陵：封號。名完颜亮。1149 年至 1161 年在位。本書卷五有紀。

仲誨字子忠。皇統初，以宰相子授忠勇校尉。[1]九年，賜進士第，除應奉翰林文字。[2]海陵嚴暴，臣下應對多失次。嘗以時政訪問在朝官，仲誨從容敷奏，無懼色，海陵稱賞之。貞元初，丁父憂，起復翰林修撰。[3]大定二年，遷待制，尋兼修起居注、左補闕。[4]

［1］忠勇校尉：武散官。正八品上階。

［2］應奉翰林文字：翰林院屬官。從七品。

［3］貞元：金海陵王年號（1153—1156）。　翰林修撰：翰林院屬官。從六品。

[4]待制：翰林院屬官。分掌詞命文字，分判院事。正六品。　修起居注：屬記注院，掌記天子言動。　左補闕：諫院屬官。正七品。

三年，詔仲誨與左司員外郎蒲察蒲速越廉問所過州縣，[1]仲誨等還奏狀，詔玉田縣令李方進一階，順州知法、權密雲縣事王宗永擢密雲縣尉，[2]順州司候張璘、密雲縣尉石抹烏者皆免去。[3]丁母憂，起復太子右諭德，遷翰林直學士，改棣州防禦使。[4]猒次縣捕得强盗數十人，[5]詣州欲以全獲希賞。仲誨疑其有冤，緩其獄。同僚曰："縣境多盗，請置之法，以懲其餘。"仲誨乃擇老稚者先釋之。未幾，乃獲真盗。

[1]左司員外郎：尚書省左司佐貳。掌本司奏事，總察吏、户、禮三部受事付事。正六品。　蒲察蒲速越：女真人。金大定七年（1167）嘗以太子詹事爲賀宋正旦使。

[2]玉田縣令：縣令職在宣導風化，勸課農桑，平理獄訟，捕除盗賊，總判縣事。其品級依所轄人户多寡，分從六品、正七品、從七品不等。玉田縣治在今河北省玉田縣。　李方：與金大定十二年（1172）謀反的鄜州李方同姓名。　順州知法：州官名。從九品。順州治所在今北京市順義區。　密雲縣：順州屬縣。治所在今北京市密雲縣。　王宗永：本書僅此一見。　縣尉：專巡捕盗賊。正九品。

[3]司候：防刺州司候司官員。正九品。　張璘：本書僅此一見。　石抹烏者：契丹人。本書僅此一見。

[4]太子右諭德：東宫宫師府屬官。掌贊諭道德，侍從文章。正五品。　翰林直學士：翰林院屬官。掌制撰詞命，凡應奉文字，

銜内帶知制誥。從四品。　棣州：治所在今山東省惠民縣。

[5]猒（yàn）次縣：棣州倚郭縣。治所與州同。

入爲禮部侍郎兼左諭德，遷太子詹事兼左諫議大夫。[1]上曰："東宫官屬，尤當選用正人，如行檢不修及不稱位者，具以名聞。"又曰："東宫講書或論議間，當以孝儉德行正身之事告之。"頃之，東宫請增牧人及張設什用。[2]上謂仲誨曰："太子生於富貴，[3]每教之恭儉。朕服御未嘗妄有增益，卿以此意諭之。"改御史中丞。[4]

[1]禮部侍郎：尚書禮部屬官。協助禮部尚書掌禮樂、祭祀、燕享、學校、貢舉、儀式、制度、符印、表疏、册命、圖書、祥瑞、天文、漏刻、國忌、廟諱、醫卜、釋道、四方使客、諸國進貢、犒勞張設等事。正四品。　左諭德：即太子左諭德。正五品。　太子詹事：東宫宫師府詹事院長官。掌總統東宫内外庶務。從三品。

[2]東宫：此指東宫官，即指詹事院太子詹事劉仲誨。

[3]太子：世宗嫡子顯宗允恭。本書卷一九有紀。

[4]御史中丞：御史臺屬官。協助御史大夫糾察朝儀、彈劾官邪、勘鞫官府公事，處理所屬部門理斷不當引起上訴的各種案件。從三品。

十四年，爲宋國歲元使。宋主欲變親起接書之儀，遣館伴王抃來議，[1]曲辨强説，欲要以必從。仲誨曰："使臣奉命，遠來修好，固欲成禮，而信約所載，非使臣輒敢變更。公等宋國腹心，毋僥倖一時，失大國歡。"往復再三，竟用舊儀，親起接書成禮而還。

[1]館伴：迎接領國使臣者稱接伴使，至京城後與之相伴者稱館伴使，返回相送者稱送伴使。三者常由一人擔任。　王抃：宋人。大定初，宋乞和，曾爲宋通問使所參議官。金大定六年(1166)，又以福州觀察使爲賀金正旦使使金。

復爲太子詹事，遷吏部尚書，轉太子少師兼御史中丞。[1]坐失糾舉大長公主事，與侍御史李瑜各削一階。[2]仲詢前後爲東宮官且十五年，多進規戒，顯宗特加禮敬。大定十九年，卒。

[1]吏部尚書：尚書省吏部長官。掌文武選授、勳封、考課、出給制誥之政。正三品。　太子少師：東宫宫師府三少之首。掌保護東宫，導以德義。正三品。

[2]大長公主：依唐制，皇姑封大長公主。本書卷一二〇《烏古論元忠傳》，“有僧犯法，吏捕得置獄，皇姑梁國大長公主屬使釋之”的皇姑梁國大長公主，似即此大長公主。亦即本書卷一三二《徒單貞傳》所見的遼王宗幹女，海陵同母女弟。　侍御史：御史臺屬官。掌奏事，判臺事。從五品。　李瑜：另見於本書《世宗紀》，記同一事。

仲詢立朝峻整，容色莊重。世宗嘗曰：“朕見劉仲詢嘗若將切諫者。”[1]其以剛嚴見知如此。

[1]世宗：廟號。名完顏雍。1161年至1189年在位。本書卷六至卷八有紀。

頍字元矩。以大臣子孫充閤門祇候，調莘縣令，[1]召爲承奉班都知，[2]遷西上閤門副使兼宫苑令，[3]累遷西上、東上閤門使。

［1］莘縣：治所在今山東省莘縣。

［2］承奉班都知：隸宣徽院閤門，掌總率本班承奉之事。正七品。

［3］西上閤門副使：宣徽院閤門屬官。掌贊導殿庭禮儀。正六品。　宫苑令：隸宣徽院，掌宫廷修飭灑掃、啓閉門户、鋪設氈席之事。從六品。

泰和二年，宋盱眙軍報：明年賀正旦使魯宜、楊明輝。[1]及過界，副使乃王處久。[2]入見，魯宜殿上不雙跪。詔頍就閤詰問先報名銜楊明輝不復報改王處久之故，[3]及不雙跪者。魯宜對：拜時並雙跪，有足疾似單跪者。[4]

［1］泰和：金章宗年號（1201—1208）。　盱眙軍：宋軍州名。治所在今江蘇省盱眙縣。　魯宜：宋人。時爲宋試吏部尚書。宜，宜的古文。　楊明輝：宋人。本書僅此一見。

［2］王處久：宋人。時爲宋利州觀察使。

［3］閤：官署名。即閤門。

［4］魯宜對：依上諸問，當有申明改王處久之語。

初，南苑有唐舊碑，[1]書“貞元十年御史大夫劉怦葬”。[2]上見之曰：“苑中不宜有墓。”頍家本怦後，詔賜頍錢三百貫改葬之。

[1]南苑：京師城南苑囿，非專有名詞。

[2]貞元：唐德宗李適年號（785—805）。　御史大夫：唐官名。爲御史臺長官，專掌監察執法。

三遷右宣徽使。貞祐二年，[1]轉左宣徽使。明年，致仕，遷一官。上曰："卿舊人也，今朝廷多故，豈宜去位。朕自東宫薨後，[2]思慮不周，俟稍寧息，即以上郡處卿。"頃之，起爲知開封府。[3]四年正月元日，攝左宣徽使。再請老，未半歲復起爲御史中丞。詔安撫河南路，捕盜賊，[4]坐與保静軍節度使會飲，[5]解職。起爲太子詹事，遷太子少師。詹事院欲闢廣東宫周墻，頍請于皇太子曰：[6]"師旅饑饉之際，何爲興此役。"遂止。尋卒。

[1]貞祐：金宣宗年號（1213—1217）。

[2]東宫：此指宣宗長子莊獻太子守忠。本書卷九三有傳。

[3]開封府：治所在今河南省開封市。

[4]安撫河南路，捕盜賊：本書卷一四《宣宗紀上》貞祐四年（1216）十一月，"遣御史陳規等充河南宣差安撫捕盜官"。劉頍此時當與陳規同受命。

[5]保静軍節度使：節鎮州長官。南京路宿州，貞祐三年（1215）升爲節鎮，軍曰保静，治所在今安徽省宿州市。據本書卷一二八《紇石烈德傳》，紇石烈德於貞祐、興定間，曾歷保静、武勝軍節度使。此保静軍節度使，似即其人。

[6]皇太子：宣宗第三子完顔守緒，貞祐四年（1216）正月立爲皇太子。後即位爲帝，廟號哀宗。

時立愛字昌壽，涿州新城人。[1]父承謙，[2]以財雄鄉里，歲饑發倉廩賑貧乏，假貸者與之折券。

[1]涿州新城：指涿州屬縣新城縣，治所在今河北省高碑店市新城鎮。

[2]父承謙：河北省新城縣北場村出土金熙宗皇統三年（1143）宇文虚中作《時立愛墓志銘》（《河北省新城縣北場村金時立愛和時半墓發掘記》，《考古》1962年第12期），載時立愛父名作“承諫”。承諫本遼人，金贈鎮東節度使兼侍中。

遼太康九年，中進士第，調泰州幕官。[1]丁父憂，服除，調同知春州事。[2]未踰年，遷雲内縣令，再除文德令。[3]樞密院選爲吏房副都承旨，轉都承旨。[4]累遷御史中丞，[5]剛正敢言，忤權貴。除燕京副留守。[6]丁母憂，起復舊職，遷遼興軍節度使兼漢軍都統。[7]

[1]太康：又作大康，遼道宗耶律洪基年號（1075—1084）。泰州：遼泰州，治所在今黑龍江省泰來縣塔子城。　幕官：地方長官的屬吏。也稱幕職。

[2]同知春州事：遼州官名。爲春州刺史之佐貳。春州，遼長春州，金爲泰州。在今吉林省洮南市城四家子古城。

[3]雲内縣：遼雲内州屬縣。治所在今内蒙古自治區土默特左旗東南。　文德：遼歸化州屬縣。治所在今河北省宣化縣。

[4]吏房副都承旨：遼南面朝官漢人樞密院屬官。佐都承旨主吏房事。　都承旨：此指漢人樞密院吏房都承旨。

[5]御史中丞：遼南面朝官御史臺御史大夫佐貳。

[6]燕京副留守：遼南京又名燕京，燕京副留守即遼南京副

留守。

[7]遼興軍節度使：遼南面方州官。置南京道平州，亦稱平州節度使。治所在今河北省盧龍縣。　漢軍都統：此指管押平州甲馬司的漢軍都統，隸南京都元帥府，備禦宋國。

太祖已定燕京，訪求得平州人韓詢，[1]持詔招諭平州。是時，奚王回离保在盧龍嶺，[2]立愛未敢即朝見，先使人來送款曰："民情愚執，不即順從，願降寬恩，以慰反側。"詔曰："朕親巡西土，底定全燕，[3]號令所加，城邑皆下。爰嘉忠款，特示優恩，應在彼大小官員可皆充舊職，諸囚禁配隸並從釋免。"於是，遼帝尚在天德，平州雖降，民心未固。奚王回离保軍所在保聚，薊州已降復叛。民間流言謂"金人所下城邑，始則存撫，後則俘掠"。時立愛雖開諭而不肯信，乃上表："乞下明詔，遣官分行郡邑，宣諭德義。他日兵臨于宋，順則撫之，逆則討之，兵不勞而天下定矣。"上覽表嘉之，詔答曰："卿始率吏民歸附，復條利害，悉合朕意，嘉嘆不忘。山西部族緣遼主未獲，恐陰相連結，故遷處于嶺東。[4]西京人民既無異望，[5]皆按堵如故。或有將卒貪悍，冒犯紀律，輒掠降人者，已諭諸部及軍帥，約束兵士，秋豪有犯，必刑無赦。今遣斡羅、阿里等爲卿副貳，[6]以撫斯民。其告諭所部，使知朕意。"

[1]韓詢：本書僅此一見。

[2]奚王回离保：奚王忒鄰之後。本書卷六七、《遼史》卷一一四皆有傳。　盧龍嶺：《遼史·地理志》平州義豐縣條："黃洛

水北出盧龍山，南流入於濡水。”黄洛水即青龍河，濡水爲灤河下游。盧龍嶺或盧龍山，當在盧龍縣北，今河北省承德市與遼寧省凌源市間七老圖山的一個支脉。

[3]底定：即徹底平定。底，引致、達到。

[4]山西部族：指居於大興安嶺南支以西的諸奚與契丹部族。嶺東：指大興安嶺南支以東的地區。

[5]西京：治所在今山西省大同市。

[6]斡羅：女真人。僅此一見。似即後與阿里擊敗樓峰口張覺兵的猛安勃堇忽盧補。　阿里：女真人。即斜卯阿里。本書卷八〇有傳。

其後，以平州爲南京，用張覺爲留守，時立愛遂去平州。而張覺遂因燕京人東徙，其衆怨望，覺遂叛入于宋。立愛既去平州歸鄉里，太祖以燕、薊與宋，新城入于宋。[1]宋累詔立愛，立愛見宋政日壞，不肯起，戒其宗族不得求仕。

[1]新城入于宋：太祖天輔七年（1123）四月，以燕京及涿、易、檀、順、景、薊六州與宋，涿州新城亦入宋。

及宗望再取燕山，立愛詣幕府上謁，拜同中書門下平章事，任其子姪數人。立愛從宗望軍數年，[1]謀畫居多，封陳國公。[2]表求解機務，不從。九年，爲侍中、知樞密院事。久之，加中書令。天會十五年，致仕，加開府儀同三司、鄭國公。[3]薨于家，年八十二。賻贈錢布繒帛有差。詔同簽書燕京樞密院事趙慶襲護喪事，[4]葬用皆官給之。

[1]從宗望軍數年：《金史詳校》卷七謂："《節要》，斡里不（宗望）建樞密於燕山，以劉彦宗主之。粘罕（宗翰）建樞密於雲中，以時立愛主之。人呼爲東朝廷、西朝廷。案《傳》無主雲中事，不合。"

[2]陳國公：封爵名。天會格不詳。

[3]鄭國公：封爵名。天眷格，爲次國封號。

[4]同簽書燕京樞密院事：位在燕京樞密院使、副、簽書之下。趙慶襲：亦見於本書卷五《海陵紀》。

韓企先，燕京人。九世祖知古，[1]仕遼爲中書令，徙居柳城，[2]世貴顯。

[1]知古：遼薊州玉田人。《遼史》卷七四有傳。

[2]柳城：即遼興中府興中縣，治所在今遼寧省朝陽市。

乾統間，企先中進士第，回翔不振。[1]都統杲定中京，[2]擢樞密副都承旨，稍遷轉運使。[3]宗翰爲都統經略山西，表署西京留守。天會六年，劉彦宗薨。企先代之同中書門下平章事、知樞密院事。[4]七年，遷尚書左僕射兼侍中，封楚國公。[5]

[1]乾統：遼天祚帝年號（1101—1110）。　回翔不振：喻仕途未達。

[2]都統：此指金朝内外諸軍都統。　杲：本名斜也，太祖同母弟。本書卷七六有傳。

[3]樞密副都承旨：漢人樞密院屬官。位在樞密直學士之下，

吏房承旨之上。　轉運使：主要負責供辦軍需。

[4]企先代之同中書門下平章事、知樞密院事：按本書卷三《太宗紀》，天會七年（1129）正月“以南京留守韓企先同中書門下平章事、知樞密院事”。任職時間在天會七年。

[5]七年：據本書卷三《太宗紀》，天會八年正月，“同中書門下平章事韓企先爲尚書左僕射兼侍中”。“七年”爲“八年”之誤。楚國公：封爵名。後來的天眷格，大國封號第十三。

初，太祖定燕京，始用漢官宰相賞左企弓等，置中書省、樞密院于廣寧府，[1]而朝廷宰相自用女直官號。[2]太宗初年，[3]無所改更。及張敦固伏誅，移置中書、樞密于平州，蔡靖以燕山降，移置燕京，凡漢地選授調發租税皆承制行之。故自時立愛、劉彦宗及企先輩，官爲宰相，其職大抵如此。斜也、宗幹當國，[4]勸太宗改女直舊制，用漢官制度。天會四年，始定官制，立尚書省以下諸司府寺。[5]

[1]廣寧府：治所在今遼寧省北寧市西南五里北鎮廟。

[2]女直官號：此指國論諸勃極烈官號。

[3]太宗：廟號。即完顔吴乞買，漢名晟。1123 年至 1135 年在位。本書卷三有紀。

[4]宗幹：太祖庶長子。本書卷七六有傳。

[5]天會四年，始定官制，立尚書省以下諸司府寺：見於本書卷五五《百官志一》、卷七六《宗幹傳》、卷八三《張通古傳》，但卷三《太宗紀》失載。

十二年，以企先爲尚書右丞相，[1]召至上京。入見，太宗甚驚異曰："朕疇昔嘗夢此人，今果見之。"於是，方議禮制度，損益舊章。企先博通經史，知前代故事，或因或革，咸取折衷。企先爲相，每欲爲官擇人，專以培植獎勵後進爲己責任。推轂士類，甄別人物，一時臺省多君子。彌縫闕漏，密謨顯諫，必咨於王。[2]宗翰、宗幹雅敬重之，世稱賢相焉。

[1]尚書右丞相：丞相舊稱僕射。稱丞相，分左右，始於此年。但尚未置左丞相。

[2]必咨于王：王，指韓企先。企先於皇統元年（1141）始封濮王，施國祁《金史詳校》卷七謂，上文諸句，多盜碑語。

皇統元年，封濮王。[1]六年，薨，年六十五。正隆二年，例降封齊國公。[2]大定八年，配享太宗廟庭。

[1]濮王：封爵名。天眷格，小國封號第一爲濮。

[2]齊國公：封爵名。由王降爲國公。天眷格，大國封號第八爲齊。

十年，司空李德固孫引慶求襲其祖猛安，[1]世宗曰："德固無功，其猛安且闕之。漢人宰相惟韓企先最賢，他不及也。"十一年，將圖功臣像于衍慶宮，[2]上曰："丞相企先，本朝典章制度多出斯人之手，至於關決大政，與大臣謀議，不使外人知之，由是無人能知其功。前後漢人宰相無能及者，置功臣畫像中，亦足以示勸後人。"[3]十五年，謚簡懿。

[1]李德固：熙宗天眷元年（1138）由御前管勾契丹文字，擢升爲參知政事。歷任尚書右丞、咸平尹、平章政事等職，直至司空，卒於貞元元年（1153）。　引慶：李德固孫，本書僅此一見。

[2]衍慶宫：燕京所建的原廟，海陵天德四年（1152）始名其宫爲衍慶。

[3]“丞相企先”至“示勸後人”：世宗以上諸語，亦見於本書卷六《世宗紀上》大定十一年（1171）十月。

韓鐸字振文，[1]企先次子也。皇統末，以大臣子授武義將軍。[2]熙宗聞其有儒學，賜進士第，除宣徽判官。[3]再遷刑部員外郎，[4]海陵遣中使諭之曰：“郎官，高選也。汝勳賢之子，行已涖官，能世其家，故以命汝。苟能夙夜在公，當不次擢用，雖公相可到。”鐸感奮，獄或有疑，據經讞讞。海陵伐宋，改兵部員外郎。[5]

[1]韓鐸：與哀宗天興二年（1233）正月，崔立舉兵爲亂的同黨韓鐸，同名同姓，非一人。

[2]武義將軍：武散官。從六品上階。

[3]宣徽判官：宣徽院屬官。協助宣徽使掌朝會、燕享、殿庭禮儀及監知御膳。從六品。

[4]刑部員外郎：尚書省刑部屬官。協助刑部尚書掌律令、刑名、監户、官户、配隸、功賞、捕亡等事。從六品。

[5]兵部員外郎：尚書兵部屬官。協助兵部尚書掌兵籍、軍器、城隍、廄牧、鋪驛、車輅、儀仗、郡邑圖志、險阻、障塞、遠方歸化等事。從六品。

大定初，遷本部郎中。[1]累官河州防禦使，[2]求養親，解去。召爲左諫議大夫，遷中都路都轉運使。[3]頃之，上謂宰臣曰："韓鐸年高，不任繁劇，且其母老矣，可與之便郡。"於是，改順天軍節度使。[4]卒。

[1]本部郎中：指兵部郎中。從五品。

[2]河州：治所在今甘肅省臨夏市東北。

[3]左諫議大夫：諫院長官。正四品。　中都路都轉運使：中都路都轉運司長官。掌税賦錢穀、倉庫出納、權衡度量之制。正三品。

[4]順天軍節度使：置保州，治所在今河北省保定市。

贊曰：太祖入燕，始用遼南、北面官僚制度。是故劉彦宗、時立愛規爲施設，不見于朝廷之上。軍旅之暇，治官政，庀民事，[1]務農積穀，内供京師，外給轉餉，此其功也。韓企先入相兩朝，幾二十年，成功著業，世宗稱其賢焉。

[1]庀（pǐ）：治理，辦理。

金史　卷七九

列傳第十七

酈瓊　李成　孔彦舟　徐文　施宜生　張中孚　張中彦
宇文虚中　王倫

酈瓊字國寶，相州臨漳人。[1] 補州學生。宋宣和間，[2] 盜賊起，瓊乃更學擊刺挽强，試弓馬，隸宗澤軍，駐于磁州。[3] 未幾告歸，括集義軍七百人，復從澤，澤署瓊爲七百人長。澤死，調戍滑州。[4] 時宗望伐宋，將渡河。[5] 戍軍亂，殺其統制趙世彦而推瓊爲主。[6] 瓊因誘衆，號爲勤王，行且收兵，比渡淮，有衆萬餘。康王以爲楚州安撫使、淮南東路兵馬鈐轄，累遷武泰軍承宣使。[7] 未幾，率所領步騎十餘萬附于齊，授静難軍節度使，知拱州。[8] 齊國廢，以爲博州防禦使。[9] 用廉，遷驃騎上將軍。[10] 宗弼復河南，以瓊爲山東路弩手千户，知亳州事。[11] 丁母憂，去官。

[1] 相州臨漳：宋州縣名。金爲彰德府臨漳縣，治所在今河北省臨漳縣南。

［2］宣和：宋徽宗趙佶年號（1119—1125）。

［3］宗澤：宋婺州義烏人。《宋史》卷三六〇有傳。　磁州：治所在今河北省磁縣。

［4］滑州：治所在今河南省滑縣。

［5］宗望伐宋，將渡河：按《宋史》卷二五《高宗紀二》，建炎二年（1128，金天會六年）七月“宗澤薨”。《金史》卷三《太宗紀》，天會五年六月“庚辰，右副元帥宗望薨”。宗望早宗澤一年卒，此處“宗望”誤。　宗望：太祖第二子。本書卷七四有傳。

［6］統制：宋官名。屯軍的統兵官。　趙世彦：宋人。本書僅此一見。

［7］康王：宋高宗趙構。　楚州：宋州名。治所在今江蘇省淮安市。　安撫使：宋官名。負責一路軍務治安的長官，往往以知州、知府兼任。　淮南東路：南宋時，指今淮河以南、長江以北的東部地區。　兵馬鈐轄：宋官名。簡稱鈐轄，掌一路或一州軍旅戍屯、攻防等事的統兵官。　武泰軍承宣使：宋武臣寄禄官。位在節度使之下，觀察使之上。

［8］齊：金太宗天會八年（1130）所立的劉豫政權，天會十五年爲熙宗所廢。　静難軍節度使：置邠州，治所在今陝西省彬縣。此是授給酈瓊的虚銜。　拱州：海陵天德三年（1151）更名睢州，治所在今河南省睢縣。知拱州，爲授酈瓊的實職。

［9］博州防禦使：州長官。掌防捍不虞，禦制盗賊，餘同府尹。從四品。博州治所在今山東省聊城縣。

［10］驃騎上將軍：武散官。即驃騎衛上將軍。正三品下階。

［11］宗弼：本名完顔兀术，太祖子。本書卷七七有傳。　山東路弩手千户：弩手，又稱弓手或弓箭手。千户，此爲領兵官名。選募山東東西路鄉兵弩手，組成一軍，以酈瓊爲千户。　知亳州事：換新官制後，知亳州事爲從四品防禦使。州治在今安徽省亳州市。

宗弼再伐江南，[1]以瓊素知南方山川險易，召至軍與計事。從容語同列曰："瓊嘗從大軍南伐，每見元帥國王親臨陣督戰，[2]矢石交集，而王免胄，指麾三軍，意氣自若，用兵制勝，皆與《孫》《吴》合，[3]可謂命世雄材矣。至於親冒鋒鏑，進不避難，將士視之，孰敢愛死乎。宜其所向無前，日闢國千里也。江南諸帥，才能不及中人。每當出兵，必身居數百里外，謂之持重。或督召軍旅，易置將校，僅以一介之士持虛文諭之，謂之調發。制敵決勝委之偏裨，是以智者解體，愚者喪師。幸一小捷，則露布飛馳，[4]增加俘級以爲己功，斂怨將士。縱或親臨，亦必先遁。而又國政不綱，纔有微功，已加厚賞，或有大罪，乃置而不誅。不即覆亡，已爲天幸，何能振起耶。"衆以爲確論。元帥，謂宗弼也。

[1]再伐江南：金天眷三年（1140）五月，熙宗詔元帥府復取河南陝西地。十二月，都元帥宗弼奉詔渡江伐宋。

[2]元帥國王：指宗弼。其於天眷二年（1139）七月，爲都元帥，進封越國王。

[3]《孫》《吴》：書名。《孫》，即春秋時孫武撰《孫子兵法》。《吴》，即戰國時吴起撰《吴子》。

[4]露布：原指不緘封的文書，後多指捷報。

及宗弼問瓊以江南成敗，誰敢相拒者。瓊曰："江南軍勢怯弱，皆敗亡之餘，又無良帥，何以禦我。頗聞秦檜當國用事。[1]檜，老儒，所謂亡國之大夫，兢兢自守，惟顛覆是懼。吾以大軍臨之，彼之君臣方且心破膽裂，將哀鳴不暇，蓋傷弓之鳥可以虚弦下也。”既而，江南果稱臣，[2]宗弼喜瓊爲知言。

[1]秦檜：宋江寧人。《宋史》卷四三三有傳。

[2]江南果稱臣：事指金皇統元年（1141）秋，宋復書乞罷兵，宗弼以便宜劃淮爲界。二年二月，宋端明殿學士何鑄、容州觀察使曹勛來進誓表。

初，瓊去亳未幾，宋兵陷之而不守，復棄去，乃以州人宋超守之。[1]及大軍至，超復以州事委其鈐轄衛經而遁去。[2]帥府使人招經，經不下。及城潰，百姓惶懼待命，瓊請於元帥曰：“城所不下者，凶豎劫之也。民何罪，願慰安之。”元帥以瓊先嘗守亳，因止戮經而釋其州人，復命瓊守亳。凡六年，亳人德之。遷武寧軍節度使。[3]八年，爲泰寧軍節度使。[4]九年，遷歸德尹。[5]貞元元年，加金紫光禄大夫，[6]卒于官，年五十。

[1]宋超：宋亳州人。本書僅此一見。

[2]衛經：宋兵馬鈐轄。本書僅見於此。

[3]武寧軍節度使：州軍官名。掌鎮撫諸軍防刺，總判本鎮兵馬之事，兼本州管内觀察使事。從三品。置徐州，治所在今江蘇省徐州市。

[4]八年：此“八年”在“貞元元年”之前，故《金史詳校》卷八曰，“此上當加‘皇統’”。　皇統：金熙宗年號（1141—1149）。　泰寧軍節度使：置兗州，大定十九年（1179）更爲泰定軍節度使，治所在今山東省兗州市。

[5]歸德尹：府長官。掌宣風導俗，肅清所部，總判府事。正

三品。府治在今河南省商丘市。

[6]貞元：金海陵王年號（1153—1156）。　金紫光禄大夫：文散官。正三品上階。

李成字伯友，雄州歸信人。[1]勇力絕倫，能挽弓三百斤。宋宣和初，試弓手，挽强異等。累官淮南招捉使。[2]成乃聚衆爲盜，抄掠江南，宋遣兵破之，成遂歸齊，累除知開德府，[3]從大軍伐宋。齊廢，再除安武軍節度使。[4]

[1]雄州歸信：州縣名。治所在今河北省雄縣。

[2]淮南招捉使：宋官名。《宋史》建炎元年（1127），作京東河北路大捉殺使。

[3]知開德府：劉齊官名。宋開德府，劉齊因之，金皇統四年（1144）更名開州。治所在今河南省濮陽市。

[4]安武軍節度使：金天會七年（1129）於冀州置安武軍節度使，治所在今河北省冀州市。

成在降附諸將中最勇鷙，號令甚嚴，衆莫敢犯。臨陣身先諸將。士卒未食不先食，有病者親視之。不持雨具，雖沾濕自如也。有告成反者，宗弼察其誣，使成自治，成杖而釋之，其不校如此。以此，士樂爲用，所至克捷。宗弼再取河南，宋李興據河南府。[1]成引軍入孟津，[2]興率衆薄城，鼓噪請戰，成不應。日下昃，興士卒倦且饑，成開門急擊，大破之。興走漢南，成遂取洛陽、嵩、汝等。[3]河南平，宗弼奏成爲河南尹，都管押本路兵馬。[4]嘗取官羡粟充公費，[5]坐奪兩官，解職。正隆間，起爲真定尹，封郡王，例封濟國公。[6]卒，年六十九。

［1］李興：時爲宋河南府兵馬鈐轄。　河南府：治所在洛陽縣，即今河南省洛陽市。

［2］孟津：河南府屬縣。治所在今河南省孟津縣東舊孟津。

［3］漢南：地區名。指漢水以南地。　嵩：州名。治所在今河南省嵩縣。　汝：州名。治所在今河南省汝州市。

［4］河南尹：爲李成官銜。　都管押本路兵馬：爲李成職事。

［5］官羡粟：指已給復的不納租税的羡田之粟。

［6］正隆：金海陵王年號（1156—1161）。　真定：府名。治所在今河北省正定縣。　郡王：封號。正一品曰郡王。　例封：海陵正隆二年（1157）二月，改定封爵等第，存者二品以上，死者一品，參酌削降。　濟國公：封爵名。天眷格，小國封號第二。

孔彦舟字巨濟，相州林慮人。[1]亡賴，不事生産，避罪之汴，[2]占籍軍中。坐事繫獄，説守者解其縛，乘夜踰城遁去。已而殺人，亡命爲盜。宋靖康初，應募，累官京東西路兵馬鈐轄。[3]聞大軍將至山東，遂率所部，劫殺居民，燒廬舍，掠財物，渡河南去。宋人復招之，以爲沿江招捉使。[4]彦舟暴横，不奉約束。宋人將以兵執之，彦舟走之齊。從劉麟伐宋，爲行軍都統，改行營左總管。[5]

［1］相州林慮：州縣名。宋相州，金明昌三年（1192）升爲彰德府。林慮爲其屬縣，治所在今河南省林州市。

[2]亡賴："亡"通"無"。　汴：宋爲東京開封府，金初稱汴京，貞元元年（1153）更號南京開封府，治所在今河南省開封市。

[3]靖康：宋欽宗趙桓年號（1126—1127）。　京東西路兵馬鈐轄：宋官名。又稱東平府兵馬鈐轄。

[4]沿江招捉使：宋官名。《宋史》作荆湖北路捉殺使。

[5]劉麟：劉豫子。本書卷七七有傳。　行軍都統、行營左總管：劉齊行軍作戰統領官的稱號。

齊國廢，累知淄州。[1]從宗弼取河南，克鄭州，擒其守劉政，破孟邦傑於登封，授鄭州防禦使。[2]討平太行車轅嶺賊。[3]從征江南，渡淮破孫暉兵萬餘人，下安豐、霍丘。[4]及攻濠州，以彦舟爲先鋒，順流薄城，擒其水軍統制邵青，遂克濠州。[5]師還，累官工、兵部尚書，河南尹，封廣平郡王。[6]正隆例降金紫光禄大夫，改西京留守。[7]

[1]知淄州：換新官制後爲正五品刺史。淄州治所在今山東省淄博市南的淄州。

[2]鄭州：治所在今河南省鄭州市。　劉政：宋人。　孟邦傑：宋人。又稱叛寇孟邦傑，應爲義軍首領。　登封：河南府屬縣。治所在今河南省登封市。

[3]太行車轅嶺賊：指太行山南端澤、潞一帶的紅巾軍。　車轅嶺：具體地點不詳。

[4]孫暉：宋人。時爲宋西京副總管。　安豐：宋軍州名。治所在今安徽省壽縣。　霍丘：宋縣名。屬安豐軍，治所在今安徽省邱縣。

[5]濠州：宋州名。治所在今安徽省鳳陽縣。　邵青：時爲宋

兵馬鈐轄、武功郎、閤門宣贊舍人。

［6］工、兵部尚書：工部、兵部長官。皆正三品。　廣平郡王：封號。封王郡號第二。

［7］西京：原作“南京”。按，《三朝北盟會編》卷二二四，南宋紹興二十六年即金正隆元年（1156）十二月，“金人以孔彥舟知西京”。又本傳下文“正隆五年除南京留守”。《金史詳校》卷八，“‘南’當作‘西’”。中華點校本據改。從之。西京大同府置留守司，治所在今山西省大同市。　留守：留守司長官。帶本府尹，兼本路兵馬都總管。正三品。

彥舟荒于色，有禽獸行。妾生女姿麗，彥舟苦虐其母，使自陳非己女，遂納爲妾。其官屬負官錢，私其妻與折券。惟破濠州時，諸軍凡係獲皆殺之，彥舟號令毋輒殺，免者數千人，人頗以此稱之。然自幼至老常在行伍，習兵事，知利鈍，海陵欲以爲征南將佐。[1]正隆五年，除南京留守。

［1］海陵：封號。名完顔亮。1149 年至 1161 年在位。本書卷五有紀。

彥舟有疾，朝臣有傳彥舟死者，而彥舟尚無恙。海陵盡杖妄傳彥舟死者，以激勵之。無何，竟死於汴，[1]年五十五。遺表言“伐宋當先取淮南”云。

［1］竟死於汴：據前文，當是病死。《三朝北盟會編》卷二四三引《煬王江上録》：“有人譖彥舟者，遂賜酒鴆之。”當屬宋人誤傳。本書卷八四《耨盌温敦思忠傳》言及諫海陵南伐而見疏，被

杖、被殺者，亦無孔彦舟。其除南京留守，正爲佐征江南。海陵伐宋先取壽春，也正依孔彦舟“先取淮南”之策。此皆可證《煬王江上録》之誤。

徐文字彦武，萊州掖縣人，徙膠水。[1]少時販鹽爲業，往來瀕海數州，剛勇尚氣，儕輩皆憚之。宋季盜起，募戰士，爲密州板橋左十將。[2]勇力過人，揮巨刀重五十斤，所向無前，人呼爲“徐大刀”。[3]後隸王龍圖麾下，與夏人戰，生擒一將，補進武校尉。[4]東還，破群賊楊進等，[5]轉承信郎。

[1]萊州掖縣：州縣名。治所皆在今山東省萊州市。　膠水：縣名。屬萊州，在掖縣南，治所在今山東省平度市。

[2]密州：治所在今山東省諸城市。　板橋：鎮名。密州屬縣膠西縣治所在地，在今山東省膠州市。　左十將：爲徐文駐軍番號，也是徐文的官職。將爲宋軍編制單位，將下設部，部下設隊。一將之兵力，自數千至萬餘不等。

[3]徐大刀：徐文綽號。《族帳部曲録》：“徐文，本朝舊人，徐大刀是也，知萊州以控海道。”

[4]王龍圖：宋人。王，姓氏。龍圖，其兼領“直龍圖閣”的簡稱。　進武校尉：位在進義校尉之上，從九品承信郎之下。

[5]楊進：本書僅此一見。

宋康王渡江，召文爲樞密院準備將，[1]擒苗傅及韓世績，[2]以功遷淮東、浙西、沿海水軍都統制。[3]諸將忌其材勇。是時，李成、孔彦舟皆歸齊，宋人亦疑文有北歸志，大將閻皋與文有隙，[4]因而譖之。宋使統制朱師敏來襲文，[5]文乃率戰艦數十艘泛海歸于齊。[6]

[1]樞密院準備將：爲樞密院直屬部隊的準備將。將，宋軍編制單位，其統領官爲正將、副將、準備將。

[2]苗傅：宋潞州上黨人。南宋建炎三年（1129）發動“苗柳之變”，逼宋高宗傳位於幼子，兵敗被磔。《宋史》卷四七五有傳。韓世績：苗傅同黨。

[3]都統制：南宋建炎元年（1127）置御營都統制，其後，各屯駐大軍的統領官也稱都統制。或謂，徐文爲御營忠鋭第八將，駐於明州。

[4]大將閻臯：閻臯，宋人。大將，位在殿侍下，軍將上，後改進武副尉。

[5]統制朱師敏：朱師敏，宋人。統制，南宋屯駐軍統兵官的稱謂。

[6]泛海歸于齊：詳見本書卷七七《劉豫傳》及《宋史》卷四七五《劉豫傳》。

齊以文爲海、密二州滄海都招捉使兼水軍統制，遷海道副都統兼海道總管，賜金帶。[1]文以策干劉豫，欲自海道襲臨安，豫不能用。[2]齊國廢，元帥府承制以文爲南京步軍都虞候，權馬步軍都指揮使。[3]天眷元年，破太行賊梁小哥，以本職兼水軍統制。[4]朝廷以河南與宋，除文山東路兵馬鈐轄。[5]

[1]海：州名。治所在今江蘇省連雲港市。　滄海：渤海的别稱。　都招捉使兼水軍統制、海道副都統兼海道總管：皆齊水軍統兵官稱號。

［2］臨安：府名。即南宋京師，治所在今浙江省杭州市。　豫不能用：據本書卷七七《劉豫傳》，並非劉豫不欲用，乃金元帥府的意見不統一。

［3］元帥府：即都元帥府。太宗天會三年（1125）十月伐宋始設。至海陵天德二年（1150）十二月改制之前，元帥府既是王朝最高軍事決策與統帥機構，也是中原地區最高軍政機構，具有任免各級軍官和漢地樞密院官員的權力（程妮娜《金代政治制度研究》，吉林大學出版社 1999 年版，第 150 – 158 頁）。　都虞候：金初都虞候，當爲諸府鎮都指揮使的佐貳。　權：代理、攝守。　都指揮使：金承宋制，於諸府鎮置都軍司，以都指揮使爲其長官，掌軍帥差役、巡捕盜賊、總判軍事。换新官格後，爲正七品。

［4］天眷：金熙宗年號（1138—1140）。　梁小哥：人名。其他不詳。　水軍統制：官名。據《僞齊録》，即汴京總管府水軍都統制。

［5］山東路兵馬鈐轄：金承宋制，初年於各路亦置兵馬鈐轄。後來僅於隸屬尚書省兵部的武衛軍都指揮使司内，下置鈐轄司。

宗弼復取河南，文破宋將李寶於濮陽、孟邦傑於登封。[1]宋蔣知軍據河陽，[2]文遲明至其城下，使别將攻城東北，自將精鋭潛師襲南門。中悉衆救東北，文乃自南門斬關入城。宋軍潰去，追擊敗之。破郭清、郭遠於汝州。[3]鄭州叛，復取之，擊走宋將戚方。[4]河南既平，宗弼勞賞將士，賞文銀幣鞍馬。充行軍萬户，[5]從宗弼取廬、濠等州。[6]超换武義將軍。[7]知濟州，在職七年，移知泰安軍。[8]

［1］李寶：時爲岳飛忠義軍的統領，陷於金，獨身從海道歸宋。

《宋史》卷三七〇有傳。　濮陽：宋開德府治所，今河南省濮陽市。

[2]蔣知：宋人。生平不詳。　河陽：縣名。隸孟州，治所在今河南省孟縣。

[3]郭清、郭遠：二人皆宋人。其他不詳。

[4]戚方：宋人。生平不詳。

[5]行軍萬户：女真軍官名。指行軍作戰時專掌軍務統軍作戰的萬户。

[6]廬：宋州名。治所在今安徽省合肥市。

[7]超换：越級更换。　武義將軍：武散官。從六品上階。

[8]知濟州：即濟州刺史。正五品。　濟州：舊治鉅野，海陵天德二年（1150）徙治任城。鉅野治所在今山東省巨野縣，任城治所在今山東省濟寧市。　泰安軍：軍州名。金大定二十二年（1182）升爲泰安州，治所在今山東省泰安市。

海陵即位，録舊功，累遷中都兵馬都指揮使，賜金帶。[1]改濬州防禦使。[2]未幾，海陵謀伐宋，改行都水監，監造戰船於通州。[3]

[1]中都兵馬都指揮使：中都兵馬司長官。掌巡捕盗賊，提控禁夜，糾察諸博徒屠宰牛羊，總判司事。正五品。

[2]濬州：治所在今河南省濬縣。

[3]都水監：都水監長官。掌山澤、津梁、舟楫、河渠之事。正四品。　通州：治所在今北京市通州區。

東海縣人徐元、張旺作亂，[1]縣人房真等三人走海州及走總管府上變。[2]州、府皆遣使効隨真等詣東海觀賊形勢，皆爲賊所害。州、府合兵攻之，累月不下。海陵且欲伐宋，惡聞其事，詔文與步軍指揮使張弘信、同知大興尹李惟忠、宿直將軍蕭阿窊率舟師九百，浮海討之。[3]謂文等曰："朕意不在一邑，將以試舟師耳。"文等至東海，與賊戰，敗之，斬首五千餘級，獲徐元、張旺，餘衆請降。是役也，張弘信行至萊州，[4]稱疾留止，日與妓樂飲酒。海陵聞之，師還，杖弘信二百。文遷定海軍節度使，[5]房真三人官賞有差，死賊者皆贈官三級，以銀百兩、絹百匹賜其家。

[1]東海縣：即海州東海縣，治所在今江蘇省灌雲縣北南城鎮。徐元、張旺：二人嘗據東海反金。其他不詳。

[2]房真：僅見於本傳。　總管府：此指山東東路總管府。山東東路總管府置益都府，治所在今山東省青州市。

[3]步軍指揮使：諸總管府節鎮兵馬司置有指揮使一員，鈐轄四都之兵以屬都揮使，專署本指揮使事。從六品。　張弘信：時爲山東東路益都總管府節鎮兵馬司步軍指揮使。後於金大定四年(1164)，曾以泰寧軍節度使通檢山東州縣物力。　同知大興尹：即大興府同知。掌通判府事。從四品。　李惟忠：本名李老僧，海陵賜名惟忠。本書卷一三二有傳。　宿直將軍：殿前都點檢司屬官有左右宿直將軍，掌總領親軍，凡宫城諸門衛禁，並行從宿衛之事。從五品。　蕭阿窊：事迹另見於本書卷五《海陵紀》。

[4]萊州：治所在今山東省萊州市。

[5]定海軍節度使：置萊州。

大定二年，[1]詣闕自陳年老目昏，懇求致仕，許之。以覃恩遷龍虎衛上將軍。[2]卒于家。

[1]大定：金世宗及章宗初年的年號（1161—1189）。

[2]龍虎衛上將軍：武散官。正三品上階。

施宜生字明望，邵武人也。[1]博聞强記，未冠，由鄉貢入太學。[2]宋政和四年，擢上舍第，試學官，授潁州教授。[3]及王師入汴，宜生走江南。復以罪北走齊，上書陳取宋之策，齊以爲大總管府議事官。[4]失意於劉麟，左遷彰信軍節度判官。[5]齊國廢，擢爲太常博士，遷殿中侍御史，[6]轉尚書吏部員外郎，爲本部郎中。[7]尋改禮部，出爲隰州刺史。[8]天德二年，用參知政事張浩薦宜生可備顧問，[9]海陵召爲翰林直學士，撰《太師梁王宗弼墓銘》，進官兩階。[10]正隆元年，出知深州，召爲尚書禮部侍郎，遷翰林侍講學士。[11]

[1]邵武：宋地。治所在今福建省邵武市。《程史》載施宜生爲建州人，《中州集》載施宜生爲蒲城人。

[2]鄉貢：又稱鄉試、鄉舉。宋制，各地州府三年一試本地舉人，按解額録取，合格者可赴省試。　太學：宋朝最高學府。

[3]政和：宋徽宗年號（1111—1118）。　上舍第：大學中的最高等級。宋神宗創太學三舍法，始入學爲外舍，經考核遞升内舍和上舍。徽宗創辟雍爲外學，外舍生皆入外學，名額三千。太學内舍生六百，上舍生二百。　潁州：治所在今安徽省阜陽市。　教授：州學學官，以經術行義訓導考核學生，執行學規。《中州集》，“教授”作“教官”。

[4]大總管府議事官：齊官名。大總管府，即諸路兵馬大總管府的簡稱，爲劉齊最高軍帥官署。時劉豫子劉麟爲大總管。議事官，大總管府的參謀官。

[5]彰信軍節度判官：節鎮州屬官。掌紀綱節鎮衆務，僉判兵馬事。宋興仁府彰信軍，劉齊因之，入金後改稱曹州。治所原在山東省定陶縣西南，後於金大定八年（1168）遷於古乘氏縣，即今山東省荷澤市。

[6]太常博士：太常寺屬官。掌檢訂典禮。正七品。　殿中侍御史：御史臺屬官，專劾朝者儀矩。正七品。

[7]吏部員外郎：尚書吏部屬官。協助吏部尚書掌文武選授、勳封、考課、出給制誥等政事。從六品。　本部郎中：《癸辛雜識》："汴梁晋賢洞記石碑，甚雅。金皇統四年四月一日，奉議大夫、行臺吏部郎中、飛騎衛施宜生撰並書。"本部郎中，作"行臺吏部郎中"。

[8]隰州：金初有兩隰州，遼隰州，金初因之，皇統三年（1143）廢州爲海濱縣，隸北京路瑞州。宋隰州，天會六年（1128）改爲南隰州，天德三年（1151）始去南字復稱濕州，隸河東南路。此處所見的隰州，其實應稱南隰州，治所在今山西省隰縣。

[9]天德：金海陵王年號（1149—1153）。　參知政事：執政官，爲宰相之貳，佐治省事。從三品。　張浩：渤海人。本書卷八三有傳。

[10]翰林直學士：翰林院屬官。從四品。《日下舊聞考》謂，萬壽寺戒壇前，已泐金碑一。翰林學士施宜生撰，金貞元三年（1155）立。按此所謂"翰林學士"，乃由碑已泐而誤辨，應以本傳"翰林直學士"爲是。　太師梁王宗弼墓銘：此墓銘已失傳，然由此知宗弼爲梁王，乃天德間追贈。

[11]知深州：即深州刺史。深州治所在今河北省深州市南。　尚書禮部侍郎：禮部尚書佐貳。正四品。　翰林侍講學士：翰林院屬官。從三品。

四年冬，爲宋國正旦使。宜生自以得罪北走，耻見宋人，力辭，不許。宋命張燾館之都亭，因間以首丘風之。[1]宜生顧其介不在旁，爲廋語曰：[2]“今日北風甚勁。”又取几間筆扣之曰：“筆來，筆來。”於是宋始警。其副使耶律闢離剌使還以聞，[3]坐是烹死。

[1]張燾：宋饒州德興人。時爲提舉萬壽觀兼侍讀，任吏部尚書。《宋史》卷三八二有傳。　首丘：喻至死不忘故里。《禮記·檀弓》：“狐死正首丘，仁也。”《楚辭·九章·哀郢》：“鳥飛返故鄉兮，狐死必首丘。”　風：通“諷”。微言勸告。

[2]廋（sōu）語：隱語。

[3]副使耶律闢離剌：契丹人。蕭裕妹夫，時以宿州防禦使爲賀宋正旦副使。

初，宜生困于場屋，遇僧善風鑒，謂之曰：“子面有權骨，可公可卿。而視子身之毛，皆逆上，且覆腕，必有以合乎此而後可貴也。”宜生聞其言，大喜，竟從范汝爲於建、劍。[1]已而，汝爲敗，變服爲傭泰之吴翁家三年。[2]翁異之，一日屏人詰其姓名，宜生曰：“我服傭事惟謹，主人乃亦置疑邪。”翁固詰之，則請其故。翁曰：“日者燕客，執事咸餕，而汝獨孫諸儕，[3]且撤器有欵聲，是以識汝非真傭也。”宜生遂告之故，翁贐之金，夜濟淮以歸。[4]試《一日獲熊三十六賦》，擢第一，[5]其後竟如僧言。

[1]竟從范汝爲於建、劍：事見《耆舊續聞》卷六。　范汝

爲：宋建州人。南宋建炎四年（1130）七月起事，十二月受招安。紹興元年（1131）十月再起兵，二年正月兵敗而死。　建：州名。宋地，治所在今福建省建甌市。　劍：州名。宋地，治所在今福建省南平市。

[2]泰：宋泰州，治所在今江蘇省泰州市。

[3]餕：食有剩餘。　孫：通"遜"。意爲退避。

[4]夜濟淮以歸：按此段文字，皆本於《程史》。

[5]試《一日獲熊三十六賦》：《程史》謂宜生奏賦曰："聖天子講武功，雲屯八百萬騎，日射三十六熊。"亮喜擢第一。《貴耳集》謂，施宜生入大金曾爲奉使來，館伴因語《三十六熊賦》云："雲屯八百萬騎，以八百萬騎對三十六熊，何其鮮哉。"宜生語塞。大抵南北二使皆不深書。《司射》所載熊即侯也，非獸也。

張中孚字信甫，其先自安定徙居張義堡。[1]父達，仕宋至太師，封慶國公。[2]中孚以父任補承節郎。[3]宗翰圍太原，其父戰歿。[4]中孚泣涕請迹父屍，乃獨率部曲十餘人入大軍中，[5]竟得其屍以還。累官知鎮戎軍兼安撫使，屢從吴玠、張浚以兵拒大軍。[6]浚走巴蜀，中孚權帥事。[7]天會八年，睿宗以左副元帥次涇州，[8]中孚率其將吏來降。睿宗以爲鎮洮軍節度使知渭州，兼涇原路經略安撫使。[9]

[1]安定：縣名。隸寧州，宋名定安，金初因之，大定七年（1167）更名安定。治所在今甘肅省寧縣。　張義堡：宋隸鎮戎軍，金隸鎮戎軍三川縣，名張義寨。在今寧夏回族自治區固原市西南五十里張易鄉。

[2]太師：宋承唐制，初以太師、太傅、太保爲三師，以太尉、

司徒、司空爲三公。太師僅用以待少數累朝元老重臣。北宋政和二年（1112），廢太尉、司徒、司空，以太師、太傅、太保爲三公。慶國公：宋封爵名。宋爵共十二等，奉皇帝特旨者封國公。

［3］承節郎：宋低級武臣階官。北宋政和二年（1112）由三班奉旨改名承節郎。

［4］宗翰：完顔撒改長子。本書卷七四有傳。　太原：府名。治所在今山西省太原市。

［5］部曲：私屬部隊。

［6］知鎮戎軍：鎮戎軍長官。鎮戎軍，宋軍州名，治所在今寧夏回族自治區固原市。　吴玠：宋德順軍隴干人，後徙居水洛。《宋史》卷三六六有傳。　張浚：宋漢州綿竹人。《宋史》卷三六一有傳。

［7］權帥事：本書卷三《太宗紀》天會八年（1130）謂其爲宋涇原路統制。

［8］天會：金太宗及金熙宗初年號（1123—1135、1135—1137）。　八年：原作“九年”。按本書卷三《太宗紀》，天會八年（1130）“十一月甲辰，宗輔下涇州。……戊申，原州降。宋涇原路統制張中孚、知鎮戎軍李彦琦以衆降”。中華點校本據改。今從之。睿宗：廟號。名宗輔，太祖子，世宗父。本書卷一九有紀。　左副元帥：據本書卷三《太宗紀》，天會十年宗輔始由右副元帥爲左副元帥。“左”當爲“右”之誤。左、右副元帥，皆正二品。　涇州：治所在今甘肅省涇川縣。

［9］鎮洮軍節度使：爲其遥領虚銜。臨洮府，宋爲鎮洮軍節度使，金初因之，治所在今甘肅省臨洮縣。　知渭州：爲實職。渭州治所在今甘肅省平凉市。　涇原路經略安撫使：北宋康定二年（1041），分陝西路置涇原路經略安撫使。治渭州，由知渭州長官兼任，並兼馬步軍都總管。金初亦因之。

齊國建，以什一法括民田，籍丁壯爲鄉軍。[1]中孚以爲涇原地瘠無良田，且保甲之法行之已習，今遽紛更，人必逃徙，秖見其害，[2]未見其利也。竟執不行。時齊政甚急，莫敢違，人爲中孚懼，而中孚不之顧。未幾齊國廢，一路獨免掊克之患。[3]

[1]什一法：古稅法，又稱助法。什一即十分取其一。劉豫以什一法稅民，名爲行古人助法，實爲斂取民財。後雖更爲五等稅法，民猶以爲重。　籍丁壯爲鄉軍：改變保甲法鄉兵的上番制，籍丁壯以爲地方常備軍。

[2]秖：同“祗”。

[3]掊克：又作“掊刻”，指以苛稅收刮民財。

天眷初，爲陝西諸路節制使知京兆府，[1]朝廷賜地江南，中孚遂入宋。[2]宗弼再定河南、陝西，移文宋人，使歸中孚。[3]至汴，就除行臺兵部尚書，遷除參知行臺尚書省事。[4]明年，拜參知政事。[5]貞元元年，遷尚書左丞，封南陽郡王。[6]三年，以疾告老，乃爲濟南尹，加開府儀同三司，封宿王。[7]移南京留守，又進封崇王。[8]卒，年五十九，加贈鄧王。[9]

[1]陝西諸路節制使：據本書卷二六《地理志下》京兆府路條及卷八二《鄭建充傳》，當是金初置於京兆府的陝西六路節制司統制兵馬的長官節制使。《三朝北盟會編》卷二〇〇，稱其爲永興路經略安撫使。　京兆府：治所在今陝西省西安市。

[2]中孚遂入宋：金天眷二年（1139）三月，張中孚入宋，爲檢校少傅。《三朝北盟會編》卷二〇〇載宋郭奕詩：“張中孚、張

中彥，江南塞北都行遍，教我如何作列傳。”

［3］移文宋人，使歸中孚：本書本卷《宇文虛中傳》謂，金皇統二年（1142）詔尚書省移文宋國，理索張中孚家屬。移文見《三朝北盟會編》卷二〇八《金人元帥第六書》。

［4］行臺兵部尚書：行臺尚書省屬官。金天眷三年（1140）復移行臺尚書省於汴，皇統二年（1142）定行臺官品皆下中臺一等。參知行臺尚書省事：按本書卷五五《百官志一》尚書省條，“參知政事二員”。知此處官職當作“行臺尚書省參知政事”，此處略異。

［5］明年：據本書卷五《海陵紀》，明年指海陵即位的明年，即天德二年（1150）。據本書卷五五《百官志一》，尚書省設參知政事，此處官職當爲“行臺尚書省參知政事”。

［6］南陽郡王：封號。正一品曰郡王，爲封王郡號第四。

［7］濟南：府名。治所在今山東省濟南市。　開府儀同三司：文散官。從一品上階。　宿王：封爵名。天眷格，小國封號第八。

［8］崇王：封爵名。天眷格，小國封號第七。

［9］鄧王：封爵名。天眷格，次國封號第二十二。

中孚天性孝友剛毅，與弟中彥居，未嘗有間言。喜讀書，頗能書翰。其御士卒嚴而有恩，西人尤畏愛之。葬之日，老稚扶柩流涕蓋數萬人，至爲罷市，其得西人之望如此。正隆例封崇進、原國公。[1]

［1］崇進：文散官。從一品下階。　原國公：封號。由王降爲國公。天眷格，次國封號第十七爲原。

張中彥字才甫，中孚弟。少以父任仕宋，爲涇原副將，知德順軍事。[1]睿宗經略陝西，中彥降，除招撫使。[2]從下熙、河、階、成州，[3]授彰武軍承宣使，爲本路兵馬鈐鍺，遷都總管。[4]

[1]涇原副將：宋路官名。即涇原路經略安撫司副將，駐德順軍。　德順軍：宋軍州名。金爲德順州，治所在今甘肅省静寧縣。

[2]招撫使：即涇原路招撫使。宋制，掌招撫討伐事務，不常置。金初與金末，亦置有招撫使。

[3]熙州：宋州名。金爲臨洮府，治所在今甘肅省臨洮縣。　河州：宋州名。治所在今甘肅省臨夏市。　階州：宋州名。治所在今甘肅省武都縣東北。　成州：宋州名。治所在今甘肅省成縣。

[4]彰武軍：宋節鎮。金初因之，皇統二年（1142）改置延安總管府，治所在今陝西省延安市。　都總管：宋於諸路設都部署，掌軍旅屯戍防禦等事務，後避英宗趙曙諱，改稱都總管。北宋末南宋初，多爲閑職，金初亦因之。

宋將關師古圍鞏州，與秦鳳李彦琦會兵攻之。[1]王師下饒風關，得金、洋諸州，[2]以中彦領興元尹，[3]撫輯新附。師還，代彦琦爲秦鳳經略使。[4]秦州當要衝而城不可守，中彦徙治北山，因險爲壘，今秦州是也。築臘家諸城，[5]以扼蜀道。帥秦凡十年，改涇原路經略使知平凉府。

[1]關師古：宋將。後於紹興四年（1134，金天會十二年）爲宋熙河蘭廓路安撫制置使，以洮、岷二州降劉齊。　鞏州：治所在今甘肅省隴西縣。　秦鳳：路名。置秦州，治所在今甘肅省天水市。　李彦琦：在宋知鎮戎軍，與張中孚同時降金。

[2]饒風關：在子午谷南端，今陝西省石泉縣的饒峰。　金州：

治所在今陝西省安康市。　洋州：治所在今陝西省洋縣。

［3］興元：府名。治所在今陝西省漢中市。

［4］秦鳳經略使：《僞齊録》作“秦鳳安撫”。

［5］臘家：城名。不見本書《地理志》。據卷五《海陵紀》，臘家城在秦州。

朝廷以河南、陝西賜宋，中孚以官守隨例當留關中。熙河經略使慕洧謀入夏，[1]將窺關、陝，中彦與環慶趙彬會兩路兵討之，[2]洧敗入于夏。中彦與兄中孚俱至臨安，被留，以爲龍神衛四廂都指揮使、清遠軍承宣使，提舉佑神觀、靖海軍節度使。[3]

［1］熙河：路名。北宋熙寧五年（1072）置熙河路經略安撫使，治所熙州，即今甘肅省臨洮縣。金初因之，皇統二年（1142）改名熙秦路，大定二十七年（1187）又更名臨洮路。　慕洧：原爲宋將，金天會九年（1131）以環州降金，後爲金熙河路經略使。天眷初，以陝西地與宋，隨例留臨洮。未幾，入夏。

［2］環慶：路名。北宋康定二年（1041）分陝西路置環慶路經略安撫使，治慶州，即今甘肅省慶陽市。金初因之，皇統二年（1142）置慶陽總管府。　趙彬：降金宋將。本書僅此一見。

［3］龍神衛四廂都指揮使：宋官名。原爲侍衛司龍衛軍左、右厢和步兵神衛軍左、右厢都指揮使。北宋中期以後，此官成了武將虚銜。　清遠軍承宣使：宋武臣寄禄官。　提舉佑神觀：宋官名。簡稱提觀，宋神宗時規定以三十個月爲任。南宋嘗規定承務郎以上官員，權差宫觀一次，每月給俸算作資任。　靖海軍節度使：宋制節度使不駐節鎮，僅爲高級武官虚銜，用以寄禄。

皇統初，恢復河南，[1]詔徵中彦兄弟北歸，爲静難軍節度使。歷彰化軍、鳳翔尹，改尹慶陽，兼慶原路兵馬都總管。[2]寧州刺史宗室宗淵毆死僚佐梁郁。[3]郁，遠人家貧無能赴告者。中彦力爲正其罪，竟置于法。改彰德軍節度使，[4]均賦調法，姦豪無所蔽匿，人服其明。

[1]皇統初，恢復河南：按本書卷四《熙宗紀》，天眷三年（1140）"五月丙子，詔元帥府復取河南、陝西地。……是月，河南平"。此處繫年有誤。

[2]彰化軍：即彰化軍節度使。置涇州，治所在今甘肅省涇川縣。宣宗元光二年（1223）徙長武。 鳳翔：金皇統二年（1142）升爲府，治所在今陝西省鳳翔縣。 慶陽：府名。治所在今甘肅省慶陽市。 慶原路兵馬都總管：皇統二年置，治所慶陽。以府尹兼領，掌統諸城隍兵馬甲仗，總判府事。正三品。 寧州：治所在今甘肅省寧縣。

[3]宗淵：女真人。姓完顏氏。本書僅此一見。 梁郁：本書僅此一見。

[4]彰德軍節度使：置安陽，金明昌三年（1192）升爲府，治所在今河南省安陽市。

正隆營汴京新宫，中彦采運關中材木。青峰山巨木最多，[1]而高深阻絶，唐、宋以來不能致。中彦使構崖駕壑，起長橋十數里，以車運木，若行平地，開六盤山水洛之路，[2]遂通汴梁。明年，作河上浮梁，[3]復領其役。舟之始製，匠者未得其法，中彦手製小舟纔數寸許，不假膠漆而首尾自相鉤帶，謂之"鼓子卯"，諸匠無不駭服，其智巧如此。浮梁巨艦畢功，將發旁郡民曳之就水。中彦召役夫數十人，治地勢順下傾瀉于河，取新秫秸密布於地，復以大木限其旁，淩晨督衆乘霜滑曳之，殊不勞力而致諸水。

[1]青峰山：在六盤山中。

[2]六盤山：主峰在今寧夏回族自治區固原市西南。　水洛：縣名。本書《地理志》德順州條，"水洛本中安堡城"，應在六盤山下，今寧夏回族自治區隆德縣與甘肅省静寧縣之間。由此入水路，經好水川、瓦亭川，入渭水，再入黄河，可通汴梁。

[3]浮梁：聯舟而成的浮橋。

俄還平陽。[1]海陵將伐宋，驛召赴闕，授西蜀道行營副都統制，[2]賜細鎧，使先取散關俟後命。[3]

[1]平陽：府名。治所在今山西省臨汾市。

[2]西蜀道行營副都統制：海陵正隆六年（1161）南伐，立三道都統制府及左、右領軍大都督。以河中尹徒單合喜爲西蜀道行營兵馬都統制，平陽尹張中彦副之。

[3]散關：大散關，在今陝西省寶鷄市西南大散嶺。

世宗即位，赦書至鳳翔，[1]諸將惶惑不能决去就。中彦曉譬之，諸將感悟，受詔。上召中彦入朝，以軍付統軍合喜。[2]及見，上賜以所御通犀帶，封宗國公。[3]尋爲吏部尚書。[4]上疏曰："古者關市譏而不征，[5]今使掌關市者征而不譏。苛留行旅，至披剔囊笥甚於剽掠，有傷國體，乞禁止。"從之。

[1]世宗：廟號。即完顔雍。1161年至1189年在位。本書卷六至卷八有紀。　鳳翔：府名。治所在今陕西省鳳翔縣。

[2]合喜：女真人。即徒單合喜，時爲陕西路統軍使。本書卷八七有傳。

[3]通犀帶：以通犀爲飾的腰帶。《松漠紀聞》："犀有重透、正透、側透三種，正透曰通犀。"　宗國公：封爵名。大定格小國封號第十六。

[4]吏部尚書：尚書省吏部長官。掌文武選授、勳封、考課、出給制誥之政。正三品。

[5]關市譏而不征：《孟子·公孫丑上》："關譏而不征，則天下之旅皆悦，而願出於其路矣。"譏，檢查、察問。

踰年，除南京留守。時淮楚用兵，土民與戍兵雜居，訟牒紛紜，所司皆依違不决。中彦得戍兵爲盗者，悉論如法。帥府怒其專决，劾奏之，朝廷置而不問。秩滿，轉真定尹兼河北西路兵馬都總管。[1]未幾，致仕，西歸京兆。明年，起爲臨洮尹兼熙秦路兵馬都總管。[2]鞏州劉海構亂，[3]既敗，籍民之從亂者數千人，中彦惟論爲首者戮之。

[1]真定：總管府。隸河北西路，治所在今河北省正定縣。

[2]臨洮：金皇統二年（1142）改熙州爲臨洮府，置熙秦路總管府，大定二十七年（1187）更名臨洮路。治所在今甘肅省臨洮縣。

[3]鞏州：治所在今甘肅省隴西縣。

西羌吹折、密臧、隴逋、庞拜四族恃險不服，[1]使侍御史沙醇之就中彦論方略。[2]中彦曰："此羌服叛不常，若非中彦自行，勢必不可。"即至積石達南寺，酋長四人來，與之約降，事遂定，賞而遣之。還奏，上大悦，遣張汝玉馳驛勞之，賜以毬文金帶，用郊恩加儀同三司。[3]以疾卒官，年七十五。百姓哀號輟市，立像祀之。

[1]西羌：古族名。又稱西番。　吹折、密臧、隴逋、庬拜四族：本書卷九一《結什角傳》稱莊浪四族，居舊積石地，在今青海省海南藏族自治州貴德縣一帶。

[2]侍御史：御史臺屬官。掌奏事，判臺事。金大定十二年(1172)遞升爲從五品。　沙醇之：人名。本書僅此一見。

[3]張汝玉：本書僅此一見。　郊恩：郊祀覃恩。　儀同三司：文散官。從一品中階。

贊曰：自古健將武夫，其不才者，遭世變遷，賣降恐後。此其常態，君子之所不責也，酈瓊、徐文是已。施宜生反覆壬人，李成盜賊之靡，孔彦舟漁色親出，自絶人類，又何責也。張中孚、中彦雖有小惠足稱，然以宋大臣之子，父戰没於金，若金若齊，義皆不共戴天之讎。金以地與齊則甘心臣齊，以地歸宋則忍恥臣宋，金取其地則又比肩臣金，若趨市然，唯利所在。於斯時也，豈復知所謂綱常也哉。吁。

宇文虚中字叔通，蜀人。[1]初仕宋，累官資政殿大學士。[2]天會四年，宋少帝已結盟，宗望班師至孟陽，宋姚平仲乘夜來襲，[3]明日復進兵圍汴。少帝使虚中詣宗望軍，告以襲兵皆將帥自爲之，復請和議如初，且視康王安否。頃之，臺諫以和議歸罪虚中，罷爲青州，復下遷祠職。[4]建炎元年，貶韶州。[5]二年，康王求可爲奉使者，虚中自貶中應詔，復資政殿大學士，爲祈請使。是時，興兵伐宋，已留王倫、朱弁不遣，虚中亦被留，[6]實天會六年也。朝廷方議禮制度，頗愛虚中有才藝，加以官爵，虚中即受之，與韓昉輩俱掌詞命。[7]明年，洪皓至上京，[8]見虚中，甚鄙之。

[1]蜀人：《宋史》卷三七一《宇文虚中傳》作“成都華陽人”。成都，即今四川省成都市。

[2]資政殿大學士：宋官名。南宋常以從臣充任，無官守，無典掌，資望極高，以備顧問。

[3]宋少帝：宋欽宗趙桓。　孟陽：今河南省孟縣。　姚平仲：宋人。時爲宋京畿宣撫司都統制，佐宣撫使种師道節制四方勤王之兵。

[4]罷爲青州：即罷爲青州知州。青州治所在今山東省青州市。祠職：宫觀官，亦稱奉祠。

[5]建炎：宋高宗年號（1127—1130）。　韶州：治所在今廣東省韶關市。

[6]王倫：本卷及《宋史》卷三七一有傳。　朱弁：宋徽州婺源人。《宋史》卷三七三有傳。　虚中亦被留：《宋史》卷三七一《宇文虚中傳》謂：“虚中曰：‘奉命北來祈請二帝，二帝未還，虚中不可歸。’於是獨留。”

[7]韓昉：燕京人。本書卷一二五有傳。

[8]洪皓：宋饒州鄱陽人。《宋史》卷三七三有傳。　上京：金初稱内地，初爲會寧州，太宗建都升爲府，天眷元年（1138）始

爲上京。時爲會寧府，治所在今黑龍江省阿城市南的白城。

天會十三年，熙宗即位。[1]宗翰爲太保領三省事，封晋國王，[2]乞致仕，批答不允，[3]其詞虚中作也。天眷間，累官翰林學士知制誥兼太常卿，封河内郡開國公。[4]書太祖睿德神功碑，[5]進階金紫光禄大夫。皇統二年，宋人請和，其誓表曰："自來流移在南之人，經官陳説，願自歸者，更不禁止。上國之於弊邑，亦乞並用此約。"於是，詔尚書省移文宋國，理索張中孚、張中彦、鄭億年、杜充、張孝純、宇文虚中、王進家屬，[6]發遣李正民、畢良史還宋，[7]惟孟庾去留聽其所欲。[8]時虚中子師瑗仕宋，至轉運判官，攜家北來。[9]四年，轉承旨，加特進。[10]遷禮部尚書，承旨如故。[11]

[1]熙宗：廟號。名完顔亶。1135年至1149年在位。本書卷四有紀。

[2]太保：三師之一。師範一人，儀刑四海。正一品。　領三省事：官名。金熙宗中央官制改革時，由國論勃極烈制向三省六部制變革初期，以原國論勃極烈出任三師，領三省事，爲三省掌握實際權力的最高長官。　晋國王：封爵名。天眷格，大國封號第六。

[3]批答不允：按本書卷四《熙宗紀》、卷七四《宗翰傳》未載明其事。《三朝北盟會編》卷一七八引《金虜節要》："宗磐欲誣粘罕，故先折其羽翼，以高慶裔有贓下大理寺。粘罕乞免官爲庶人，贖高慶裔之罪，虜主不允。"

[4]翰林學士知制誥：即翰林學士。掌制撰詞命，凡應奉文字，銜内帶"知制誥"。正三品。　太常卿：太常寺長官。掌禮樂、郊廟、社稷、祠祀之事。從三品。　河内郡開國公：封號。從一品曰

國公。

[5]太祖睿德神功碑：撰者韓昉，書者宇文虚中。見本書卷一二五《韓昉傳》。

[6]鄭億年：原爲宋顯謨閣直學士，嘗臣劉豫爲工部尚書。杜充：宋相州人。後降金。《宋史》卷四七五有傳。　張孝純：宋徐州人。原爲宋河東經略安撫使知太原府，金天會四年（1126）被執。嘗爲劉齊右丞相，劉齊廢，權行臺左丞相。天眷元年（1138）致仕，皇統元年（1141）卒。　王進：即降金的宋濠梁守臣。

[7]李正民：宋徽猷閣待制，知陳州。在金曾改名爲李正文。畢良史：宋蔡州上蔡人。開封府推官。開封陷，入金，金皇統二年（1142）還宋。

[8]孟庾：原作"孟庚"，按《宋史》卷二九《高宗紀六》，紹興十年（1140）二月丁卯"以孟庾知開封府，爲東京留守"，五月"乙酉，兀术入東京，留守孟庾以城降"。中華點校本據改。今從之。金天眷三年（1140）降金，皇統二年（1142）還宋。

[9]虚中子師瑗仕宋，至轉運判官，携家北來：詳見《宋史》本傳，乃秦檜所爲。

[10]轉承旨：即由翰林學士轉翰林學士承旨，爲翰林院長官，正三品。　特進：文散官。從一品中次階。

[11]禮部尚書：尚書禮部長官。掌禮樂、祭祀、燕享、學校、貢舉、儀式、制度、符印、表疏、圖書、册命、祥瑞、天文、漏刻、國忌、廟諱、醫卜、釋道、四方使客、諸國進貢、犒勞張設等事。正三品。

虚中恃才輕肆，好譏訕，凡見女直人輒以礦鹵目之，[1]貴人達官往往積不能平。虚中嘗撰宫殿牓署，本皆嘉美之名，惡虚中者擿其字以爲謗訕朝廷，[2]由是媒糵以成其罪矣。[3]六年二月，唐括酬斡家奴杜天佛留告虚中謀反，[4]詔有司鞫治無狀，乃羅織虚中家圖書爲反具。虚中曰："死自吾分。至於圖籍，南來士大夫家家有之，高士談圖書尤多於我家，豈亦反耶。"有司承順風旨并殺士談，至今冤之。[5]

[1]礦鹵：粗疏遲鈍。礦，本指未經熔煉的金屬。鹵，通"魯"。

[2]擿：通"摘"。選取。

[3]媒糵：醖釀，喻爲構陷誣害釀成其罪。媒，酒母。糵，酒麴。

[4]唐括酬斡：女真人。本書僅此一見。　杜天佛留：杜爲其姓氏，天佛留爲其小字。

[5]至今冤之：《大金國志》記載："時南人多在上京，謀奉虚中爲帥，奪兵杖南奔，事覺，詔繫獄。"《建炎以來繫年要録》卷一五四謂："乃與其翰林學士高士譚等同謀，欲因亶郊天就殺之。先期以臘書來告於朝，欲爲之外應。秦檜拒不納，會事亦覺，虚中與其子直顯謨閣師瑗皆坐誅。"《宋史》卷三七一《宇文虚中傳》亦謂，虚中"知東北之士，皆憤恨陷北，遂密以信義結約"。本書皆不載，或是傳聞不實，或是諱而不書。

士談字季默，高瓊之後。[1]宣和末，爲忻州户曹参軍。[2]入朝，官至翰林直學士。虚中、士談俱有文集行于世。[3]

[1]士談字季默：《大金國志》作字子文。　高瓊：《宋史》卷二八九有傳。

[2]忻州：宋州名。治所在今山西省忻州市。　户曹參軍：宋

州府屬吏，簡稱户曹或司户。掌户籍、賦税、倉庫受納，分典獄訟。

[3]有文集行于世：《金史詳校》卷八："虚中有《證類本草序》。又有《增謚册文》,《集禮》云。又《大同府興雲橋記》,《學古録》引之。又《濟陽雜記》,《敬齋古今黈》引之。"

王倫字正道，[1]故宋宰相王旦弟王勉玄孫。[2]俠邪無賴，年四十餘尚與市井惡少群游汴中。

[1]王倫：《宋史》卷三七一《王倫傳》謂"大名辛縣人"。

[2]王旦：《宋史》卷二八二有傳。　王勉：《宋史·王倫傳》作王勗，蓋避宋神宗名諱頊，改勗爲勉。

天會五年，宋人以倫爲假刑部侍郎，與閤門舍人朱弁充通問使。[1]是時，方議伐宋，凡宋使者如倫及宇文虚中、魏行可、顧縱、張邵等，皆留之不遣。[2]居數年，倫久困，乃唱爲和議求歸。元帥府使人謂之曰："此非江南情實，特汝自爲此言耳。"倫曰："使事有指，不然何爲來哉。惟元帥察之。"[3]

[1]假：攝守、代理。　刑部侍郎：宋元豐改制後，以刑部尚書、侍郎主管刑部，掌刑法、獄訟、奏讞、赦宥、敘復等事。　閤門舍人：宋乾道六年（1170）置，屬閤門司，以武舉入官者擔任。

[2]魏行可：宋建州建安人。南宋建炎三年（1129）使金被留，金天會十四年（1136）卒。《宋史》卷四四九有傳。　顧縱：《宋史》卷三七一《王倫傳》作"崔縱"，知"顧"爲"崔"之誤。宋撫州臨川人。使金被留不屈而死。《宋史》卷四四九有傳。

張邵：宋和州烏江人。使金被留，皇統二年（1142）歸宋。《宋史》卷三七三有傳。

[3]元帥：據《宋史·王倫傳》，元帥指左副元帥宗翰。

天會十年，劉豫連歲出師皆無功，撻懶爲元帥左監軍經略南邊，[1]密主和議，乃遣倫歸。先此，宋已遣使乞和，朝廷未之許也。倫見康王言和議事，康王大喜，遷倫官，并官其子弟。[2]宋方與齊用兵，未可和。

[1]撻懶：完顏昌本名，穆宗子。本書卷七七有傳。　元帥左監軍：元帥府屬官。掌統軍征討與中原政務。正三品。

[2]遷倫官并官其子弟：《宋史·王倫傳》："除右文殿修撰，主管萬孝觀，官其二弟一侄。"

天會十五年，康王聞天水郡王已薨，[1]以倫假直學士來請其喪。[2]使倫請撻懶曰："河南之地，上國既不自有，與其封劉豫，曷若歸之趙氏。"是歲，劉豫受封已八年，不能自立其國，尚勤屯戍。朝廷厭其無能爲也，乃廢劉豫。撻懶以左副元帥守汴京，於是倫適至。撻懶，太祖從父兄弟，[3]於熙宗爲祖行。太宗長子宗磐以太師領三省事，位在宗幹上。[4]宗翰薨已久，宗幹不能與宗磐獨抗。明年，天眷元年，撻懶與東京留守宗雋俱入朝，[5]熙宗以宗雋爲左丞相。[6]宗雋，太祖子也。撻懶、宗磐、宗雋三人皆跋扈嗜利，陰有異圖，遂合議以齊地與宋，自宗幹以下争之不能得。以侍郎張通古爲詔諭江南使，[7]遣倫先歸。

[1]天水郡王：指宋徽宗趙佶。金天會五年（1127）四月被俘，六年八月封昏德公，十三年四月卒，皇統元年（1141）二月改封爲天水郡王。

[2]直學士：宋直學士。原稱樞密直學士，北宋政和四年（1114）改稱述古殿直學士，簡稱直學士。皇帝侍從，備顧問應對。

[3]太祖：廟號。即完顏阿骨打，漢名旻。1113年至1123年在位。本書卷二有紀。

[4]太宗：廟號。即完顏吴乞買，漢名晟。1123年至1135年在位。本書卷三有紀。　宗磐：太宗嫡長子。本書卷七六有傳。　太師：三師之首，正一品。　宗幹：太祖庶長子。本書卷七六有傳。

[5]東京：治遼陽府，今遼寧省遼陽市。

[6]宗雋：太祖子。本書卷六九有傳。　左丞相：爲宰相，掌丞天子，平章萬機。從一品。

[7]侍郎：據本書卷四《熙宗紀》，此指右司侍郎。掌本司奏事，總察兵、刑、工三部受事付事。正五品。後於金天眷三年（1140）更名右司郎中。　張通古：易州易縣人。本書卷八三有傳。

明年，宋以倫爲端明殿學士，簽書樞密院事，[1]進金器千兩、銀器萬兩，復來請天水郡王喪柩，及請母韋氏、兄弟、宗族等。[2]保信軍節度使藍公佐副之。[3]是歲，宗磐、宗雋、撻懶皆以謀反屬吏，熙宗誅宗磐、宗雋，以撻懶屬尊，赦其死，以爲行臺尚書省事左丞相，[4]奪其兵權。右副元帥宗弼奏曰："撻懶、宗磐陰與宋人交通，遂以河南、陜西地與宋人。"會撻懶復謀反，捕而殺之於祁州。[5]倫至上京，有司詳讀康王表文，不書年，閱進奉狀，稱禮物不言職貢。上使宰相責問倫曰："汝但知有元帥，豈知有上國耶。"[6]遂留不遣，遣其副藍公佐歸。

[1]明年：指金天眷二年（1139）。　端明殿學士：宋官名。無官守，無職掌，出入侍從，以備顧問。南渡後多以簽書樞密院事兼領。　簽書樞密院事：宋官名。位在樞密使、副之下。

[2]母韋氏：高宗趙構母韋賢妃。靖康二年（1127，金天會五年）從徽宗北遷，紹興十二年（1142，金皇統二年）始歸臨安。《宋史》卷二四三有傳。

[3]保信軍節度使：宋官名。不駐節鎮，爲高級武官之虛銜，僅用以寄禄。　藍公佐：宋人。王倫之副，是歲即遣還。

[4]行臺尚書省事左丞相：金天眷元年（1138）以河南地與宋，遂改燕京樞密院爲行臺尚書省。天眷三年，復移置於汴京。是時行臺尚書省在燕京。左丞相爲行臺尚書省長官。

[5]祁州：治所在今河北省安國市。

[6]汝但知有元帥，豈知有上國耶：元帥，指元帥府諸官長。上國，指京師朝廷中的熙宗皇帝。《金史詳校》卷八謂，蓋當時國裏朝廷節制甚遠，宋人但知東西兩朝廷進奉而已。及兩國議和後，親至上京，表文失檢，其積弊然也。

三年五月，宗弼復取河南、陝西地，遂伐江南，已渡淮。皇統元年，宋人請和。二年二月，宋端明殿學士何鑄、容州觀察使曹勛進誓表。[1]三月，遣左副點檢賽里、山東西路都轉運使劉祹送天水郡王喪柩，[2]及宋帝母韋氏還江南。五月，李正民、畢良史南歸。七月，朱弁、張邵、洪皓南歸。

[1]何鑄：宋杭州余杭人。《宋史》卷三八〇有傳。　容州：治所在今廣西省容縣。　觀察使：宋爲武臣寄禄官，高於防禦使，低於承宣使。　曹勛：宋潁川陽翟人。《宋史》卷三七九有傳。

[2]左副點檢：即殿前左副點檢，兼侍衛親軍副都指揮使。從三品。　賽里：女真人。姓完顔氏，漢名宗賢，習不失孫。本書卷七〇有傳。　山東西路都轉運使：都轉運司長官。掌税賦錢穀、倉庫出納、權衡度量之制。正三品。置東平府，治所在今山東省東平縣。　劉祹：本書僅此一見。

四年，以倫爲平州路轉運使，[1]倫已受命復辭遜，上曰："此反覆之人也。"遂殺之於上京，年六十一。[2]

[1]平州路：金初路名。治所在今河北省盧龍縣。

[2]殺之於上京：詳見《宋史·王倫傳》。

贊曰：孔子云，"行己有耻，使於四方不辱君命，可謂士矣"。[1]宇文虚中朝至上京，夕受官爵。王倫紈袴之子，市井爲徒。此豈"行己有耻"之士，可以專使者耶。二子之死雖冤，其自取亦多矣。

[1]孔子云：語出《論語·子路》。

金史　卷八〇

列傳第十八

熙宗二子[1]濟安　道濟　斜卯阿里　突合速　烏延蒲盧渾　赤盞暉　大臯 本名撻不野[2]　磐 本名蒲速越　阿离補[3] 子方

[1]熙宗二子：熙宗，廟號。即完顏合剌，漢名亶。1135年至1149年在位。施國祁《金史詳校》卷八上認爲，"熙宗二子，二當作諸"，是。

[2]臯（zé）：據《説文》，爲"澤"的古字。　撻不野：原作"塔不也"，殿本作"搭不也"。此從中華點校本統一作"撻不野"。

[3]阿离補：原與殿本皆作"阿里補"，此從中華點校本統一作"阿离補"。

熙宗諸子：悼平皇后生太子濟安，[1]賢妃生魏王道濟。[2]

[1]悼平皇后：女真人。姓裴滿氏，金天眷元年（1138）立爲皇后。本書卷六三有傳。

[2]賢妃：后妃稱號。位在元妃、貴妃、淑妃、德妃之下。正一品。　魏王：封爵名。天眷格，爲大國封號第九。

濟安，皇統二年二月戊子生於天開殿。[1]上年二十四始有皇子，[2]喜甚，遣使馳報明德宫太皇太后。[3]五日命名，大赦天下。三月甲寅，告天地宗廟。丁巳，翦䰂，[4]奏告天地宗廟。戊午，册爲皇太子。封皇后父太尉胡塔爲王，[5]賜人口、馬牛五百、駞五十、羊五千。隨朝職官並遷一資，皆有賜。己未，詔天下。十二月，濟安病劇，上與皇后幸佛寺焚香，流涕哀禱，曲赦五百里内罪囚。是夜，薨。謚英悼太子，葬興陵之側，[6]上送至烏只黑水而還。[7]命工塑其像于儲慶寺，上與皇后幸寺安置之。海陵毁上京宫室，[8]寺亦隨毁。

[1]皇統：金熙宗年號（1141—1149）。　天開殿：行宫名。在爻剌春水之地（爻剌是女真語，意爲“鴨子”）。其殿當在今吉林省松原市伯都訥西，即在太祖死時的行宫所在地。

[2]上：指金熙宗。

[3]明德宫：宫室名。在金上京會寧府，即今黑龍江省阿城市白城。　太皇太后：女真人。姓唐括氏，金太宗欽仁皇后。熙宗即位後，與太祖欽憲皇后並尊爲太皇太后，因居於明德宫，號明德宫太皇太后。本書卷六三有傳。

[4]翦：同“剪”。　䰂（duǒ）：兒童剪髮時留下的一部分頭髮。

[5]太尉：三公之一。正一品。　胡塔：女真人。熙宗悼平皇后之父。本書卷六三《后妃傳》作“忽達”。

[6]興陵：完顔宗峻之陵。宗峻爲熙宗生父，濟安祖父。熙宗即位後，追上尊謚，改葬興陵。

[7]烏只黑水：今黑龍江省阿城市阿什河東岸支流小黑子河。

［8］海陵：封號。即完顏迪古迺，漢名亮。1149 年至 1161 年在位。　上京：京路名。治所在今黑龍江省阿城市白城。

道濟，皇統三年，命爲中京留守，[1]以直學士阿懶爲都提點，[2]張玄素爲同提點，[3]左右輔導之。俄封魏王，封其母爲賢妃。初居外，至是養之宮中。未幾，熙宗怒殺之。

［1］中京留守：道濟遥領官銜。爲中京留守司長官，例兼本府府尹與本路兵馬都總管。正三品。中京，治大定府，即今内蒙古自治區寧城縣大明城。

［2］直學士：即翰林直學士。翰林學士院屬官。掌制撰詞命，凡應奉文字，銜内帶"知制誥"。從四品。　阿懶：女真人。完顏宗憲本名阿懶，國相撒改之子，宗翰之弟。本書卷七〇有傳。　都提點：官名。據本書卷八三《張玄素傳》，稱張玄素爲魏王府同提點，可知此處應爲簡稱，全稱爲魏王府都提點。負責管理魏王府内外庶務。

［3］張玄素：渤海人。本書卷八三有傳。　同提點：官名。據本書卷八三《張玄素傳》，全稱爲魏王府同提點。負責協助魏王府都提點管理魏王府内外庶務。

贊曰：國初制度未立，太宗、熙宗皆自諳班勃極烈即帝位。[1]諳班勃極烈者，漢語云最尊官也。熙宗立濟安爲皇太子，始正名位，定制度焉。

［1］太宗：廟號。即完顏吴乞買，漢名晟。1123 年至 1135 年在位。　諳班勃極烈：諳班義爲大，勃極烈猶如宰輔。諳班勃極烈爲

諸勃極烈之長，金初確立爲儲嗣者例爲此職。熙宗立其子濟安爲太子，不再稱諳班勃極烈。

斜卯阿里。父渾坦，[1]穆宗時内附，[2]數有戰功。阿里年十七，從其伯父胡麻谷討詐都，[3]獲其弟沙里只。[4]高麗築九城於曷懶甸，[5]渾坦攻之，遇敵於木里門甸，[6]力戰久之，阿里挺槍馳刺其將於陣中，敵遂潰。渾坦與石適歡合兵於徒門水，[7]阿里首敗敵兵，取其二城。高麗入寇，以我兵屯守要害，不得進，乃還。阿里追及于曷懶水，[8]高麗人争走冰上，阿里乘之，殺略幾盡，遂合兵于石適歡。道遇敵兵五萬，擊走之。又與石適歡遇敵七萬，阿里先登，奮擊大敗之。石適歡曰："汝一日之間，三破重敵，功豈可忘。"乃厚賜之。

[1]渾坦：女真人。事迹另見於本書卷八一。

[2]穆宗：金穆宗名盈歌。見本書卷一《世紀》。

[3]胡麻谷：女真人。事迹另見於本書卷八一。　詐都：女真人。屬渾蠢水徒單部，安春之子，爲渾蠢水徒單部孛菫。曾與紇石烈部阿踈争長，金肅宗判定以阿踈爲長。金穆宗時，詐都與留可、敵庫德等人於迷里迷石罕城起兵反對金穆宗，兵敗後向蒲家奴投降。

[4]沙里只：女真人。本書僅此一見。

[5]高麗：王建建立的王氏高麗政權（918—1392）。　九城：據《高麗史》睿宗二年（1107）及三年命尹瓘等逐女真，於今朝鮮咸鏡道地方設九城，四年高麗撤城。九城指英州、雄州、吉州、公嶮鎮、福州、宜州、咸州、通泰鎮、平戎鎮，而咸州在今朝鮮咸興城南五里。　曷懶甸：地名。指今朝鮮咸興以北，東朝鮮灣西北

岸一帶。

[6]木里門甸：地名。本書僅此一見。據下文可知，此地與徒門水、曷懶水相距不遠，其地不可確指。

[7]石適歡：女真人。爲金康宗時名將，曾負責對高麗的戰事，大敗高麗軍，逼使高麗請和。後立幕府於三潺水（今朝鮮北青的大川），治理與高麗相接的地區。事迹另見於本書卷一、八一、一三五。　徒門水：一名統門水。即今圖們江。

[8]曷懶水：即今吉林省延邊的海蘭河。

斡塞、烏睹本攻駞吉城，[1]阿里鑿墉爲門，日已暮，不可入，以兵守之，旦日遂取其城。烏睹本以被甲并乘馬賜之。從攻下寧江州，[2]授猛安。[3]又從攻信州、賓州，[4]皆克之。遼人來攻孛堇忽沙里城，[5]阿里率百餘騎救之。遼兵數萬，阿里兵少，乃令軍士裂衣多爲旗幟，出山谷間，遼兵望見，遁去。

[1]斡塞：女真人。本書卷六五有傳。　烏睹本：本書僅此一見。　駞吉城：當在今朝鮮咸興以北近東朝鮮灣之處，具體地點不詳。

[2]寧江州：治所在今何地説法甚多。一説即今吉林省永吉縣烏拉街，一説即今吉林省蛟河市天崗，一説即今吉林省松原市三岔河鄉石頭城子，一説在今吉林省松原市榆樹溝，一説在今吉林省松原市小城子或五家站，一説在今吉林省松原市伯都訥古城，一説在今吉林省榆樹市大坡古城。

[3]猛安：千夫長。後也作女真地方行政設置及長官名稱。

[4]信州：遼州名。遼開泰七年（1018）置，治所在今吉林省公主嶺市秦家屯古城。　賓州：遼州名。統和十七年（999）置。治所一説在今吉林省農安縣東北萬金塔東小城子，一説在今吉林省

農安縣靠山鄉新成村廣元店古城，一説在今吉林省農安縣東北境之紅石壘。

［5］孛堇：女真部落首領稱號。金建國後，轉化爲中央低級官員與地方官員的稱號。熙宗改革以後廢除。　忽沙里城：城名。今地不詳。

蘇、復州叛，[1]衆至十萬。旁近女直皆保於太尉胡沙家，[2]築壘爲固。敵圍之數重，守者粮芻俱盡，牛馬相食其騌尾，人易子而食。夜縋二人出，告急於阿里。阿里赴之，内外合擊之，破其衆於鬭离密罕水上，[3]剿殺幾盡，水爲之不流。蒲离古胡什吉水、馬韓島凡十餘戰，[4]破數十萬衆。契丹、奚人聚舟千艘，將入于海。阿里以二十七舟邀之，中流矢，卧舟中，中夜始蘇。敵船已入王家島，[5]即夜取海路追及之，敵走險以拒，阿里以騎兵邀擊，再中流矢，力戰不退，竟破之，盡獲其舟。於是，蘇、復州，婆速路皆平。[6]

［1］蘇：遼州名。治所在今遼寧省金州市。金皇統三年（1143）廢。　復州：遼州名。治所在今遼寧省瓦房店市西北復州城。

［2］胡沙：女真人。事迹另見於本書卷一三五。

［3］鬭离密罕水：河名。本書僅此一見。當在今遼東半島南部。

［4］蒲离古胡什吉水：河名。本書僅此一見。當在今遼東半島南部。或爲苾里海水的不同譯寫。　馬韓島：島名。不詳。

［5］王家島：即今遼寧省蚰岩縣南海中的王家島。

［6］婆速路：隸東京路。治所在今遼寧省丹東市九連城。

攻顯州,[1]下靈山縣,[2]取梁魚務,[3]敗余睹兵,[4]功皆最。後與散睹魯屯高州,[5]契丹昭古牙、九斤合興中兵數萬攻胡里特寨,[6]阿里以八謀克兵救之。[7]胡里特先往，敗於城下。阿里指陣前緋衣者二十餘人曰:“此必賊酋也。”麾兵奮擊，皆殺之，餘衆大潰。來州、隰州兵圍胡里特城,[8]聞阿里來救，即解圍去。

[1]顯州：遼州名。治所在今遼寧省北寧市西南五里北鎮廟。金天輔七年（1123）升爲廣寧府。

[2]靈山縣：在今遼寧省法庫縣西北，一説在今遼寧省阜新蒙古族自治縣北境。

[3]梁魚務：金大定二十九年（1189）升爲望平縣，治所在今遼寧省黑山縣西南，京瀋鐵路繞陽河站西南三十里之古城子村。

[4]余睹：契丹人。本書卷一三三有傳。

[5]散睹魯：女真人。下文作“散篤魯”，爲同音異譯。　高州：遼州名。治所在今内蒙古自治區赤峰市東北哈拉木頭村西土城子古城。

[6]昭古牙：奚人。亦稱遥輦昭古牙，爲遼外戚。遼末，所統遥輦九營居住地在建州，與女真人戰，不利而降。於是，所部九營被建爲九猛安，並自領親管猛安。　九斤：契丹人。曾在興中府領導抗金戰鬥，兵敗後被俘自殺。事迹另見於本書卷二、七一。　興中：府名。治所在今遼寧省朝陽市。　胡里特寨：即下文之胡里特城，當在今遼寧省朝陽市附近。

[7]謀克：金代軍事與地方建置官職名稱。即百夫長。此八謀克係軍事編制的謀克。

[8]來州：遼州名。治所在今遼寧省綏中縣西南前衛鄉遼代古城。　隰州：遼州名。治所一説在今遼寧省興城市西南，一説在今遼寧省綏中縣城北十二里的崔家河沿遼代古城址。

闍母討張覺，[1]有兵出樓峰口山谷間，[2]阿里、散篤魯、忽盧補三猛安擊敗之。[3]宗望代闍母討張覺，[4]阿里再敗平州兵。[5]及伐宋，阿里别擊宋兵，敗之。孟陽之役，[6]阿里扼橋渡力戰。明年，再伐宋，至保州、中山，[7]累破之。進圍真定，[8]阿里與婁室、豁魯乘風縱火，[9]焚其樓櫓，諸軍畢登，克其城。師至河上，粘割胡撒擊走宋人，[10]扼河津，兵數千遂渡河。諸將分出大名境，[11]阿里破敵四百，盡殪，遂圍汴。[12]汴中夜出兵來焚攻具，阿里與謀克常孫陽阿禦之，[13]其衆大潰。還攻趙州，[14]降之。

[1]闍母：女真人。本書卷七一有傳。　張覺：本書卷一三三有傳。

[2]樓峰口：在今河北省秦皇島市撫寧縣城西。

[3]忽盧補：女真人。本書僅此一見。

[4]宗望：女真人。本名斡魯補，又作斡离不，金太祖子。本書卷七四有傳。

[5]平州：治所在今河北省盧龍縣。金天輔七年（1123）以燕京地與宋後，升平州爲南京，以張覺爲留守，至天會四年（1126）始復降爲平州。

[6]孟陽：本書卷二七《河渠志》胥持國、馬琪言，“其孟華等四埽與孟陽堤道沿汴河東岸”，即此。

[7]保州：北宋州名，北宋太平興國六年（981）置。治所在今河北省保定市。　中山：北宋府名，北宋政和三年（1113）升定州置。治所在今河北省定州市。金天會中降爲定州，後復升爲中山府。

[8]真定：宋府名。治所在今河北省正定縣。

[9]婁室：女真人。即完顔婁室，本名斡里衍。本書卷七二有傳。　豁魯：女真人。本書僅此一見。

[10]粘割胡撒：女真人。本書僅見於本卷。

[11]大名：府名。治所在今河北省大名縣東。

[12]汴：北宋都城汴梁，即今河南省開封市。

[13]常孫陽阿：女真人。本書僅此一見。

[14]趙州：北宋宣和元年（1119）升慶源府，金復爲趙州，金天德三年（1151）改名爲沃州。治所在今河北省趙縣。

天會六年，[1]伐宋主，取陽穀、莘縣，[2]敗海州兵八萬人，[3]海州降。破賊船萬餘於梁山泊。[4]招降滕陽、東平、泰山群盜。[5]盜攻范縣，[6]擊走之，獲船七百艘。宗弼攻下睢陽，[7]與烏延蒲盧渾先以二千人往招壽春，[8]具舟淮水上。[9]時康民聚賈船四百與壽春相近，[10]术列速以騎四百破康民，[11]斬馘數千。[12]與當海、大臭破賊十萬於淮南。[13]比至江，連破宋兵，獲舟二百艘。宗弼至江寧，[14]阿里、蒲盧渾別降廣德軍，[15]先趣杭州。[16]去杭十餘里，遇宋伏兵二千，取我前驅甲士三十人。阿里使諸軍去馬搏戰，伏兵敗，皆逼死於水。宗弼至餘杭，[17]而宋主走明州，[18]阿里與蒲盧渾以精騎四千襲之，破東關兵，[19]濟曹娥江，敗宋兵於高橋鎮。[20]至明州，頗失利。宋主已入于海，乃退軍餘姚。[21]宗弼使當海濟師，遂下明州，執宋守臣趙伯諤，[22]進至昌國縣。[23]宋主自昌國走温州，[24]由海路追三百餘里，弗及。遂隳明州，與宗弼俱北歸。

［1］天會：金太宗年號（1123—1135），金熙宗初年沿用不改(1135—1137)。原脱“天會”二字，從中華點校本補。

［2］陽穀：縣名。治所在今山東省陽穀縣。　莘縣：治所在今山東省莘縣。

［3］海州：宋州名。治所在今江蘇省連雲港市西南海州區。

［4］梁山泊：古湖泊名。在今山東省鄆城、梁山二縣之間。

［5］滕陽：縣名。本名滕縣，金大定二十二年（1182）改名爲滕陽縣，大定二十四年復爲滕縣。治所在今山東省滕州市。此處當稱滕縣。　東平：府名。北宋宣和元年（1119）升鄆州置，治所在今山東省東平縣。　泰山：爲五嶽之一，在今山東省泰安市北。

［6］范縣：治所在今河南省濮陽市東北舊城。

［7］宗弼：女真人。本名斡啜，又作兀术，亦作斡出，或作晃斡出。金太祖子。本書卷七七有傳。　睢陽：縣名。治所在今河南省商丘縣南。

［8］烏延蒲魯渾：女真人。本卷有傳。　壽春：宋府名。北宋政和六年（1116）改壽州置。治所在今安徽省鳳臺縣。

［9］淮水：即今淮河。

［10］時康民：本書僅見於本卷。

［11］术列速：金初名將，曾參與伐宋之役。事迹另見於本書卷七一、七四、七七。

［12］馘（guó）：古代戰争中割取敵人的左耳以計數獻功。

［13］當海：金初名將。事迹另見於本書卷三、七四、七七。　大臭：渤海人。本名撻不野。本卷有傳。　淮南：路名。北宋分淮南東路與淮南西路。此指淮南西路，治壽春府。

［14］江寧：府名。治所在今江蘇省南京市。

［15］廣德軍：宋軍鎮名。治所在今安徽省廣德縣。

［16］杭州：宋州名。治所在今浙江省杭州市。

［17］餘杭：縣名。治所在今浙江省杭州市西北。

［18］明州：宋州名。治所在今浙江省寧波市。

［19］東關：地名。在今浙江省上虞市西。

［20］高橋鎮：地名。在今浙江省寧波市西。

［21］餘姚：縣名。治所在今浙江省餘姚市北。

［22］趙伯譯：事迹另見於本書卷三、七七。

［23］昌國縣：宋縣名。治所在今浙江省舟山市。

［24］温州：宋州名。治所在今浙江省温州市。

睿宗經略陝西，[1]駐涇州，[2]阿里先取渭州。[3]睿宗趨熙河，[4]阿里、斜喝、韓常三猛安爲前軍。[5]十二年，與高彪監護水運。[6]宋以舟師阻亳州河路，[7]擊敗之，追殺六十餘里，獲其將蕭通。[8]破漣水水寨賊，[9]盡得其大船，遂取漣水軍，招徠安輯之。天眷間，[10]盗據石州，[11]阿里討之。粘割胡撒與所部先登，遂克其城，石州平。

［1］睿宗：指完顔宗輔，本名訛里朶。金太祖子，金世宗父。金大定時更諱宗堯，尊爲帝。事迹見本書卷一九《世紀補》。　陝西：指陝西六路，即鄜延路、麟府路、涇原路、秦鳳路、熙河路和環慶路。

［2］涇州：治所在今甘肅省涇川縣北。

［3］渭州：宋州名。治所在今甘肅省平凉市。

［4］熙河：宋路名。始置於北宋熙寧五年（1072），治熙州，在今甘肅省臨洮縣。金初因之，後與秦鳳路合并爲熙秦路。

［5］斜喝：女真人。事迹另見於本書卷八二。　韓常：金初名將。領有漢人猛安，參與伐宋之役，爲宗弼部將，以能戰著名。曾爲許州都統，用法嚴酷。爲驃騎衛上將軍，衍慶宫圖像功臣之一。其所統部隊後被稱爲韓常之軍。

［6］高彪：渤海人。本名召和式，一作召和失。本書卷八一

有傳。

［7］亳州：治所在今安徽省亳州市。

［8］蕭通：事迹另見於本書卷八一。

［9］漣水：宋軍鎮名。治所在今江蘇省漣水縣。

［10］天眷：金熙宗年號（1138—1140）。

［11］石州：治所在今山西省离石縣。

宗弼再伐宋，阿里已老，督造戰船。宋稱臣，詔賜阿里錢千萬。自結髪從軍，大小數十戰，尤習舟楫，江、淮用兵，無役不從，時人以水星目之。爲迭里部節度使，[1]歷順義、泰寧軍，[2]歸德、濟南尹。[3]天德初，[4]致仕，加特進，[5]封王。正隆例封韓國公，[6]召赴闕，命造戰船。以疾薨，年七十八，謚智敏。

［1］迭里部節度使：迭里部長官。掌統制各部，鎮撫諸軍，總判本部兵馬之事。從三品。迭里部所在地不詳。

［2］順義、泰寧軍：皆軍鎮名。順義軍設在朔州，治所在今山西省朔州市。泰寧軍設在兖州，治所在今山東省兖州市。金大定十九年（1179）更名爲泰定軍。此指任順義、泰寧兩軍節度使。

［3］歸德、濟南尹：皆府長官，即府尹。掌宣風導俗，肅清所部，總判府事。正三品。歸德即歸德府，治所在今河南省商丘市南。濟南即濟南府，治所在今山東省濟南市。

［4］天德：金海陵王年號（1149—1153）。

［5］特進：文散官。爲從一品中次階。

［6］韓國公：封爵名。天眷格，爲次國封號第六。

阿里性忠直，多智略。兄弟相友愛，家故饒財，以己猛安及財物盡與弟愛拔里。[1]愛拔里不肯受，逃避歲餘，阿里終與之。

[1]愛拔里：女真人。本書僅此一見。

突合速，宗室子，拏罕塞人。[1]初隸萬户石家奴麾下，[2]嘗領偏師破雲中諸山寇盜。[3]宗望攻平州，遣突合速討應州賊，[4]平之，撫安其民而還。

[1]拏罕塞：地名。所在地無考。

[2]萬户：官名。金太祖時對“材堪統衆”的軍官授以萬户官職，統領猛安謀克，隸屬於都統，子孫世襲。海陵王天德三年(1151)罷萬户官，後不復設。　石家奴：女真人。本書卷一二〇有傳。

[3]雲中：縣名。治所在今山西省大同市。

[4]應州：治所在今山西省應縣。

及伐宋，在宗翰軍，[1]以八謀克破石嶺關屯兵數萬，[2]殺戮幾盡。師至太原，[3]祁縣降而復叛，[4]突合速攻下之。進取文水縣，[5]後從諸帥列屯汾州之境。[6]宋河東軍帥郝仲連、張思正，[7]陝西軍帥張關索及其統制馬忠，[8]合兵數萬來援，皆敗之。

[1]宗翰：女真人。即完顔粘没喝，漢語訛爲粘罕，國相撒改長子。本書卷七四有傳。

[2]石嶺關：在今山西省忻州市。

[3]太原：府名。治所在今山西省太原市。

[4]祁縣：治所在今山西省祁縣。

[5]文水縣：治所在今山西省文水縣。

[6]汾州：治所在今山西省汾陽縣。

[7]河東軍帥：河東即河東路，北宋路名，治所在今山西省太原市。軍帥指河東制置使，爲本路最高軍事長官，掌經畫邊防軍務，節制各統制所屬屯駐大軍。　郝仲連：宋將。事迹另見於本書卷一三三。　張思正：宋將。本書僅此一見。

[8]陝西軍帥：陝西即陝西路，北宋路名，治所在今陝西省西安市。軍帥指陝西五路制置使。　張關索：宋將。事迹另見於本書卷一三三。　統制：宋官名。爲各地屯駐大軍的統兵官，位在統領之上，各軍往往設統制一員，統領二員。　馬忠：宋將。另見於本書卷一三三。

宗翰南伐至潞還，[1]太原猶未下，即留完顏銀术可總督諸軍，[2]經略其地。於是，宋援兵大至，突合速從馬五、沃魯破宋兵四千于文水。[3]聞宋將黄迪等以兵三十萬栅于縣之西山，[4]復與耿守忠合兵九千擊之，[5]殺八萬餘人，獲馬及資粮甚衆。宋制置使姚古率兵至隆州谷，[6]突合速與拔离速以步騎萬餘禦之。[7]种師中兵十萬據榆次，[8]銀术可乃召突合速，使中分其兵而還，與活女等合兵八千擊敗之，[9]斬師中于殺熊嶺。[10]宋將張灝以兵十萬營于文水近郊，[11]復與拔离速擊破之。潞州復叛，宋兵號十七萬，骨赧、突合速、拔离速皆被圍。[12]突合速麾軍士下馬力戰，遂潰圍而出。

[1]潞：州名。治所在今山西省長治市。

[2]完顏銀术可：女真人。一作完顏銀术哥，《遼史》卷二七

《天祚紀一》作銀术割。本書卷七二有傳。

[3]馬五：即耶律馬五，金初名將。曾參與伐宋之役，取房州，襲趙構於揚州。官至招討都監。　沃魯：本書僅此一見。

[4]黄迪：金初宋將。事迹另見於本書卷七二。　西山：本書卷三《太宗紀》作“耿守忠等大敗宋兵于西都谷”，卷七二《銀术可傳》作“節度使耿守忠等敗宋黄迪兵於西都谷”。與此地名不同。

[5]耿守忠：原爲遼將，救遼西京，與金兵戰於西京城東四十里，大敗降金。參與伐宋之役，官至節度使。

[6]制置使：宋官名。爲一路至數路地區的統兵大員，掌經畫邊防軍務，節制各統制所屬屯駐大軍及各地正規軍。　姚古：宋將。事迹另見於本書卷三、七二。　隆州谷：地名。其地不可確指。

[7]拔离速：女真人。本書卷七二有傳。

[8]种師中：宋將。事迹另見於本書卷三、七二。　榆次：縣名。治所在今山西省晋中市榆次區。

[9]活女：女真人。本書卷七二有傳。

[10]殺熊嶺：山名。在今山西省晋中市榆次區。

[11]張灝：宋將。事迹另見於本書卷三、七二。

[12]骨赧：女真人。一作谷赧，冶訶之子。本書卷六八有傳。

及再舉伐宋，宗翰命婁室率軍先趨汴。婁室至澤州，[1]突合速、沃魯以五百騎爲前驅，往招河陽。[2]先據黄河津，宋兵萬餘背水陣，進擊敗之，皆擠于水，遂降河陽。汴京平，諸將西趣陝津，略定河東郡縣。突合速取憲州，[3]遇其援軍，擊敗之，生擒其將。孛堇濃瑰术魯等攻保德，[4]未下，突合速進兵助擊，梯衝並進，遂克其城。孛堇烏谷攻石州，[5]屢敗，亡其三將，軍士歿者數百人。突合速謂烏谷曰："敵皆步兵，吾不可以騎戰。"烏谷曰："聞賊挾妖術，畫馬以縶其足，疾甚奔馬，步戰豈可及之。"突合速笑曰："豈有是耶。"乃令諸軍去馬戰，盡殪之。六年，宗輔駐師鄧州，[6]突合速、馬五、拔离速西取均、房，[7]遂下其城。攻唐、蔡、陳州及潁昌府，[8]皆克之。

[1]澤州：治所在今山西省晋城市。

[2]河陽：縣名。治所在今河南省孟縣。

[3]憲州：治所在今山西省静樂縣。

[4]濃瑰术魯：本書僅此一見。　保德：州名。治所在今山西省保德縣。

[5]烏谷：本書僅此一見。

[6]六年：指金太宗天會六年（1128）。　宗輔：女真人。見本書卷一九《世紀補》。施國祁《金史詳校》卷八上認爲"宗輔"當作"銀术可"。　鄧州：治所在今河南省鄧州市。

[7]均：州名。治所在今湖北省丹江口市西北。　房：州名。治所在今湖北省房縣。

[8]唐：州名。治所在今河南省唐河縣。　蔡：州名。治所在今河南省汝南縣。　陳州：治所在今河南省淮陽縣。　潁昌府：治所在今河南省許昌市。

天眷初，除彰德軍節度使。[1]三年，爲元帥左監軍。[2]皇統八年，改濟南尹。天德間，封定國公，[3]授世襲千户。[4]卒，年七十二。正隆二年，[5]贈應國公。[6]

[1]彰德軍節度使：彰德軍長官。掌鎮撫諸軍防刺，總判本鎮

兵馬之事，兼本州管内觀察使。從三品。彰德軍設在相州，治所在今河南省安陽市。

[2]元帥左監軍：元帥府屬官。金太宗天會二年（1124）設都元帥府，天會三年（1125）以伐宋改名爲元帥府，掌征討之事。設元帥左監軍一員，位次於都元帥、左右副元帥。

[3]定國公：封爵名。天眷格，爲小國封號第四。

[4]世襲千户：千户也稱猛安。此指世襲之猛安。

[5]正隆：金海陵王年號（1156—1161）。

[6]應國公：封爵名。天眷格，爲小國封號第十九。

初，突合速以次室受封，次室子因得襲其猛安。及分財異居，次室子取奴婢千二百口，正室子得八百口。久之，正室子争襲，連年不决，家貲費且盡，正室子奴婢存者二百口，次室子奴婢存者纔五六十口。世宗聞突合速諸子貧窘，以問近臣，具以争襲之故爲對，世宗曰："次室子豈當受封邪。"遂以嫡妻長子襲。

烏延蒲盧渾，曷懶路烏古敵昏山人。[1]父孛古剌，[2]龍虎衛上將軍。[3]蒲盧渾膂力絶人，[4]能挽强射二百七十步。與兄鶻沙虎俱以勇健隸闍母軍，[5]居帳下。攻黄龍府，[6]力戰有功。闍母敗于兔耳山，[7]張覺復整兵來，諸將皆不敢戰。蒲盧渾登山望之，乃紿諸將曰：[8]"敵軍少，急擊可破也。若入城，不可復制。"遂合戰，破之。

[1]曷懶路：治所在今朝鮮咸鏡南道咸興城南五里處。　烏古敵昏山：猛安名。張博泉認爲"似與烏古論有關，烏古論部在今琿春河與圖們江之合流處，烏古敵昏山當在此附近"（張博泉《金史論稿》第一卷，吉林文史出版社1986年版，第296頁）。

［2］孛古剌：女真人。本書僅此一見。

［3］龍虎衛上將軍：武散官。正三品上階。

［4］膂（lǚ）力：即體力。膂，脊椎骨。

［5］鶻沙虎：女真人。本書僅此一見。

［6］黄龍府：治所在今吉林省農安縣。

［7］兔耳山：據本書卷二四《地理志上》順州温陽縣，"舊名懷柔，明昌六年更。有螺山、溆水、兔耳山"。懷柔縣治所在今北京市順義區，則此山當在今北京市順義區境内。

［8］紿（dài）：哄騙。

郭藥師、蔡靖以燕京降，[1]蒲盧渾率九十騎先伺察城中居民去就。遂將漢兵千，[2]隸完顔蒙适攻真定。[3]進攻贊皇，[4]取之，獲人畜甲仗萬餘。汴城破，日已暮，宋人猶力戰，槍刺中蒲盧渾手，戰益力，遂敗宋軍，賜金五十兩。

［1］郭藥師：本書卷八二有傳。　蔡靖：金初宋將。事迹另見於本書卷七八、八一、八九、九〇、一二五。　燕京：京路名。遼開泰元年（1012）建號燕京，金初因之。海陵貞元元年（1153）遷都於此，更名爲中都。治所在今北京市。

［2］漢兵千：施國祁《金史詳校》卷八上認爲，下當加"人"字。

［3］完顔蒙适（kuò）：女真人。即大定間定衍慶亞次功臣銀青光禄大夫蒙适。本書卷二、七一、七二、七七作"蒙刮"，卷六五作"蒙葛"，卷七一作"瞢葛"，唯本卷作"蒙适"。"适"，與"刮""葛"皆爲同音異譯。

［4］贊皇：縣名。治所在今河北省贊皇縣。

睿宗爲右副元帥，[1]已定關、陝，[2]議取劍外諸州，[3]遂拔和尚原。[4]元帥府承制以蒲盧渾爲河北西路兵馬都總管。[5]及宋主在揚州，[6]蒲盧渾與蒙适將萬騎襲之，宋主已渡江，破其餘兵。[7]後與斜卯阿里俱從宗弼自淮西渡江取江寧。[8]宗弼入杭州，宋主走明州，再走温州，由海道追三百餘里，隳明州而歸，語在《阿里傳》。

[1]右副元帥：元帥府屬官。位僅次於都元帥、左副元帥。原與殿本皆作"右輔元帥"，施國祁《金史詳校》卷八上認爲"輔"當作"副"，中華點校本據改，是。

[2]關、陝：關指關中，古地區名。泛指函谷關與潼關以西地區，一般指秦嶺以北。陝指陝西，古地區名，指陝陌（在今河南陝縣西南）以西。因此關陝相當於今陝西省和寧夏回族自治區的長城以南、秦嶺以北及山西西南部、河南西北部、甘肅東南部地區。

[3]劍外：古地區名。指劍門關以南的蜀中地區。

[4]和尚原：地名。在今陝西省寶鷄市西南。

[5]元帥府：官署名。長官爲都元帥。　河北西路兵馬都總管：河北西路兵馬總管府長官。掌統領各城兵馬甲仗，總判府事。正三品。河北西路，金天會七年（1129）析置，治所在今河北省正定縣。

[6]揚州：宋州名。治所在今江蘇省揚州市。

[7]"蒲盧渾與蒙适"至"破其餘兵"：此處叙事混亂。按本書卷三《太宗紀》，天會七年（1129）五月，"拔離速等襲宋主於揚州"，七月以後，以右副元帥宗輔征陝西。卷一九《世紀補》同。故此句當在"已定關陝"之上。

[8]淮西：北宋路名。北宋分淮南東路與淮南西路，此指淮南西路。

天眷二年，授鎮國上將軍，[1]除安國軍，[2]以疾去官。皇統六年，授世襲謀克，起爲延安尹，[3]賜尚衣一襲，尋致仕。

[1]鎮國上將軍：武散官。爲從三品下階。

[2]安國軍：指安國軍節度使。節度州長官。從三品。安國軍設在慶陽府，治所在今甘肅省慶陽縣。

[3]延安尹：府長官，即府尹。正三品。延安即延安府，治所在今陝西省延安市。

海陵遷中都，[1]起爲歸德尹，就其家授之，賜銀牌、襲衣、玉吐鶻，馳驛之官。蒲盧渾留數十日，已違程，復聽致仕。召赴京師，至薊州，[2]見海陵于獵所。明日，從獵，獲一狐。海陵曰："卿年老，尚能馳逐擊獸，健捷如此。"賜以御服，封豳國公。[3]除太子少師，[4]進太子太保，[5]改真定尹，入判大宗正事。[6]

[1]中都：京路名。原名燕京，海陵貞元元年（1153）遷都於此，更名爲中都。

[2]薊州：治所在今天津市薊縣。

[3]豳（bīn）國公：封爵名。天眷格，爲次國封號第八。

[4]太子少師：東宮屬官。宮師府三少之一。正三品。

[5]太子太保：東宮屬官。宮師府三師之一。正二品。

[6]判大宗正事：大宗正府長官。以皇族中屬親者充，掌敦睦糾率宗屬，欽奉王命。從一品。金泰和六年（1206）以避諱改名爲判大睦親事。

頃之伐宋，以本官行右領軍副都督事。[1]師次西采石，[2]海陵欲渡江，蒲盧渾曰："宋軍船高大，我船庳小，[3]恐不可遽渡。"[4]海陵怒曰："汝昔從梁王追趙構於海島，[5]皆大舟耶？今乃沮吾兵事。設不能遽渡江，不過有少損耳。爾年已七十，縱自愛，豈有不死理耶。明日當與奔睹先濟。"[6]既而復止之，乃遣别將先渡江，舟小不可戰，遂失利，兩猛安及兵士二百餘人皆陷没。海陵遇害，軍還。

[1]行右領軍副都督事：本書卷五《海陵紀》，"尚書左丞紇石烈良弼爲右領軍大都督，判大宗正烏延蒲盧渾副之"，則其當時官職應爲右領軍副都督。此職爲海陵南征而設的臨時性軍事機構右領軍都督府屬官，協助右領軍大都督指揮各路部隊作戰。南征失敗後取消，故本書《百官志》不載。

[2]西采石：在今安徽省和縣境内。

[3]庳（bèi）：矮。

[4]遽（jù）：倉促。

[5]梁王：封爵名。天眷格，爲大國封號第三。此指完顔宗弼。趙構：即宋高宗。

[6]奔睹：女真人。完顔昂本名奔睹，本書卷八四有傳。

大定二年，[1]至中都上謁，除東京留守。[2]世宗召問年幾何，對曰："臣今年七十三矣。"上曰："卿宿將，久練兵事，年雖老，精神不衰。"因命到官，每旬月一視事。賜衣一襲，進階開府儀同三司，[3]仍封豳國公。是歲，卒。十八年，孫扎虎遷廣威將軍，[4]襲烏古敵昏山世襲猛安，并親管謀克。

［1］大定：金世宗年號（1161—1189）。

［2］東京留守：東京留守司長官。正三品。東京，京路名。治所在今遼寧省遼陽市。

［3］開府儀同三司：文散官。爲從一品上階。

［4］扎虎：本書僅此一見。　廣威將軍：武散官。爲正五品上階。

赤盞暉字仲明，其先附於遼，居張皇堡，[1]故嘗以張爲氏。後家萊州。[2]暉體貌雄偉，慷慨有志略。少遊鄉校。遼季以破賊功，授禮賓副使，[3]領萊、隰、遷、潤四州屯兵。[4]天輔六年降，[5]仍命領其衆，從闍母定興中府義、錦等州。[6]及破張覺，皆與有功，以粟萬五千石助軍，授洺州刺史。[7]

［1］張皇堡：地名。所在地不詳。

［2］萊州：原與殿本同作“萊州”，施國祁《金史詳校》卷八上與中華點校本皆認爲當作“來州”，即遼“來州”。

［3］禮賓副使：遼官名。遼延宋制設禮賓副使，通常無執掌，僅爲武臣遷轉之階。

［4］遷：州名。治所在今河北省秦皇島市西北海陽。　潤：州名。治所在今河北省山海關附近。

［5］天輔：金太祖年號（1117—1123）。

［6］義：州名。遼中京道宜州，金天德三年（1151）更名爲義州，治所在今遼寧省義縣。此時應稱宜州爲是。　錦：遼州名。治所在今遼寧省錦州市。

[7]洺州刺史：刺史州長官。負責本州政務。正五品。洺州，治所在今河北省永年縣東。

宗望初伐宋，孟陽之戰，敵之中軍徑薄宗望營，暉與諸將擊敗之，追殺至城下。訖師還，數立戰功。明年，[1]再舉伐宋，攻下保州、真定，暉皆與焉。進圍汴，宋人夜出兵二萬焚我攻具，暉以二謀克兵擊走之。凡城中出兵拒戰，暉之所當，無不勝捷。

[1]明年：按本書卷七四《宗望傳》，孟陽之戰在金天會(1126）四年二月，據卷三《太宗紀》，天會四年“八月庚子，詔左副元帥宗翰、右副元帥宗望伐宋”。此稱“明年”顯誤。

既克宋還，從攻河間。[1]敵將李成以雄、莫之兵來援，[2]暉與所部迎擊，馬傷而墮，暉輒奮起步鬬，竟敗成兵。是日，凡七戰皆勝，敵人多逼死濠隍間，暉兩臂亦數中流矢。賊將劉先生以兵二萬夜襲營，[3]暉力戰達旦，賊始敗走，皆溺死于水。暉復傅城力戰，如是連月，諸軍四面合攻，遂克之。加桂州管内觀察使，[4]因留撫河間。時居民皆爲軍士所掠，老幼存者亡幾。暉下令軍中聽贖還之。未幾，皆按堵如故。

[1]河間：府名。治所在今河北省河間市。

[2]李成：字伯友。本書卷七九有傳。　雄：州名。治所在今河北省雄縣。　莫：州名。治所在今河北省任丘市。

[3]劉先生：本書僅此一見。

[4]桂州管内觀察使：桂州本唐静江軍節度使治所，遼金設此

官名乃是遥領虚置，實無此地名。赤盞暉以軍功“加桂州管内觀察使，因留河間”，乃是以此加官爲留後鎮守河間。

從睿宗經略山東，[1]既攻下青州，[2]復從闍母攻濰州。[3]暉督其裨校先登，而城中積蒭茭乘風縱火，[4]發機石，暉率將士衝冒而下，力戰敗之。軍還，復以三十騎破敵于范橋。[5]帥府承制加静江軍節度使。[6]進攻，城中砲出，幾中暉，拂其甲裳裂之。暉益奮攻，卒破其城。又從攻泗州，[7]克之。還屯汶陽，[8]破賊衆于梁山濼，獲舟千餘。移軍攻濟州，[9]既敗敵兵，因傅城諭以禍福，乃舉城降。暉約束軍士，無秋毫犯，自是曹、單等州皆聞風而下。[10]

[1]山東：路名。指山東東、西兩路。山東東路治所在今山東省青州市，山東西路治所在今山東省東平縣。

[2]青州：治所在今山東省青州市。

[3]濰州：治所在今山東省濰坊市。

[4]茭（jiǎo）：餵牲口的乾草。

[5]范橋：鎮名。屬河北東路清州會川縣，治所在今河北省青縣西南。

[6]静江軍節度使：唐節度使名。治桂州。金設此官爲遥領虚置，實無其地。

[7]泗州：治所在今安徽省泗縣。

[8]汶陽：縣名。治所在今山東省汶上縣。

[9]濟州：治所在今山東省濟寧市。

[10]曹：州名。治所在今山東省曹縣西北。　單：州名。治所在今山東省單縣。

從攻壽春、歸德，及渡淮爲先鋒，遇重敵于秀州、蘇州，[1]皆擊敗之，遂至餘杭。通粮餉，治橋道，暉之力爲多，乃還，載《資治通鑑》版以歸。[2]大軍過江寧，徙其官民北渡，時暑多疾疫，老弱轉死道路，其知府陳邦光者訴于宗弼，[3]怒將殺之，暉曰："此義士也。"力營救之，竟得免。

[1]秀州：治所在今浙江省嘉興市。　蘇州：治所在今江蘇省蘇州市。

[2]《資治通鑑》：書名。北宋司馬光撰。全書二百九十四卷，又有《考異》《目録》各三十卷。歷時十九年始成。上起周威烈王二十三年（前403），下迄後周世宗顯德六年（959）。

[3]知府：宋官名。知府事的簡稱，爲一府之長，總理本府軍民之政。　陳邦光：事迹另見於本書卷三、六〇、七七。

富平之戰，[1]暉在右翼，遇濘而敗，睿宗念其前功，杖而釋之。師至熙河，暉别降諸寨將鈐轄及吐蕃酋長等，[2]并民户萬五千餘。蘭州叛，[3]與訛魯補等攻下之，[4]獲河州安撫使白常、熙河路副都總管劉維輔以獻。[5]還攻慶陽，[6]兩敗重敵，殺其將戴巢。[7]師還，遷歸德軍節度使。[8]

[1]富平：縣名。治所在今陝西省富平縣東北。

[2]吐蕃：宋金時期對青藏高原上藏族及其他少數民族的統稱，或稱西蕃、蕃部。

[3]蘭州：治所在今甘肅省蘭州市。

[4]訛魯補：本書共四人名訛魯補。此人僅此一見。

[5]河州：治所在今甘肅省臨夏市東北舊臨夏鎮。　安撫使：宋官名。初爲諸路災傷及用兵的特遣專使，後漸成爲各路負責軍務治安的長官，由知州、知府兼任，並兼馬步軍都總管、兵馬鈐轄等。　白常：宋將。本書僅此一見。　熙河路副都總管：宋官名。協助都總管掌本路軍旅屯駐、攻防等事，後漸成爲武官閒職。　劉維輔：宋將。事迹另見於本書卷三。

[6]慶陽：府名。治所在今甘肅省慶陽市。

[7]戴巢：宋將。本書僅此一見。

[8]歸德軍節度使：節度州長官。從三品。歸德軍，軍鎮名。據本書卷二四《地理志上》瑞州，"歸德軍節度使。本來州，天德三年更爲宗州，泰和六年以避睿宗諱，謂本唐瑞州地，故更今名"。瑞州治所在今遼寧省綏中縣西南。但與下文稱宋州不合。據本書卷二五《地理志中》歸德府，"故宋州，宋南京應天府河南郡歸德軍，國初置宣武軍"，則此處誤用宋舊軍名，應以稱宣武軍爲是。宋州治所在今河南省商丘縣南。

宋州舊無學，暉爲營建學舍，勸督生徒，肄業者復其身，人勸趨之。屬縣民家奴王夔者，[1]嘗業進士，暉以錢五十萬贖之，使卒其業，夔後至顯官。密州吏龐乙卒於官，[2]其孤貧，不克葬，暉爲營治葬事，且資給其家。

[1]王夔：本書僅此一見。

[2]密州：治所在今山東省諸城市。　龐乙：本書僅此一見。

十三年，復從大軍渡淮。還鎮，丁母憂，尋以舊職起復。既廢齊，[1]爲安化軍節度使。[2]天眷三年，復河南，[3]宋人乘間陷海州，帥府以登、萊、沂、密四州委暉經畫，[4]敵無敢窺其境者。爲定海軍節度使，[5]尋改濟南尹，累遷光禄大夫。[6]俄以罪罷，久之，起爲昌武軍節度使。[7]天德二年，遷南京留守，[8]尋改河南路統軍使，[9]授世襲猛安，拜尚書右丞，[10]封河内郡王。[11]歲餘，拜平章政事，[12]封戴王。[13]正隆初，出爲興平軍節度使。[14]正隆降王爵，爲樞密副使，[15]封景國公。[16]未幾，復爲左丞，[17]封濟國公。[18]尋除大興尹，[19]封榮國公。[20]薨，年六十五。大定間謚曰武康。子師直，[21]登進士第。

[1]齊：天會八年（1130），金太宗册立宋降將劉豫爲帝，國號齊。天會十五年廢，以原齊國統治區設行臺尚書省。

[2]安化軍節度使：節度州長官。從三品。安化軍設在密州。

[3]河南：指黄河以南。此處大體是指後來南京路所轄的地區。

[4]登：州名。治所在今山東省蓬萊市。　萊：州名。治所在今山東省萊州市。　沂：州名。治所在今山東省臨沂市。

[5]定海軍節度使：節度州長官。從三品。定海軍設在萊州。

[6]光禄大夫：文散官。爲從二品上階。

[7]昌武軍節度使：節度州長官。從三品。昌武軍設在許州，治所在今河南省許昌市。

[8]南京留守：南京留守司長官。正三品。南京，京路名。治所在今河南省開封市。

[9]河南路統軍使：河南路統軍司長官。掌督領軍馬，鎮攝封陲，分營衛，視察奸。正三品。

[10]尚書右丞：爲執政官，宰相之貳，佐治省事。正二品。

[11]河内郡王：封爵名。

［12］平章政事：爲宰相，掌丞天子，平章萬機。從一品。始設於金天眷元年（1138）。

［13］戴王：封爵名。天眷格，爲小國封號第二十五。

［14］興平軍節度使：節度州長官。從三品。興平軍設在平州，治所在今河北省盧龍縣。

［15］樞密副使：樞密院屬官。協助樞密使掌武備機密之事。從二品。

［16］景國公：封爵名。天眷格，爲小國封號第五。

［17］左丞：即尚書左丞。爲執政官，宰相之貳，佐治省事。正二品。

［18］濟國公：封爵名。天眷格，爲小國封號第二。

［19］大興尹：府長官。大興即大興府，治所在今北京市。

［20］榮國公：封爵名。天眷格，爲次國封號第二十八。

［21］師直：本書僅此一見。

大臭本名撻不野，其先遼陽人，[1]世仕遼有顯者。太祖伐遼，遼人徵兵遼陽，時臭年二十餘，在選中。遼兵敗，臭脱身走寧江。寧江破，臭越城而逃，爲軍士所獲，太祖問其家世，因收養之。收國二年，[2]爲東京奚民謀克。[3]是時，初破高永昌，[4]東京旁郡邑未盡服屬，使臭伺察反側。有聞必達，太祖以爲忠實，授猛安，兼同知東京留守事。[5]

［1］遼陽：府名。治所在今遼寧省遼陽市。

［2］收國：金太祖年號（1115—1116）。

［3］奚民謀克：據本卷下文，“天眷三年，罷漢、渤海千户謀克，以臭舊臣，獨命依舊世襲千户”。可知大臭所領爲渤海人猛安。

東京亦非奚人居住地，疑此處奚民爲渤海之誤。

[4]高永昌：渤海人。遼天祚帝時，爲東京裨將。遼天慶六年(1116)，東京渤海人殺遼東京留守起義，他亦起兵反遼，稱大渤海皇帝，建年號隆基，攻占遼東五十餘州。遼兵攻東京，高永昌曾向金兵求救，欲與金兵聯合抗遼，爲金太祖所拒。後東京爲金兵所破，高永昌因曾試圖反金而被擒斬。事見本書卷七一。

[5]同知東京留守事：東京留守司屬官。兼同知本府尹、本路兵馬都總管。正四品。

取中、西兩京，[1]隸闍母軍。遼軍二十萬來戰，吴王使臭以本部守營，[2]臭堅請出戰，不許。或謂臭曰："戰，危事，獨苦請，何也?"臭曰："丈夫不得一決勝負，尚何爲。苟臨戰不捷，雖死猶生也。"吴王聞而壯之，乃遣出戰。既合戰，闍母軍少却，遼兵後躡之，臭麾本部兵横擊，殺數百人，由是顯名軍中。

[1]中、西兩京：遼京城名。遼中京治所在今内蒙古自治區寧城縣大明城。遼西京治所在今山西省大同市。

[2]吴王：封爵名。天眷格，爲次國封號第五。此處指闍母。

天會三年，宗望伐宋，信德府居燕、汴之中，[1]可駐軍以濟緩急，欲遂攻之，恐不能亟下，議未决。臭獨率本部兵，選善射者射其城樓，别以輕鋭潛升於樓角之間，遂克其城。明年，[2]軍至濬州，[3]宋人已燒河橋，宗望下令，"軍中有能先濟者功爲上"。臭捕得十餘舟，使勇悍者徑渡，擊其守者而奪其戍柵，由是大軍俱濟。

[1]信德府：宋府名。治所在今河北省邢臺市。金天會七年（1129）降爲邢州。施國祁《金史詳校》卷八上認爲，“信德府”前當加“以”字。

[2]明年：原無此二字，中華點校本據施國祁《金史詳校》卷八上補，今從。

[3]濬州：治所在今河南省濬縣。

八月，[1]再伐宋，授萬户，賜金牌。[2]既破汴京，臭爲河間路都統。[3]已克河間，闍母怒其不早降，因縱軍大掠，臭諫止之，已掠者官爲贖還。除河間尹，從攻襲慶府。[4]先一日，臭命軍士預備畚鍤及薪，既傅城，諸將方經營攻具，未鳴鼓，臭軍有素備，遂先登。軍帥以臭未鳴鼓輒戰，不如軍令，請罪臭，朝廷釋弗問，仍例賞之。

[1]八月：原作“明年”，中華點校本據施國祁《金史詳校》卷八上改，今從。

[2]金牌：金代牌符的一種。金太祖時始制金牌、銀牌、木牌，分賜給萬户、猛安、謀克等官佩帶，以爲符信。據本書卷三《太宗紀》天會四年（1126）七月，“壬申，出金牌，命孛堇大臭以所領渤海軍八猛安爲萬户”。授萬户賜金牌當在七月。

[3]河間路都統：河間路都統府長官。負責處理本路軍、政事務。此爲金初官職，改爲總管府後被取消，故本書《百官志》不載。河間路治河間府，治所在今河北省河間市。

[4]襲慶府：宋府名。治所在今山東省兖州市。

宗弼伐江南，濟淮，宋將時康民率兵十七萬來拒，臬率本部從擊，敗之。復以騎二千與當海擊敗淮南賊十萬，殺萬餘人，王善來降。[1]將渡江，臬軍先渡，舟行去岸尚遠，宋列兵江口，臬視其水可涉，則麾兵捨舟趨岸疾擊之，宋兵走，大軍相繼而濟。俄遇杜充兵六萬於江寧之西，[2]臬與鶻盧補擊走之。[3]師還，臬留爲揚州都統，[4]經略淮、海、高郵之間。[5]再爲河間尹，兼總河北東路兵馬。[6]

[1]王善：宋將。與金兵連戰連敗，後向完顔宗弼投降。

[2]杜充：仕宋爲尚書右僕射同平章事，與宗弼戰不利，遂降。仕金曾爲知相州、燕京三司使、簽書燕京行臺尚書省事。《宋史》卷四七六有傳。

[3]鶻盧補：事迹另見於本書卷七七。

[4]揚州都統：揚州路都統府長官。

[5]高郵：縣名。治所在今江蘇省高郵市。

[6]河北東路：路名。金天會七年（1129）析置河北東、西路，各置本路兵馬都總管。河北東路治所在今河北省河間市。

十一年，入見，太宗賜坐，慰勞甚久，特遷太子太保，賜衣一襲、馬二匹及鞍轡鎧甲，改元帥右都監。[1]齊國廢，臬守汴京。熙宗念臬久勞，降御書寵異之。天眷三年，罷漢、渤海千户謀克，以臬舊臣，獨命依舊世襲千户。是歲，拜元帥右監軍。[2]

[1]元帥右都監：元帥府屬官。位次於都元帥、左右副元帥、元帥左右監軍、元帥左都監。從三品。

[2]元帥右監軍：元帥府屬官。位次於都元帥、左右副元帥、

元帥左監軍。正三品。

宗弼再伐宋，宋人稱臣乞和，遂班師，杲獨留汴，行元帥府事。皇統三年，加開府儀同三司。八年，進左監軍。天德二年，改右副元帥，兼行臺左丞。[1]遷平章行臺省事，[2]進行臺右丞相，[3]右副元帥如故。海陵疑左副元帥撒離喝，[4]以爲行臺左丞相，[5]使杲伺察之，詔軍事不令撒離喝與聞。撒離喝不知海陵意旨，每與杲争軍事不能得，遂與杲有隙。海陵竟殺撒離喝，召杲入朝，拜尚書右丞相，[6]封神麓郡王。[7]

[1]行臺左丞：行臺尚書省屬官。即行臺尚書省左丞，位在領行臺尚書省事、行臺左右丞相、行臺平章政事之下。從二品。

[2]平章行臺省事：也稱行臺尚書省平章政事、行臺平章政事。爲行臺尚書省宰相，位在領行臺尚書省事、行臺左右丞相之下。正二品。

[3]行臺右丞相：行臺尚書省宰相。位在領行臺尚書省事、行臺左丞相之下。正二品。

[4]左副元帥：元帥府屬官。位僅次於都元帥。正二品。　撒離喝：女真人。完顔杲本名撒離喝。本書卷八四有傳。

[5]行臺左丞相：行臺尚書省宰相。位僅次於領行臺尚書省事。正二品。

[6]尚書右丞相：爲宰相。從一品。

[7]神麓郡王：封爵名。

四年，請老，爲東京留守。貞元三年，[1]拜太傅，[2]領三省事，[3]累封漢國王。[4]十二月，有疾，海陵幸其第問之。是歲，薨，年六十八。海陵親臨哭之，詔有司廢務三日，禁樂三日。其三日當賜三國使館燕，以不賜教坊樂，命左宣徽使敬嗣暉宣諭之。[5]贈太師、晉國王，[6]謚傑忠，遣使護喪歸葬。正隆奪王爵，贈太傅、梁國公。[7]子磐。

[1]貞元：金海陵王年號（1153—1156）。

[2]太傅：三師之一。正一品。

[3]領三省事：官名。屬於金初中央官制改革期間，由勃極烈制嚮三省制轉變過程中的過渡性官稱。原勃極烈以三師的身份出任領三省事，爲三省實際負責人。

[4]漢國王：封爵名。天眷格，爲大國封號第七。

[5]左宣徽使：宣徽院長官。掌朝會燕享，殿庭禮儀及監知御膳。正三品。　敬嗣暉：本書卷九一有傳。

[6]太師：三師之一。正一品。　晉國王：封爵名。天眷格，爲大國封號第六。

[7]梁國公：封爵名。天眷格，爲大國封號第三。

磐本名蒲速越，以大臣子累官登州刺史，襲猛安。大定三年，除嵩州刺史，[1]從僕散忠義伐宋有功。[2]五年，召爲符寶郎，[3]遷拱衛直都指揮使。[4]

[1]嵩州刺史：刺史州長官。正五品。嵩州治所在今河南省嵩縣。

[2]僕散忠義：女真人。本名烏者。本書卷八七有傳。

[3]符寶郎：殿前都點檢司屬官。舊名牌印祗候，金大定二年（1162）改爲符寶祗候，掌御寶及金、銀牌等。

[4]拱衛直都指揮使：宣徽院下屬機構拱衛直長官。掌總統本直，謹嚴儀衛。金大定五年（1165）以前稱指揮使。從四品。

初，磐以伐宋功，進官一階，磐心少之，頗形于言。上聞之，下吏按問，杖一百五十，改左衛將軍。[1]詔求良弓，磐多自取，及護衛入直者，[2]輒以己意更代。護衛婁室告其事，[3]詔點檢司詰問。[4]磐有妹在宮中爲寶林，[5]磐屬内侍僧兒員思忠使言于寶林曰，[6]"我無罪，問事者迫我，使自誣服。"寶林訴于上，上怒，杖僧兒一百，磐責隴州防禦使。[7]上戒之曰："汝在近密，執迷自用，朕以卿父之功，不忍廢棄，姑令補外，其思勉之。"改亳州防禦使，遷武寧軍節度使，[8]坐事除名。起爲韓州刺史，[9]改祁州刺史，[10]復坐事，削四官，解職。

[1]左衛將軍：殿前都點檢司屬官。即殿前左衛將軍，掌宮禁及行從警衛，總領護衛。

[2]護衛：皇帝的衛戍部隊。定員二百人，由五至七品官子孫及宗室、親軍、諸局分承應人中選拔，考試合格方可録用，負責皇宮的警衛及行從宿衛。

[3]婁室：事迹另見於本書卷六。

[4]點檢司：官署名。即殿前都點檢司，掌親軍，總領左右衛將軍、符寶郎、宿直將軍和左右振肅，掌行從宿衛、關防門禁、督攝隊仗等事。下屬機構有宮籍監、近侍局、器物局、尚厩局、尚輦局、鷹坊、武庫署和武器署。長官爲殿前都點檢，正三品。

[5]寶林：内命婦稱號。位在御女、采女之上，爲八十一御妻之一。正六品。

[6]内侍：指宮中侍從人員。　僧兒員思忠：事迹另見於本書

卷六。

[7]隴州防禦使：防禦州長官。掌防捍不虞，禦制盜賊，總判州事。從四品。隴州治所在今陝西省隴縣。

[8]武寧軍節度使：節度州長官。從三品。武寧軍設在徐州，治所在今江蘇省徐州市。

[9]韓州刺史：刺史州長官。正五品。韓州治所在今吉林省梨樹縣北偏臉城。

[10]祁州刺史：刺史州長官。正五品。祁州治所在今河北省安國市。

久之，尚書省奏“大磐以年當叙”，[1]上曰：“剛暴之人，屢冒刑章，不可復用。太傅大臭，别無嫡嗣，其世襲猛安謀克，不可易也。”

[1]尚書省：官署名。金最高政務機關。下屬機構有吏、户、禮、兵、刑、工六部及尚書左、右司。長官爲尚書令，正一品。

阿离補，宗室子，系出景祖。[1]屢從征伐，滅遼舉宋皆有功。天會九年，睿宗經略陝西，阿离補爲左翼都統，與右翼都統宗弼，撫定鞏、洮、河、西寧、蘭、廓等州軍，[2]來賓、定遠、和政、甘峪、寧洮、安隴等城寨，[3]及鎮、堡、蕃漢營部四十餘處，漢官軍民、蕃部酋長甚衆，於是涇原、熙河兩路皆平。[4]詔以兄猛安沙离質親管謀克之餘户，[5]以阿离補爲世襲謀克。

[1]景祖：廟號。即完顔烏古迺，事迹見本書卷一《世紀》。

[2]鞏：州名。治所在今甘肅省隴西縣。　洮：州名。治所在

今甘肅省臨潭縣。　西寧：州名。治所在今甘肅省會寧縣東三十里張城堡。　廓：州名。治所在今青海省尖扎縣西北。

[3]來賓：城名。即乩當城，在今青海省循化撒拉族自治縣東北。　定遠：城名。北宋元祐七年（1092）築，即今甘肅省榆中縣西北定遠鎮。　和政：城名。所在地不詳。　甘峪：城名。宋置甘穀城，金改爲縣，在今甘肅省甘穀縣北。此甘峪待考。　寧洮：寨名。治所在今青海省化隆回族自治縣。　安隴：寨名。北宋元符三年（1100）改隴朱黑城置。治所在今青海省樂都縣南。

[4]涇原：路名。北宋康定二年（1041）分陝西路置，治渭州，治所在今甘肅省平凉市。

[5]沙离質：女真人。姓完顏氏。本書僅此一見。

天會十二年，爲元帥右都監。十五年，遷左監軍。天眷三年，從宗弼復河南，遷左副元帥。皇統三年，封譚國公。[1]六年，爲行臺左丞相，[2]元帥如故。是歲，薨。

[1]譚國公：封爵名。天眷格，爲次國封號第十八。

[2]行臺左丞相：按本書卷四《熙宗紀》皇統六年（1146）三月，“以阿离補爲行臺右丞相”，四月，“行臺右丞相阿离補薨”，皆作行臺右丞相。卷五九《宗室表》“阿魯補，係出景祖，行臺左丞相”，卷一三二《烏帶傳》“行臺左丞相阿魯補子也”，則與此同。施國祁《金史詳校》卷八上認爲，“左”當作“右”。

大定間，大褒功臣，圖像衍慶宫。[1]歡都死康宗時，[2]不及與馳鶩遼、宋之郊，然而異姓之臣莫先焉。故定衍慶亞次功臣：代國公歡都，[3]金源郡王石土門，[4]

徐國公渾黚，[5]鄭國公謾都訶，[6]濮國公石古迺，[7]濟國公蒲查，[8]韓國公斜卯阿里，元帥左監軍拔离速，魯國公蒲察石家奴，[9]銀青光禄大夫蒙适，[10]隨國公活女，[11]特進突合速，齊國公婆盧火，[12]開府儀同三司烏延蒲盧渾，儀同三司阿魯補，[13]鎮國上將軍烏林荅泰欲，[14]太師領三省事勗，[15]太傅大臭，大興尹赤盞暉，金吾衛上將軍耶律馬五，[16]驃騎衛上將軍韓常并阿离補，咸著勳焉。[17]子言、方，[18]言別有傳。

[1]衍慶宫：在中都皇城中。

[2]歡都：女真人。本書卷六八有傳。　康宗：名烏雅束。事迹見本書卷一《世紀》。

[3]代國公：封爵名。天眷格，爲次國封號第十一。此處與本書《歡都傳》皆稱“代國公”，而完顔希尹墓地出土碣銘則爲“戴國公”。

[4]金源郡王：封爵名，爲封王郡號第一。　石土門：女真人。姓完顔氏，一作神徒門，或作神土懣。本書卷七〇有傳。

[5]徐國公：封爵名。天眷格，爲次國封號第十三。　渾黚：女真人。姓完顔，爲金初名將。事迹另見於本書卷二、七一、七二、七三、七七。

[6]鄭國公：封爵名。天眷格，爲次國封號第三。　謾都訶：女真人。姓完顔。本書卷六五有傳。

[7]濮國公：封爵名。天眷格，爲小國封號第一。　石古迺：女真人。姓完顔，一作習古迺，或作實古迺。本書卷七二有傳。

[8]濟國公：本書卷五九《宗室表》作“齊國公”。　蒲查：女真人。姓完顔，一作蒲察，爲金初名將。事迹另見於本書卷二、三、五九、六五、七〇、七一、七二、七三、七四、一三四。

[9]魯國公：封爵名。天眷格，爲大國封號第十四。

[10]銀青光禄大夫：文散官。即本書《百官志》所載的銀青榮禄大夫。爲正二品下階。

[11]隨國公：封爵名。天眷格，爲次國封號第二。

[12]齊國公：封爵名。天眷格，爲大國封號第八。　婆盧火：女真人。本書卷七一有傳。

[13]儀同三司：文散官。爲從一品中階。　阿魯補：女真人。姓完顔，一作阿盧補。本書卷六八有傳。

[14]烏林荅泰欲：女真人。金初名將。事迹另見於本書卷三、七一、七二、七四、七七。

[15]勗：女真人。本名烏也，一作烏野，字勉道。本書卷六六有傳。

[16]金吾衛上將軍：武散官。爲正三品中階。

[17]驃騎衛上將軍：武散官。爲正三品下階。

[18]言：女真人。本名烏帶。本書卷一三二有傳。　方：女真人。本卷有傳。

方以宗室子累官京兆少尹，[1]遷陝西路統軍都監。[2]方專事財賄，不恤軍旅，詔戒之曰："卿宗室舊人，乃縱肆敗法，惟利是營，朕甚惡之。自今至於後日，萬一爲之，必罰無赦。"大定三年，遷元帥右都監，轉元帥左監軍，改順天軍節度使，[3]上曰："卿本無功，歷顯仕，不能接僚友，往往交惡，在京兆貪鄙彰聞，至無謂也。朕念卿已過中年，必能悛改，慎勿復爾。"除西南路招討使，[4]朝廷以兵部郎中高通爲招討都監，[5]以佐之。詔通曰："卿到天德，[6]毋以其官長曲從之也。簡閲沿邊士卒，毋用孱弱之人，毋以僕隸代役。女直舊風，凡酒食會聚，以騎射爲樂。今則弈碁雙陸，[7]宜悉禁止，令習騎射。從其居處之便，亦不可召集擾之。”久之，方坐强買部人馬二匹，削一階，解職，降耀州刺史。[8]通亦坐贜除名。方後遷横海軍節度使，[9]入爲同簽大宗正事，[10]簽書樞密院事。[11]

[1]京兆少尹：府屬官。府尹佐貳，協助府尹處理本府政務。正五品。京兆即京兆府，治所在今陜西省西安市。

[2]陜西路統軍都監：陜西路統軍司屬官。

[3]順天軍節度使：節度州長官。從三品。順天軍設在保州，治所在今河北省保定市。

[4]西南路招討使：西南路招討司長官。掌招懷降附，征討携離。正三品。

[5]兵部郎中：尚書兵部屬官。協助兵部尚書掌兵籍、軍器、城隍、鎮戍、厩牧、鋪驛、車輅、儀仗、郡邑圖志、險阻、障塞、遠方歸化等事。從五品。　高通：本書僅此一見。　招討都監：招討司屬官。

[6]天德：軍鎮名。設在豐州，西南路招討司金大定八年(1168)以前也設在豐州。豐州治所在今内蒙古自治區呼和浩特市東。

[7]雙陸：古博戲。宋高承《事物紀原》引《續事始》謂曹子建制，置投子二。唐末有葉子戲加至六。其法已失傳。日本所行雙陸，又名飛雙陸，略似葉子戲之法。

[8]耀州刺史：刺史州長官。正五品。耀州治所在今陜西省耀縣。

[9]横海軍節度使：節度州長官。從三品。横海軍設在滄州，治所在今河北省滄州市東南四十里舊州鎮。

[10]同簽大宗正事：大宗正府屬官。以宗室充任，正三品。金

泰和六年（1206）因避諱改爲同簽大睦親府事。

［11］簽書樞密院事：樞密院屬官。正三品。

初，阿魯補當授謀克，[1]未封而薨，烏帶受之。[2]烏帶死，兀荅補襲之。[3]兀荅補死，烏也阿補當襲。[4]是時，已降海陵爲庶人，世宗以烏帶在熙宗逆黨中，其子孫不合受封，停封者久之，而阿离補功亦不可廢絶，特詔方襲之云。

［1］阿魯補：原脱“補”字，據中華點校本補。

［2］烏帶：女真人。完顏言本名烏帶。本書卷一三二有傳。

［3］兀荅補：女真人。完顏言之子，一作烏荅補。事迹另見於本書卷六三、一三二。

［4］烏也阿補：女真人。漢名瑭，完顏言之孫，兀荅補之子。事迹另見於本書卷一三二。

贊曰：斜卯阿里、突合速、烏延蒲盧渾、赤盞暉、大臭、阿离補等六人，皆收國以來所謂熊羆之士、不二心之臣也，其功有可録者焉。